Nie wieder Chaos!

Cynthia Townley Ewer

Nie wieder Chaos!

So bekommen Sie Ihren
Haushalt in den Griff

Dorling Kindersley
London, New York, Melbourne, München und Delhi

Für Steve, der weiß, warum

Projektbetreuung Diana Craig
Gestaltung Ruth Hope
Lektorat Jennifer Latham
Bildbetreuung Sara Robin
Cheflektorat Penny Warren
Chefbildlektorat Marianne Markham
Projektkoordination Gillian Roberts
Art Director Carole Ash
Programmleitung Mary-Clare Jerram
DTP-Design Sonia Charbonnier
Herstellung Sarah Sherlock

Für die deutsche Ausgabe:
Programmleitung Monika Schlitzer
Projektbetreuung Kathrin Schmidt
Herstellungsleitung Dorothee Whittaker
Covergestaltung Petra Schneider

Bibliografische Information Der Deutschen Bibliothek
Die Deutsche Bibliothek verzeichnet diese Publikation
in der Deutschen Nationalbibliografie;
detaillierte bibliografische Daten sind im Internet über
http://dnb.ddb.de abrufbar.

Titel der englischen Originalausgabe:
Cut the Clutter

© Dorling Kindersley Limited, London, 2006
Ein Unternehmen der Penguin-Gruppe
© Text Cynthia Townley Ewer, 2006

© der deutschsprachigen Ausgabe by Dorling Kindersley Verlag GmbH, München
3. Auflage 2007
Alle deutschsprachigen Rechte vorbehalten

Übersetzung Cornelia Panzacchi
Redaktion Heike Knophius

ISBN 978-3-8310-1019-6

Colour reproduction by Colourscan, Singapore
Printed and bound in Singapore by Star Standard

Besuchen Sie uns im Internet

www.dk.com

Hinweis
Die Informationen und Ratschläge in diesem Buch sind von den Autoren und vom Verlag sorgfältig erwogen und geprüft, dennoch kann eine Garantie nicht übernommen werden. Eine Haftung der Autoren bzw. des Verlags und seiner Beauftragten für Personen-, Sach- und Vermögensschäden ist ausgeschlossen.

Inhalt

- **6** Vorwort
  Mein Weg zu einem organisierten Zuhause

- **8 Im Haushalt**
  Mit Chaos und Schmutz fertig werden

- **16 Techniken im Haushalt**
- **18** Chaos beseitigen
  Die Anti-Chaos-Methode
  Welcher Chaos-Typ sind Sie?
  Chaos-Bekämpfung im Haushalt

- **36** Den Haushalt organisieren
  Wie gut ist Ihr Heim organisiert?
  Organisationsprinzipien

- **48** Das Putzen
  Handelsübliche und selbst gemachte Putzmittel, Putzwerkzeug aussuchen, Profi-Tipps, so bringt man Kindern das Putzen bei

- **72** Haushaltsplanung
  Aufgabenlisten, Checklisten, Zeit sparende Tipps, Wundermittel Gewohnheit, Haushaltsplaner

- **88 Kreisläufe im Haushalt**
- **90** Essen
  Planen, kaufen, lagern
  Menüplanung, Einkaufstipps, Lagerung von Lebensmitteln, Küchen-Chaos bekämpfen, Aktivitätszentren schaffen, Vorratsschrank füllen

- **124** Kleidung
  Planen, kaufen, waschen, lagern
  Garderobenplanung, Kleidung kaufen, Chaos in Schrank und Kommode bekämpfen, Pflege von Textilien, Wäsche-Basics

- **156** Oberflächen und Systeme
  Auswählen, warten, pflegen
  Wände, Fußböden, Möbel, Betten und Matratzen, Sanitäranlagen, Wasserleitungen und Elektrizität, Sicherheitstipps und Katastrophenplan

- **182** Platz zum Leben
  Aufräumen, putzen, organisieren
  Wo drückt der Schuh?
  Badezimmer, Schlafzimmer, Wäscheschränke und Wohnzimmer aufräumen und organisieren, Bücher und Unterhaltungssysteme organisieren

- **224** Umgang mit Papier
  Sortieren und organisieren
  Ein Informationszentrum anlegen, Unterlagen sortieren, das Haushaltsarchiv

- **238** Haushaltsvordrucke
  Listen und Planer
  Aufgabenlisten, Checklisten, Menüpläne, Einkaufsliste, Gefrierschrank-Inventarliste, Notfallnummern

- **248** Nützliche Internetadressen
- **250** Register
- **256** Dank

Mein Weg zu einem
gut organisierten Zuhause

Jemand, der mich nur durch meine Arbeit im Internet kennt, macht sich vielleicht ein ganz falsches Bild von mir und stellt sich vor, dass ich blond bin (dabei bin ich brünett), groß und schlank (ich wünschte, das wäre so) und dass ich von Natur aus ordentlich und gut organisiert bin. Alle, die mich gut kennen, können über solche Vorstellungen nur lachen, denn sie wissen, dass ich an dem Tag, an dem der natürliche Ordnungssinn verteilt wurde, offenbar gefehlt habe.

Ich bin nicht von Natur aus ordentlich, sondern ich musste lernen, es zu sein, und zwar auf die harte Tour. Ich kann mich noch ganz genau an den Tag erinnern, an dem ich den ersten Schritt auf dem langen Weg machte, der mich zu einem gut organisierten Zuhause führte: Es war der 25. Dezember 1983, der Tag an dem ich merkte, dass das Chaos um mich herum ein ernsthaftes Problem darstellte.

Ich war damals frisch geschieden und hatte die Kinder zu ihrem Vater geschickt, damit sie den ersten Weihnachtsfeiertag bei ihm verbringen konnten, während ich der Einladung meiner Eltern zum Abendessen nachkam. Als ich spät in der Nacht zu unserem kleinen Haus zurückkehrte, lag vor der Haustür zerbrochenes Glas. Jemand hatte versucht, einzubrechen.

Ich rief die Polizei an und der Beamte, der nach einer Weile kam, schlich sich vorsichtig ins Haus. Nach einigen Minuten kam er wieder heraus und kratzte sich verwirrt am Kopf. »Ich kann mir das nicht erklären«, sagte er. »Ihr Sicherheitsschloss ließ sich nicht öffnen, die Tür wurde nicht aufgebrochen und doch ist jemand in den ersten Stock gelangt und hat dort oben alles verwüstet.«

Peinliches Geheimnis

Ich merkte, dass ich rot wurde. »Nein, nein«, widersprach ich. »Das wirkt nur so, weil ich es so hinterlassen habe.« Der Polizist schaute mich neugierig an. »Wissen Sie eigentlich, wie es da oben aussieht?« Ja, leider wusste ich es nur zu gut. Die beiden Räume, die mir als Büro, Schlaf- und Nähzimmer dienten, waren knietief mit zerknüllten Fotokopien, Zeitungen, Schreibblocks, Stoffresten, Wäschestapeln, Geschenkpapier, Akten und schmutzigem Geschirr bedeckt. Ein schmaler Pfad führte zu Schreibtisch und Bett.

Eine neue Ordnung

In jener Nacht dachte ich gründlich nach. Einerseits wollte ich meine Kinder in einem sauberen und gemütlichen Heim großziehen, andererseits sah dieses Heim aus wie der Schauplatz eines Verbrechens. Ich musste lernen, wie ich unser Haus in eine für uns alle angenehme Umgebung verwandeln konnte. Am nächsten Tag begann ich, in Bibliotheken und Buchgeschäften nach Literatur zu suchen, die mir helfen konnte, dieses Ziel zu verwirklichen. Ich probierte verschiedene Methoden des Organisierens aus, ich informierte mich über das Putzen und gewöhnte mir an, die Hausarbeit nach Plan zu erledigen. Schritt für Schritt lernte ich, das Chaos zu besiegen und einen gut organisierten Haushalt zu führen.

Ob es funktionierte? Spulen wir den Film meines Lebens knapp fünf Jahre vor, zum September 1988. In der Woche zuvor hatte ich in der Bibliothek der medizinischen Fakultät einen angehenden Arzt kennengelernt, und nun waren wir zum ersten Mal verabredet. Alles im Haus war sauber und ordentlich und meine Kinder aßen, als es draußen klingelte, gerade brav in der Küche zu Abend. Mein neuer Bekannter folgte mir in die Küche und fragte mich zu meiner Verblüffung über meine Methoden der Haushaltsführung aus. Ich zeigte ihm meine Listen, meinen Putzplan und meinen Familienplaner.

Er schien beeindruckt zu sein, doch ich hatte am Ende des Abends gemischte Gefühle. Warum hatte ich ihm bloß von meiner Hausarbeit erzählt, was in aller Welt mochte er über meine Tabellen, Karteikarten und meine Notizbücher denken?

Gute Haushaltsführung

Später erfuhr ich, dass er in der Tat beeindruckt gewesen war. Als er mir seinen Antrag machte, erzählte mir Steve, mein heutiger Ehemann, er habe bereits an jenem ersten Abend gewusst, dass ich die Richtige für ihn war. Als Arzt in der vierten Generation war ihm klar, dass die Ehefrau eines Arztes gut organisiert sein muss, um den Alltag ihres Ehemannes mit bewältigen zu können. Nichts, so fand er, hätte diese Fähigkeit besser unter Beweis stellen können, als jener Einblick in meine Methoden der Haushaltsführung.

Der Weg aus dem Chaos

Seit 1998 vermittle ich diese Methoden tausenden von Menschen und lerne dabei im Grunde mehr, als ich anderen beibringe. Männer und Frauen, junge und alte Menschen wagen gemeinsam das Abenteuer, dem Chaos die Stirn zu bieten.

Im vorliegenden Buch werden wir uns ebenfalls auf dieses Abenteuer einlassen. Die hier vorgestellten Methoden funktionieren. Sie funktionierten bei mir und funktionierten auch bei den zahlreichen Menschen, die sich mit ihnen schon auseinander gesetzt haben. Wenn Sie sie ausprobieren, werden Sie merken, dass sie auch bei Ihnen funktionieren.

Es gibt Hoffnung. Es gibt Hilfe. Die Tage des Chaos sind gezählt!

▶ **Schmutz und Chaos** können Sie in den Griff bekommen – fast so schnell wie Sie mit einem Mausklick im Internet sind. In diesem Buch finden Sie viele Tipps.

Im Haushalt

Das Problem:
Chaos, Unordnung, Schmutz

Welche sind Ihre wahren Gefühle gegenüber Ihrem Haushalt? Hier ein Schnelltest: Stellen Sie sich vor, dass es an der Tür klingelt. Was empfinden Sie? Panik? Glauben Sie mir, das geht nicht nur Ihnen so. Viele Familien stehen täglich hilflos dem Chaos, der Unordnung und dem Schmutz in ihrem Zuhause gegenüber.

Was ist häusliches Chaos?

Sie haben definitiv ein Chaos-Problem, wenn:

- **Sie jeden Morgen zehn Minuten** lang nach Ihren Schlüsseln suchen.
- **Sie Ihr Bett abends** erst einmal freilegen müssen, um darin schlafen zu können.
- **Sie Ihre Rechnungen** deswegen nicht bezahlen, weil Sie sie nicht finden können.
- **Sie Schranktüren stets vorsichtig** öffnen, weil Ihnen in der Regel eine Lawine entgegenstürzt.
- **Ihnen regelmäßig** Dinge des Grundbedarfs ausgehen, wie Milch und Toilettenpapier.
- **Ihre Küchenschränke** vor leeren Gewürzgläsern und verfallenen Dosen überquellen.
- **Ihre Katze ihr Klo** nicht findet und man die Konsequenzen riechen kann.
- **Sie das Gesuchte erst** wiederfinden, nachdem Sie Ersatz gekauft haben.
- **Es diese Woche schon** dreimal Fastfood zu essen gab – obwohl erst Mittwoch ist.
- **Sie sich verletzen,** weil Sie nachts über herumliegende Gegenstände gefallen sind.
- **Die Wohnung komisch riecht,** wenn Sie aus dem Urlaub zurückkommen.

Sie denken, ich übertreibe? Nein, keineswegs. 1997 führte die Vereinigung der Putz- und Waschmittelhersteller in den USA eine Umfrage über die Haltung von Frauen gegenüber der Hausarbeit durch. 21 Prozent der Frauen, die daran teilnahmen, sind »Kämpfer« und verbringen viel Zeit mit Putzen, ohne aber jemals mit dem Zustand ihres Haushalts zufrieden zu sein. Eine andere Gruppe, die der »Schmutzverdränger«, zu der 18 Prozent der Befragten gehörten, putzt nur im Notfall und ist ebenfalls mit dem Ergebnis unzufrieden.

Falsche Maßstäbe

Der Rest, das sind wir: die 60 Prozent, die sich von der Hausarbeit überfordert fühlen. Und obwohl wir so viele sind, ist es, als wären wir unsichtbar. Die modernen Medien konfrontieren uns ständig mit einer unerreichbaren Perfektion.

Im wirklichen Leben erfahren wir so gut wie nie, wie es bei unseren Nachbarn tatsächlich aussieht. Wenn wir bei Freunden eingeladen sind, bewundern wir Ordnung und Sauberkeit, ohne zu ahnen, dass sie erreicht wurde, in dem alles, was unordentlich herumlag, einfach in Schubladen, in Schränke oder in einen abschließbaren Raum geworfen wurde.

Begabt oder talentfrei?

Fassen Sie sich ein Herz. Sie sind weder faul, noch unfähig. Sie müssen einfach nur lernen, wie man einen Haushalt sauber hält und organisiert. Angeborener Ordnungssinn ist im Grunde so etwas Ähnliches wie das absolute Gehör. Manchen von uns fehlt es ganz und sie singen jeden Ton falsch, anderen hingegen ist es angeboren und macht sie zu hervorragenden

▲ **Spielecken** zählen zu den wichtigsten Brutplätzen von Chaos und Unordnung. Es gibt viele Methoden, die selbst dem Unbegabtesten helfen, das Problem in den Griff zu bekommen.

Sängern, Musikern und Musikkennern. Die große Masse schwankt irgendwo zwischen diesen beiden Extremen.

So sind auch manche Menschen von Geburt an ordentlich. Sie räumen auf, ohne dass ihnen wirklich bewusst ist, was sie da tun. Mühelos halten sie alles sauber.

Der Rest von uns muss das Organisieren und Aufräumen erst einmal lernen. Aber ebenso, wie wir lernen können, mit Noten und Pausen umzugehen, können wir auch lernen, mit Schmutz und Chaos fertig zu werden. Und je öfter wir das machen, desto einfacher fällt es uns.

> »Wem Ordnung von Natur aus einfach nicht liegt, muss verstärkt daran arbeiten.«

Lernen, was man nicht von alleine kann

Die Probleme beginnen dort, wo die beiden Lager aufeinandertreffen. Leider kann man sich von ordentlichen Menschen keine Scheibe abschneiden und oft auch nicht von ihrer Erfahrung profitieren. Weil für sie Ordnung selbstverständlich ist, sind sie oft nicht in der Lage zu erklären, wie man sie herbeiführt.

Leider werden allzu viele Bücher über das Aufräumen von ordentlichen Menschen geschrieben, die es für die leichteste Sache der Welt halten.

Dass diese Annahme falsch ist, weiß man nur, wenn man selbst ein Chaot ist. Deshalb kann nur ein Chaot anderen Chaoten den Weg zu Ordnung und Sauberkeit aufzeigen.

Die Lösung:
Techniken und Kreisläufe

Wie schafft man zu Hause den Übergang von Chaos zu Harmonie, von klebrig zu sauber? Bauen Sie vier einfache Techniken in den Rhythmus Ihrer Hausarbeit ein. Wir beginnen hier mit Methoden des Aufräumens, Reinigens, Organisierens und Planens. Anschließend lernen wir, diese Techniken in die übrigen heimischen Lebensbereiche zu integrieren: Essen, Kleidung, Einrichtung, Räume und Papierkram.

Teil 1: Techniken der Haushaltsführung

Im Schulfach Haushaltslehre lernte ich, Knopflöcher zu säumen, den Tisch schön zu decken und ein Blech voller gleich großer Kekse zu backen, doch ich lernte nichts von dem, was man wissen muss, um einen Haushalt zu organisieren und sauber zu halten. Wie man Chaos vermeidet. Wie man sich Hausarbeit einteilt und sie ausführt. Wie man die Aktivitäten der einzelnen Familienmitglieder koordiniert.

Aufräumen Im Grunde geht es dabei nicht um das, was herumliegt, sondern um Gewohnheiten, Eigenarten und Denkprozesse, die das Entstehen von Chaos begünstigen.

In der Lerneinheit »Aufräumen« stelle ich eine 20-Minuten-Methode zur Chaos-Beseitigung vor. Wir beschäftigen uns mit den Persönlichkeitszügen, die die Entstehung von Chaos fördern und erkunden jene Denkprozesse, die dazu führen, dass wir an unseren Sachen hängen. Schließlich überlegen wir uns, wie wir mit dem Chaos anderer fertig werden.

Organisieren In einem gut organisierten Haus lebt und putzt es sich leichter und man muss nie nach verlegten Dingen suchen – oder zumindest nicht allzu oft.

In der Lerneinheit »Organisieren« konzentrieren wir uns auf die drei Grundregeln: Wir weisen jedem Ding seinen Platz zu, animieren die Familie zur Mitarbeit und schaffen Aktivitätszentren. Schließlich überlegen wir uns Aufbewahrungsmöglichkeiten, die Chaos verhindern und uns mehr Platz zum Leben, und damit für mehr Freizeit lassen.

Aufräumen ▲ siehe S. 18–35

Organisieren ▲ siehe S. 36–47

Putzen Es kommt nicht darauf an, wie lange man putzt und auch nicht, wie sehr man sich dabei anstrengt. Wichtig ist einzig und allein, wie effektiv man putzt.

In der Lerneinheit »Putzen« beschäftigen wir uns mit den Grundlagen schnellen Reinigens, mit Materialien, Werkzeugen und Methoden. Wir erarbeiten uns die Putztechniken der Profis, erfahren, wie wichtig Teamwork ist, überlegen, wie wir die Kinder beteiligen können und lernen diesen Teil der Hausarbeit so zu gestalten, dass uns mehr Zeit für andere Dinge bleibt.

Planen Die Planung der täglichen Routine von Hausarbeit, Terminen und Aktivitäten ist der Schlüssel zur reibungslosen Organisation einer Familie.

In dieser Lerneinheit ergründen wir die Geheimnisse von Checklisten, Planern und Aufgabenlisten. Wir lernen, Zeit zu sparen und verkappte Zeitfresser zu erkennen. Vor allem aber entdecken wir den Haushaltsplaner.

Teil 2: Kreisläufe des organisierten Heims

So, wie ein Tag auf den anderen folgt, folgt ein häuslicher Rhythmus auf den anderen: Kochen und Essen, Pflege der Kleidung, Aufräumen, Putzen und Organisieren sowie der Papierkram. In Teil 2 wenden wir unsere neu erworbenen Techniken auf die verschiedenen Kreisläufe an.

Essen In diesem Abschnitt befassen wir uns mit allen Aspekten des Essens: Menüplanung, Einkauf und Lagerung. Wir organisieren und säubern die Küche und schaffen Aktivitätszentren, die es uns erleichtern, die Familie satt zu bekommen. Außerdem befassen wir uns mit dem Energieverbrauch und Küchenmaschinen und füllen einen Vorratsschrank.

Kleidung In diesem Abschnitt geht es um die Organisation all dessen, was mit Kleidung zu tun hat. Wir planen Garderoben, organisieren den Kleiderschrank neu, sortieren, lernen, wie man Winter- bzw. Sommerkleidung aufbewahrt und wie man die Sachen am besten reinigt und pflegt.

Oberflächen und Systeme In diesem Abschnitt bringen wir unsere Umgebung zum Glänzen. Wir erfahren, wie man Wände, Fenster, Bodenbeläge und Möbel reinigt und pflegt, Decken und Matratzen frisch erhält und machen uns mit Haushaltssystemen vertraut, die für Komfort und für mehr Sicherheit sorgen. Außerdem lernen wir das Energiesparen.

Platz zum Leben In diesem Abschnitt gehen wir Zimmer für Zimmer durch. Wohnzimmer, Kinderzimmer und Spielbereiche, Schlafzimmer und Bad werden mit verhältnismäßig wenig Zeitaufwand aufgeräumt, organisiert und gründlich gereinigt.

Papierkram In diesem Abschnitt geht es um das Sortieren, Organisieren und Ablegen unserer Dokumente. Wir erfahren, ob und wie sie aufgehoben werden müssen und schaffen Zentren für das Bezahlen von Rechnungen und die Arbeit am Schreibtisch.

Putzen ▲ siehe S. 48–71

Planen ▲ siehe S. 72–87

Die Lösung:
Machen Sie es auf Ihre Art

Das Erlernen grundlegender Fertigkeiten ist nur der erste Schritt auf dem Weg zu einer effizienteren Haushaltsführung. Um unser Ziel, ein sauberes und gut organisiertes Zuhause, zu erreichen, müssen wir an unseren Gewohnheiten und Arbeitsmethoden feilen. Eine Methode funktioniert nur, wenn sie zu unserer Persönlichkeit, zu unserer Art zu leben und zu unseren Stärken passt.

Haushaltsführung ist stets eine sehr persönliche Angelegenheit. Die auf dem Erstellen und Abhaken von Listen basierende Routine des einen mag einem anderen, der einen Haushaltsplaner bevorzugt, verzettelt und mühselig vorkommen. Der eine übernimmt einen festen Zeitplan aus dem Internet, der andere hat es lieber spontan. Der eine fühlt sich nur wohl, wenn Arbeitsflächen und Tische frei sind, der andere möchte unbedingt das, was er immer wieder braucht, in Sicht- und Reichweite haben. So hat jeder seinen eigenen, unverwechselbaren Stil, um seine Umgebung überschaubar zu halten.

Den eigenen Stil finden

Wissen ist Macht, aber nur mittels Selbsterkenntnis vermögen wir, diese Macht auch tatsächlich einzusetzen. Um vom Chaos zur gut organisierten Ordnung übergehen zu können, muss man sich individuelle Lösungen erarbeiten, die für einen selbst auch wirklich funktionieren.

> »Es gibt nur einen einzigen Weg zu guter Organisation: Ihren eigenen.«

Immer wieder werde ich in diesem Buch erklären, wie Sie Empfehlungen an Ihre Bedürfnisse und die Ihrer Familie anpassen. Als Erstes werden wir Ihre »Chaos-Persönlichkeit« ermitteln, jene Gewohnheiten und Denkweisen, die das Chaos in Ihrer Wohnung entstehen ließen (siehe S. 30–31), und Strategien anbieten, die zu harmonischen Lösungen führen.

Anstatt einen allgemeingültigen Sauberkeitsstandard zu definieren, helfe ich Ihnen, die Bedürfnisse Ihrer Familie zu ermitteln, damit Sie den für Sie richtigen Standard erreichen können, den Standard des »sauber genug«.

Womit soll ich anfangen?

Es ist nicht weiter schwirig, sich ein Buch über Haushaltsführung zu schnappen, es zu lesen und es wieder wegzulegen. Die Umsetzung des Gelesenen ist schon wesentlich schwieriger.

Viele Chaoten bewegt vor allem eine Frage: »Womit soll ich anfangen?« Antwort: Fangen Sie dort an, wo Sie gerade sind und tun Sie den ersten Schritt.

Der Weg zu einer funktionierenden Ordnung ist lang. Und wie bei jeder anderen Reise kommt es vor allem auf den Weg selbst an, und nicht darauf, wo man ihn antritt, wie schnell man ihn zurücklegt und wen man unterwegs trifft.

Nur allzu oft stellen sich die Leute den Weg zu einem ordentlichen Zuhause wie einen 100-Meter-Sprint vor, wie etwas, das einen Anfang und ein Ende hat und anstrengend, aber auch irgendwann vorbei ist. Sie nehmen sich vor, endlich einmal aufzuräumen, und glauben, damit sei es getan. Aber wie sehr sie sich auch angestrengt haben mögen, eine Woche später sieht man kaum noch etwas davon, denn an den Ursachen, die zum Chaos führten, haben sie nichts geändert.

Um etwas zu verändern, sollten Sie jetzt sofort einen einzigen, ersten Schritt tun; morgen folgt dann der zweite Schritt, später folgen weitere. Ebenso, wie Chaos und Schmutz nicht an einem einzigen Tag über Ihre Wohnung herfallen, lassen sie sich auch nicht an einem einzigen Tag beseitigen.

▶ **Ein erster Schritt** Gewöhnen Sie sich z. B. an, jeden Abend die im Laufe des Tages entstandene Unordnung zu beseitigen. Das schafft sichtbare Ergebnisse und motiviert.

Suchen Sie sich Weggefährten

Wer schon einmal mit Freunden gewandert ist, weiß, dass Freundschaft und das gemeinsame Erleben auch den beschwerlichsten Weg leichter machen. Dies gilt auch für den Weg zu einem ordentlichen Zuhause.

Weggefährten findet man an den unterschiedlichsten Orten. Freunde und Nachbarn können ein Netzwerk bilden, das Sie bei Ihren Bemühungen unterstützt. Vielleicht haben Sie auch eine Freundin oder einen Freund, die Ihre Versuche, das Chaos zu beseitigen, aus einer gewissen Distanz heraus beobachten und Ihnen durch ihren objektiven Blick bei der Ent-

> »Wichtig ist es, den ersten Schritt zu tun und dann immer weiterzumachen.«

scheidung helfen können, von welchen Ihrer Habseligkeiten Sie sich besser trennen sollten. Sie können sich revanchieren, indem Sie wiederum ihnen beim Aufräumen helfen. Auch in der Kirchengemeinde, im Verein oder der Elterngruppe begegnet man Leuten, die das Problem kennen und einem helfen, motiviert zu bleiben.

Kirchengemeinden, Volkshochschulen, Elterngruppen und andere Institutionen bieten auch immer wieder Kurse zur Haushaltsführung an.

Schließen Sie sich mit anderen Menschen zusammen, die das gleiche Problem haben wie Sie. Sie können sich gegenseitig unterstützen und einander mit Tipps und Tricks zur Seite stehen. Je größer das Forum, desto mehr Unterstützung erfahren Sie im Laufe der Zeit. Sie können von den Erfahrungen der anderen profitieren, dies gilt natürlich auch umgekehrt. Fällt es Ihnen schwer, sich von dem, was sich bei Ihnen so alles angesammelt hat, zu trennen, oder zögern Sie noch, den ersten Schritt zu tun? Beraten Sie sich mit Leidensgenossen!

Ob virtuell oder im wirklichen Leben – Veränderungen fallen einem leichter, wenn man mit anderen darüber reden kann. Ihre Weggefährten werden Sie stützen, wenn Sie straucheln oder schwanken, werden Sie ermutigen und zu weiteren Leistungen anspornen, Sie durch ihr Beispiel inspirieren und Ihnen helfen, die angestrebten Ziele zu erreichen: ein angenehmes Zuhause und einen besser organisierten Alltag.

Techniken
im Haushalt

Techniken im Haushalt
Chaos beseitigen

Was gut organisiert ist und was nicht, darüber kann man geteilter Meinung sein. Tatsache ist jedoch, dass dort, wo überhaupt nicht organisiert wird, Chaos herrscht.

Chaos ist immer ein Störfaktor. In einer unordentlichen Wohnung wird jede alltägliche Verrichtung zu mühseliger Arbeit. Ständig müssen Sie Zeit dafür aufwenden, etwas zu suchen, ständig müssen Sie Stapel und Haufen von Dingen beiseite schieben, um für Ihre Arbeit Platz zu schaffen. Außerdem lenken die herumliegenden Dinge Sie unnötig ab.

Nur das Chaos zu beseitigen löst Ihre Probleme nicht, denn das Chaos ist ein Symptom, dessen Ursachen in Persönlichkeit, Denken und Verhalten begründet liegen. Um das Chaos endgültig unter Kontrolle zu bekommen, muss man erst das eigene Verhalten überdenken.

Das Beseitigen der Unordnung ist eine langwierige, aber auch sehr lohnende Angelegenheit. In diesem Abschnitt befassen wir uns mit Methoden, die das Chaos stoppen, und gewöhnen die Familie an Ordnung.

Kampf dem Chaos: die
Anti-Chaos-Methode

Chaos entsteht nicht von selbst. Seine verborgene Ursache? Aufgeschobene Entscheidungen. Jedes Stück Müll und Plunder in Ihrem Haus steht für einen abgebrochenen Entscheidungsprozess oder eine nicht ausgeführte Absicht. Das Schlimme dabei ist, dass die negative Energie weiteren Müll anzieht. So entsteht eine Lawine aufgeschobener Entscheidungen, die beängstigende Ausmaße erreichen kann.

Folgendes passiert: In der Post ist ein Katalog, den Sie später gerne durchsehen möchten; deshalb legen Sie ihn erst einmal beiseite, auf den Schreibtisch. Am folgenden Tag landen drei weitere Kataloge, ein Stapel Rechnungen und ein paar Handzettel von Pizzadiensten auf dem Stapel, und Ende der Woche ist aus dem einen Katalog ein hässlicher Stapel von Zeitschriften, Briefen, Rechnungen, Werbezetteln und Quittungen gewachsen, dessen Durchsicht in etwa eine Stunde in Anspruch nehmen würde. Den ersten Katalog haben Sie sich immer noch nicht angesehen. Die Anti-Chaos-Methode bekämpft das Chaos an der Wurzel, indem sie den Entscheidungsprozess beschleunigt. Hören Sie endlich auf, zu zögern und zu zaudern! Wenn Sie sich dazu zwingen, schnelle Entscheidungen zu treffen, besiegen Sie das Chaos und erkämpfen sich ein gut organisiertes Zuhause. Bei der Anti-Chaos-Methode gehen Sie in vier einfachen Schritten vor: sortieren, wegwerfen, organisieren und aufräumen (*siehe gegenüberliegende Seite*).

◀ **Fassen Sie sich kurz** Räumen Sie jeweils nur 15 bis 20 Minuten am Stück auf, um Ihre Motivation zu erhalten.

Die Anti-Chaos-Helfer

Bei der Anti-Chaos-Methode verwenden Sie einfache Gegenstände, die Ihnen helfen, Grenzen zu setzen und Entscheidungen zu treffen. Diese Helfer sind: ein Küchenwecker, drei große Kartons und ein Müllsack.

Sortieren ▲   **Wegwerfen** ▲

Ein Küchenwecker Ebenso wie die Erzeugung des Chaos ist auch dessen Beseitigung ein langer Prozess, der aus kleinen Schritten besteht. Oft nimmt man sich gleich zu Anfang zu viel vor und wird deshalb mit allzu vielen Entscheidungen konfrontiert. Ergebnis sind meist überfüllte Schubladen, Stapel von Dingen, die man nicht zuordnen kann und das Gefühl, dass die Arbeit nie aufhört. Ein Küchenwecker hilft, zeitliche Grenzen zu setzen. So vermeiden Sie, allzu lange aufzuräumen, bis Erschöpfung und Überdruss einsetzen. Wenn der Wecker klingelt, hört man auf und kann die Freizeit mit gutem Gewissen genießen.

Drei Kartons Den Mittelpunkt der Anti-Chaos-Methode bilden drei Kartons mit den Aufschriften »aufräumen«, »wegräumen« und »verkaufen/verschenken«.

Verwenden Sie große, stabile Kartons, nach Möglichkeit mit Griffen und Deckeln. Besorgen Sie sich Archivboxen (Bürobedarf) oder Obstkartons mit Deckeln aus dem Supermarkt. Ein »aufräumen«-Karton mit Griffen macht es Ihnen leichter, zum Abschluss der Aktion durch die Wohnung zu gehen und die einzelnen Objekte dorthin zu bringen, wo sie hingehören. »Wegräumen«- und »verkaufen/verschenken«- Kartons mit Deckeln lassen sich gut stapeln und führen einen nicht so sehr in Versuchung, in den Karton hineinzuschauen und die aussortierten Gegenstände wieder an die alten Brutstätten des Chaos zurückzutragen.

Ein Müllsack Ein undurchsichtiger Müllsack oder Mülleimer ist der Star der Anti-Chaos-Methode. In ihn kann man den gesamten echten Müll hineinwerfen – je schneller, desto besser. Undurchsichtig sollte er deshalb sein, damit kein Mitglied der Familie seine Entscheidung bereut und etwas Weggeworfenes wieder heraus holt.

Immer nur ein Schritt auf einmal

Damit die Anti-Chaos-Methode ihre volle Kraft entfalten kann, sollten Sie sich Kartons und Müllsack holen und den Küchenwecker auf 15 Minuten einstellen. Das Klingeln des Weckers wird Ihnen sagen, wann die Zeit der Entscheidungen vorbei und das Aufräumen an der Reihe ist. Eine fünfzehnminütige Arbeitsphase (plus fünf weitere Minuten, in denen Sie die Sachen aufräumen und Ihre Helfer wegstellen) erhalten die Motivation.

1 Sortieren Gehen Sie entschlossen auf den für diesen Tag ausgewählten Chaos-Bereich zu – etwa die Umgebung des Telefons – und tun Sie den ersten Schritt, indem Sie alles sortieren, was dort herumsteht. Zwingen Sie sich zu schnellen Entscheidungen: Bleibt es hier stehen? Räume ich es weg? Oder wird es verkauft oder weggeworfen?

Gehörte der Gegenstand tatsächlich dahin, wo er sich befand, so ordnen Sie ihn ähnlichen Dingen zu: Stifte zu Stiften, Büroklammern zu Büroklammern. Hat der Gegenstand hier nichts zu suchen, wie zum Beispiel

Organisieren ▲

Einräumen ▲

eine Socke beim Telefon, so kommt er in den Karton mit dem Etikett »aufräumen«. Alles, was Sie nicht mehr brauchen und das verschenkt, gestiftet oder verkauft werden soll, kommt zu »verkaufen/verschenken«. Was später im Jahr zum Einsatz kommt, verwahren Sie im Karton »wegräumen«.

2 Wegwerfen Werfen Sie beim Sortieren den Müll direkt in den Müllsack. Stifte, die nicht mehr schreiben, alte Quittungen und Einkaufszettel – sie alle wandern dort hinein.

3 Organisieren Wenn alles sortiert ist, wird es Zeit zu organisieren. Sehen Sie sich die frei gewordene Fläche an und überlegen Sie, wie Sie das, was dorthin gehört, ordnen können. Stellen Sie neben das Telefon einen Becher als Auffangbehälter für Stifte und einen Notizblock. Überlegen Sie sich, wie man diesen Bereich effektiver gestalten kann.

4 Aufräumen Wenn es klingelt oder aber der Bereich bereinigt ist, wird es Zeit, aufzuräumen. Gehen Sie mit dem entsprechenden Karton durchs Haus und bringen Sie alle »Streuner« an ihre angestammten Plätze. Entsorgen Sie den Müll und stellen Sie Küchenwecker und Kartons in das Regal zurück, in dem sie auf ihren nächsten Einsatz warten. Stellen Sie den gefüllten »wegräumen«-Karton an einen geeigneten Ort. Überlegen Sie, wann Sie die nächste Chaos-Ecke in Angriff nehmen und notieren Sie sich das in Ihrem Kalender (*siehe Haushaltsplanung S. 72-87*). Schauen Sie sich anschließend Ihren neuen, gut organisierten Telefonbereich an. Mithilfe der Anti-Chaos-Methode haben Sie soeben ein funktionierendes Zentrum für Anrufe und Mitteilungen geschaffen. Nach und nach entstehen so in Ihrem Haushalt viele funktionierende Zentren, die Ihnen die Arbeit erleichtern, die zu einem gepflegten Heim führen und die Ihnen zu viel mehr Freizeit verhelfen.

Anti-Chaos-Methode Schritt für Schritt: die Schublade

In jedem Haus gibt es mindestens eine Schublade für kleine, häufig gebrauchte Gegenstände. Der Inhalt dieser Schublade scheint, sobald man sie geschlossen hat, wie Hefeteig aufzugehen. Wenn das Chaos den oberen Rand erreicht hat, wird es Zeit, ihm Einhalt zu gebieten.

1 Sortieren Holen Sie Ihr Werkzeug: Küchenwecker, Kartons und Müllsack. Stellen Sie den Wecker auf 15 Minuten ein und beginnen Sie mit dem Sortieren. Legen Sie alles, was wirklich in die Schublade gehört, auf eine Seite.

2 Wegwerfen Werfen Sie alles Kaputte oder Wertlose in den Sack. Was eigentlich woandershin gehört, was aufbewahrt werden soll, was noch verschenkbar und verkaufbar ist, kommt in die entsprechenden Kartons.

3 Organisieren Ordnen Sie das, was in die Schublade gehört, übersichtlich ein. Teiler ermöglichen, Scheren von Batterien und Stifte von Gummibändern zu trennen. Legen Sie kleinere Gegenstände in durchsichtige Behälter.

4 **Aufräumen** Hören Sie auf, sobald es klingelt, und bringen Sie nur noch die Dinge im »aufräumen«-Karton an ihre angestammten Plätze. Verwahren Sie Ihre Helfer und entsorgen Sie den Müll.

Anti-Chaos-Methode im Haushalt: **Strategien des Aufräumens**

Gerade weil sich Chaos langsam aufbaut, erfordert seine Beseitigung viel Ausdauer. Während eines Anti-Chaos-Einsatzes schafft man nur ein begrenztes Pensum. Die Unordnung in einer Schublade oder auf einer Arbeitsfläche ist rasch beseitigt. Doch wo fängt man an, wenn die ganze Wohnung unordentlich ist? Immer mit dem ersten Schritt. Mit den folgenden Strategien bekämpfen Sie das Chaos umfassend.

Wo der Schuh drückt

Der Kampf gegen das Chaos wirkt sich belastend auf die Psyche aus. Stärken Sie Ihre Motivation, indem Sie dort beginnen, wo der Schuh drückt, und konzentrieren Sie Ihre Bemühungen auf die Punkte, die am meisten zählen. Wenn Sie es z. B. jeden Tag aufs Neue anstrengend finden, sich für das Verlassen des Hauses fertig zu machen, sollten Sie als Erstes dem Chaos auf den Badezimmerregalen und im Kleiderschrank begegnen.

Von der Haustür aus

Von welchem strategischen Punkt aus lässt sich ein Haus zurückerobern, das dem Chaos zum Opfer fiel? Von der Haustür aus! Fangen Sie im Eingangsbereich an und bewegen Sie sich von dort aus weiter.

Bei dieser Methode wissen Sie stets, welcher Bereich als nächster drankommt. Außerdem werden so die »öffentlichen« Teile des Hauses zuerst organisiert.

Kehraus

Fühlen Sie sich von ihrer unordentlichen Wohnung überfordert? Versuchen Sie es mit einem Kehraus. Schnappen Sie sich einmal am Tag einen Beutel und fahnden Sie im ganzen Haus nach Müll, der weggeworfen werden kann, ohne dass Entscheidungen erforderlich werden. Geeignete Kandidaten sind z. B. verwitwete Socken, zerbrochene Küchengeräte, Lebensmittel mit abgelaufenem Verfallsdatum und Kosmetik, die ihren ersten Geburtstag schon hinter sich hat. Entsorgen Sie den Müllbeutel, wenn er voll ist.

Die Penicillin-Strategie

Neulich hatten Sie den kleinen Tisch im Flur aufgeräumt, aber in der Woche darauf machte sich auf ihm neues Chaos breit. Man kann dieses Phänomen mit einer Schale voller Schimmelpilze vergleichen, auf die ein Laborant täglich einen Tropfen Penicillin träufelt. Am nächsten Tag ist die Fläche rings um den Tropfen schimmelfrei, und wenn jeden Tag ein weiterer Tropfen in die Schale fällt, bleibt eines Tages kein Schimmel mehr zurück. Kehren Sie den Spieß um!

Um das Chaos mit der Penicillin-Strategie zu bekämpfen, räumen Sie täglich eine kleine Fläche nach der Anti-Chaos-Methode auf. Prüfen Sie am folgenden Tag, ob diese Fläche immer noch frei ist, bevor Sie sich der nächsten zuwenden.

Eine Schublade am Tag

Feng-Shui-Berater glauben, dass sich in Chaos und angesammeltem Müll erschöpftes »Chi« ansammelt, jene Energie, die das Haus und alle seine Bewohner durchströmt. Befreien Sie das eingeschlossene Chi Schritt für Schritt mit der Eine-Schublade-am-Tag-Methode, indem Sie die Unordnung in kleinen Portionen in Angriff nehmen.

Anders gesagt, gehen Sie zunächst 15 Minuten nach der Anti-Chaos-Methode vor (siehe S. 20–23) und ordnen dabei eine einzelne Schublade oder eine Ecke.

▶ **Der Kampf gegen das Chaos** ist anstrengend. Arbeiten Sie in kleinen Schritten, um sich die Energie und Begeisterung zu erhalten, die Sie für das Aufräumen der ganzen Wohnung brauchen.

Nachtspaziergang

Das allabendliche Aufräumen erleichtert die morgendliche Routine. Machen Sie abends vor dem Zubettgehen einen Spaziergang durch die Wohnung und sammeln Sie dabei alles ein, was herumliegt. Ein stabiler Korb bietet viel Platz für Schuhe, Zeitschriften, Teller und Gläser, Spielzeug, Fernbedienungen und Schulbücher. Auf Ihrer zweiten Runde durch das Haus räumen Sie all diese Sachen ein.

Familien mit Kindern sollten in ihre tägliche Routine Aufräumzeiten einbauen, wie es sie auch im Kindergarten gibt. Spielsachen zurückzustellen gewöhnt Kinder daran, Ordnung zu halten und verhindert, dass die Eltern nachts im Dunkeln über liegen gelassenes Spielzeug stolpern.

Hindern Sie das Chaos daran, **zurückzukehren**

Die Unordnung zu beseitigen, ist nur die halbe Miete. Damit das Chaos nicht wieder Fuß fasst, müssen Sie sich neue Gewohnheiten zulegen. Probieren Sie die folgenden Strategien aus, um die Chaos-Monster in Schach zu halten.

Kleine Streuner

Die Hauptursache für Chaos und Unordnung? Es sind die obdachlosen Gegenstände: Briefe, Spielzeug, Zeitungen usw. Wenn sie kein Zuhause haben, gehen diese Dinge auf Wanderschaft, verirren sich, geraten in schlechte Gesellschaften und werden zu Elementen des Chaos.

Geben Sie Ihren Sachen ein Zuhause. Zeitungen können auf einem Beistelltisch gestapelt werden und später in einem Karton auf die letzte Reise zum Altpapiercontainer warten. Machen Sie einen Ort im Haus zur Startrampe der Familie (*siehe S. 186–187*), wo Handtaschen, Schulsachen, Rucksäcke, Aktenkoffer, Mäntel, Mützen und Handschuhe eine Heimat finden. Dinge, die einen Ort haben, an den sie gehören, verwandeln sich nie in Chaos-Elemente.

Das »Eins-rein-eins-raus-Versprechen«

Die einfachste Art, der Unordnung den Weg ins Haus zu versperren? Geben Sie das »Eins-rein-eins-raus-Versprechen«: Für jedes neue Kleidungsstück oder jedes neue Spiel, das Sie in Ihr Haus hereinlassen, muss ein altes Kleidungsstück oder Spiel gehen. Ist z. B. Ihre Lieblingszeitschrift in der Post, so legen Sie ein älteres Exemplar dieser Zeitschrift beiseite, um es an eine Freundin weiterzureichen.

Die Kaufverzichts-Diät

Machen Sie eine Kaufverzichts-Diät, um Ihr Zuhause zu entrümpeln. Die Kaufverzichts-Diät ist einfach: Versuchen Sie, die Dinge, die Sie brauchen, zu mieten, auszuleihen oder gegen andere auszutauschen, anstatt sie neu zu kaufen. Auf diese Weise schonen Sie auch die Haushaltskasse:

Verkauf' es!

Nabeln Sie sich von überflüssigen Dingen ab, indem Sie sie verkaufen.

- **Werden Sie Flohmarktverkäuferin** Zeichnen Sie Ihre Ware gut sichtbar aus. Bieten Sie Sonderangebote, indem Sie z. B. Bausteine tütenweise verkaufen. Bringen Sie alles, was Sie nicht verkaufen konnten, zu einem gemeinnützigen Secondhandshop, damit Sie es am Ende des Tages wirklich loswerden.
- **Verkaufen Sie online** Internetauktionen helfen, Käufer für gelesene Bücher, Sammlerstücke oder elektronische Geräte zu finden. Noch leichter machen Sie es sich, wenn Sie sich an einen Profi wenden, der gegen eine prozentuale Beteiligung Ihre Waren ins Netz stellt, die Preise aushandelt und sich um Verpackung und Versand kümmert.
- **Geben Sie es weiter** Secondhandshops setzen nicht nur Kleidung um. Viele nehmen auch Bücher, DVDs, CDs, Sportartikel, Spielzeug und Babybedarf an.
- **Inserieren lohnt sich** Verkaufen Sie teure Artikel durch billige Kleinanzeigen. In vielen Zeitungen können private Verkäufer billig inserieren. So finden Sie für Dinge, die Sie nicht mehr benötigen, ein neues Zuhause.

STRATEGIEN DES AUFRÄUMENS 29

▲ **Legen Sie das** »Eins-rein-eins-raus-Versprechen« ab: Wenn Sie sich etwas Neues zum Anziehen gekauft haben, geben Sie ein entsprechendes älteres Teil in den Sack für die Kleidersammlung.

■ **DVDs, Videos und Computerspiele** Leihen Sie DVDs, Videos und Computerspiele aus, anstatt sie zu kaufen. Wenn Sie DVDs bei einem Versandverleih mieten, wachsen zu Hause nicht die Stapel und Sie haben eine größere Auswahl als in der Videothek an der Ecke. Mittlerweile bieten auch Stadtbüchereien DVDs und Videos an. Oder Sie bilden zusammen mit Freunden und Nachbarn einen Tauschring.

■ **Partybedarf** Planen Sie ein größeres Fest bei sich zu Hause? Leihen Sie sich die Dinge, die Sie ausschließlich für derartige Gelegenheiten brauchen, wie etwa Gläser oder Biertischgarnituren aus, anstatt sie zu kaufen. Kirchengemeinden, Vereine und Brauereien leihen oder vermieten allerhand, was man nur dann benötigt, wenn viele Gäste kommen.

■ **Sportausrüstungen für Kinder** Sie sind teuer und die Kinder wachsen schnell aus ihnen heraus. Organisieren Sie Tauschringe. Mit zweckmäßiger und passender Ausrüstung haben Ihre Kinder mehr Spaß am Sport, ohne dass es ins Geld geht und ohne dass Skier oder Tennisschläger nach der einen Saison, in der sie benutzt wurden, jahrelang herumstehen.

»Wenn sie kein Zuhause haben, gehen die Dinge auf Wanderschaft und verursachen jede Menge Chaos.«

■ **Schwangerschafts- und Babykleidung** Erwarten Sie ein Kind? Andere Mütter sind eine ergiebige Bezugsquelle für nur leicht getragene Schwangerschafts- und Babykleidung. Gerade bei diesen Sachen empfiehlt es sich, zu tauschen und auszuleihen, anstatt neue zu kaufen. Lassen Sie im Kreise befreundeter junger Familien eine »Schwangerschaftsbox« mit Schwangerschaftskleidung zirkulieren.

Sinnvolles oosouji

Ein alter japanischer Brauch hilft, das neue Jahr unbeschwert zu beginnen. Im ausgehenden alten Jahr begehen die Japaner *oosuji*, indem sie in Haus und Büro aufräumen und alles neu organisieren. Sie schließen begonnene Vorhaben ab und schaffen so Platz für die Herausforderungen und Möglichkeiten, die das neue Jahr ihnen bieten wird.

Machen Sie es den Japanern nach und beginnen Sie das neue Jahr in einem sauberen und aufgeräumten Heim. Schaffen Sie am Ende des Jahres in allen Regalen und Schränken Platz für die neuen Besitztümer, die Sie im folgenden Jahr gern erwerben möchten.

Welcher Chaos-Typ sind Sie?

Es ist leise, schleicht sich ein und macht sich überall im Haus breit: Chaos. Stürzen Sie sich nicht blindlings in den Kampf gegen diesen Feind, sondern lernen Sie ihn zuerst besser kennen. Es gibt so viele Ursachen für Haushalts-Chaos, wie es Haushalte gibt. Erforschen Sie die Ursachen Ihres Problems: Ihr eigenes Denken und Verhalten.

Der Hamster:
»Eines Tages kann ich es sicher brauchen.«

Hamster erkennt man an ihren Sammlungen. Sie sammeln die unwahrscheinlichsten Dinge: Plastikbeutel, Werbebeilagen und abgetragene Kleidung. Nach den Gründen für das Horten befragt, sind sie um Antworten nie verlegen. Fragen Sie eine Hamsterin, warum sie die Ausgaben ihrer Lokalzeitung der letzten drei Jahre aufgehoben hat, und sie wird ihnen von dem Papiermachéengel erzählen, den sie eines Tages daraus basteln will. Jeder Außenstehende erkennt auf den ersten Blick, dass diese Frau über genug Papier verfügt, um damit die ganze Nachbarschaft mit Engeln zu versorgen oder vielleicht sogar das gesamte Viertel.

Die tiefere Ursache des Hamsterns ist Unsicherheit in finanziellen und anderen Dingen. Tief in ihrem Innersten fürchten Hamster sich vor Not und Mangel und wagen deshalb nie, etwas abzugeben oder wegzuwerfen, gleichgültig, wie verschlissen, nutzlos oder überflüssig es ist.

Hamster müssen sich selbst unermüdlich daran erinnern, dass Ressourcen stets verfügbar sind. Man braucht nur aus dem Haus zu gehen und wird feststellen, dass es in der Stadtbücherei Zeitschriften in Hülle und Fülle gibt und dass man auf Flohmärkten jederzeit jeden erdenklichen Haushaltsgegenstand preiswert erstehen kann. Der Gedanke an das Vorhandensein dieser unerschöpflichen Quellen sollte einem Hamster Mut machen, den eigenen Haushalt von Gerümpel zu befreien.

Der Verdränger:
»Ich denke morgen darüber nach.«

Verdränger sind sehr gut darin, Sachen beiseite zu legen – und dann einfach dort liegen zu lassen. Rechnungen, alte Zeitungen, Dinge, die gereinigt oder repariert werden müssten, werden einfach irgendwo abgestellt oder vergessen. Der Verdränger stellt das schmutzige Geschirr in die Spüle, lässt die nasse Wäsche in der Maschine und schaut einfach nicht hin, wenn das Fallobst im Garten verfault.

Verdränger müssen daran erinnert werden, dass sie morgen auch nicht mehr Zeit oder Energie haben werden als heute und dass das Aufschieben von Entscheidungen dazu führt, dass man sie weiter mit sich herumschleppt. Da Zögern die Wurzel dieses Verhaltens ist, stellt Aktivität das beste Mittel dagegen dar. Sobald sie den ersten Schritt gemacht haben, bauen auch Verdränger genügend Schwung auf, um die Aufgabe abzuschließen. Es ist immer leichter, einen Felsblock in Bewegung zu halten, als ihn ins Rollen zu bringen.

Wie können Sie sich zum Handeln zwingen? Setzen Sie sich eine Deadline. Wenn Sie sich z. B. mal wieder auf eine halbfertige Handarbeit gesetzt haben, kreuzen Sie im Kalender einen Tag an, an dem sie fertig sein sollte. Ist das Projekt dann noch nicht abgeschlossen, muss es den Haushalt leider verlassen. Der fliegende Übergang von Trägheit zu Aktion verleiht selbst dem abgebrühtesten Verdränger die Energie, das, was er sich vorgenommen hat, auch tatsächlich zu erledigen.

Der Rebell: »Ich will nicht und niemand kann mich zwingen!«

Letztlich ist die Mutter schuld. Rebellen wurden als Kinder gezwungen, immer alles aufzuräumen. Als Erwachsene verspüren sie noch den gleichen Trotz wie als Vierjährige. Das Problem kann sich auf vielfältige Weise äußern, meist tritt es jedoch im Haushalt zu Tage. Nein, der Rebell wird seine Kleidung nicht in den Wäschekorb und seine Müslischale nicht in die Spülmaschine tun, und auch nicht das Auto in die Garage fahren, nicht einmal, wenn auf dem Fußboden seines Zimmers kein Platz mehr ist, die Müslireste an der Luft steinhart werden oder es draußen hagelt.

Rebellen sollten sich daran erinnern, dass der Krieg vorbei ist. Sie leben nicht mehr zu Hause bei Mutti und Vati und sollten sich endlich wie Erwachsene verhalten. Wenn Sie ein Rebell sind, dann sagen Sie sich: »Jetzt bin ich die Mutter (bzw. der Vater) und ich will in einem angenehmen Haus wohnen.« Indem er sich in die alten Autoritätspersonen hineinversetzt, kann der Rebell mitunter einen Ausweg aus seiner verhärteten Position finden. Erinnern Sie sich stets daran, dass Sie inzwischen selbst entscheiden.

Der Perfektionist: »Nächste Woche werde ich alles perfekt organisieren.«

Perfektionisten sind fantastische Menschen, aber leider gehen sie keine Kompromisse ein. Sie vollbringen fantastische Leistungen — sofern sie sie vollbringen. Perfektionisten bauen eine innere Abneigung gegen das Aufräumen auf, weil sie Angst davor haben, es nicht auf perfekte Weise zu tun. Wenn er nicht sicher gehen kann, 150-prozentige Ergebnisse zu erzielen, lässt der Perfektionist lieber alles so, wie es ist.

Möglicherweise ist der Küchenschrank übervoll mit Gefrierdosen, doch eine Perfektionistin wird sie erst dann sortieren, wenn es ihr gelungen ist, in irgendeinem Laden das vollkommene Schrankpapier, einen Deckelhalter und farblich passende Etiketten zu finden. Bis es soweit ist, stürzt jedesmal, wenn jemand die Schranktür öffnet, eine Lawine von Gefrierdosen zu Boden.

Perfektionisten sollten stets an die 20-80-Regel denken. 20 Prozent jeder Arbeit lösen 80 Prozent des Problems, während die übrigen 20 Prozent des Problems 80 Prozent der Arbeit in Anspruch nehmen. Perfektionistische Chaoten kommen in die Gänge, wenn sie sich selbst gestatten, 20 Prozent des Arbeitsschrittes zu erledigen, z. B. indem sie diese Dosen sortieren und in der richtigen Anordnung stapeln. Die übrigen 80 Prozent, das Besorgen von Schrankpapier und Deckelhalter, können sie auf später verschieben. Und wenn »später« niemals eintreten wird? Ja, dann ist es Ihnen endlich gelungen, den inneren Perfektionisten auszutricksen. Herzlichen Glückwunsch!

Der Nostalgiker: »Ach, das süße kleine Ding!«

Nostalgiker stoßen niemals auf ein Erinnerungsstück, das sie nicht behalten wollen. Kinderkleidung und Schulhefte, vergilbte Glückwunschkarten, Andenken an lange zurückliegende Reisen und viele andere Souvenirs füllen die Wohnung des nostalgischen Chaoten. Das Problem dabei ist, dass man in dieser Flut von Erinnerungsstücken niemals das wiederfindet, was man gerade sucht. Wo zum Beispiel könnte in einem mit Papierstapeln voll gestopften Speicher das Zeugnis aus der ersten Klasse liegen?

Ein Nostalgiker muss, um Ordnung zu schaffen, die Masse der Andenken reduzieren. Eigentlich hängt sein sentimentales Herz an den Erinnerungen und Gefühlen, die er mit einem Stück verbindet. Deshalb sollte es ihm eigentlich genügen, wenn er z. B. pro Kind eine Schachtel anlegt, in die jeweils nur das schönste Bild und der beste Aufsatz hineinkommen. Alles andere wird entsorgt.

Beschränkung heißt das Zauberwort. Die besten Fotos, aber nur die besten, werden ins Album eingeklebt und bei vielen Erinnerungsstücken genügt es eigentlich, wenn man ein Foto von ihnen zurückbehält. Lernen Sie, loszulassen!

Chaos von **innen her bekämpfen**

Es sind nicht nur unsere Wohnungen, in denen sich Chaos breit gemacht hat. Chaos herrscht auch in unseren Köpfen. Psychologische Gründe wie beispielsweise Angst und Sentimentalität hindern uns daran, uns von dem zu trennen, was wir eigentlich nicht mehr brauchen können. Probieren Sie die folgenden Gegenmaßnahmen aus.

Sparsamkeit: »Eines Tages werde ich es brauchen.«

Sparsame Menschen trennen sich ungern von dem, was sie gerade nicht brauchen, weil sie Angst haben, eines Tages das, was sie dann brauchen werden, nicht oder nicht in genügendem Umfang zur Verfügung zu haben.

Machen Sie sich diese Angst bewusst, um sie zu besiegen. Und dann wird gehandelt! Z. B., indem Sie den Schrank öffnen, den sie mit leeren Plastikbehältern voll gestopft haben, und die Frage: »Wann habe ich zuletzt etwas davon benutzt?« ehrlich beantworten. Lautet die Antwort »Niemals« oder »Vor 25 Jahren«, dann können Sie den Plastikkram getrost entsorgen, ohne dass sich dies auf Ihr späteres Leben auswirken wird.

Stellen Sie sich Ihrer Angst! Denken Sie stets daran, dass die Welt voll von leeren Plastikbehältern ist. Ihre Angst, dass sie eines Tages alle verschwinden könnten, ist unbegründet.

Die Bedenken des Investors: »Ich habe viel Geld dafür bezahlt.«

Mitunter hat es finanzielle Gründe, dass wir an überflüssigen Dingen hängen. »Ich habe 50 Euro dafür bezahlt!« – Gedanken wie dieser verhindern, dass wir uns von etwas trennen, das wir nicht mehr brauchen oder das uns nicht mehr gefällt. Bedenken Sie, dass der Kaufpreis von gestern nicht viel mit dem heutigen Wert zu tun hat. Beispiel Computer: Drei oder vier Jahren nach dem Kauf beträgt der reale Wert eines Computers aufgrund der raschen technologischen Entwicklung nur noch einen Bruchteil des ursprünglichen Preises.

Im Grunde geht es nicht darum, was etwas gekostet hat, sondern darum, was es heute wert ist. Und einzig und allein diesen Wert sollten Sie bei der Überlegung, ob Sie einem Objekt Platz im Haus einräumen oder es daraus entfernen, im Auge haben. Ermitteln Sie mithilfe von Internetauktionen den aktuellen Wert. Wenn Sie wissen, was das betreffende Stück heute kostet, fällt es Ihnen oft leichter, sich davon zu trennen.

Jagdleidenschaft: »Es ist eine Sammlung.«

Sammeln macht Spaß, kann aber auch Chaos nach sich ziehen. Man tätigt eine Anschaffung nach der anderen, bis man auf den übervollen Regalen keinen Platz mehr für neue Errungenschaften hat. Wenn die geliebte Sammlung nur noch in Kisten auf dem Speicher untergebracht werden kann, wird es Zeit, sich davon zu trennen.

Schauen Sie Ihre Sammlung gründlich durch, um festzustellen, welche die Kernstücke sind, an welchen der vielen Gegenstände Ihr Herz wirklich hängt. Nur diejenigen Stücke, die für Sie von Bedeutung sind, verdienen es, aufbewahrt zu werden.

Erbstücke: »Das hat mal Opa gehört.«

Manchmal sind es Familienbande, die einen an Chaos-Elemente ketten. Viele Sachen kann man nur als »erebten Plunder« bezeichnen, denn man will sie nicht, man braucht sie nicht, man benutzt und schätzt sie nicht, aber man behält sie trotzdem, weil sie einst einem Verwandten gehörten.

Natürlich gibt es auch richtige Erbstücke. Ich besitze eines: eine herrliche Quiltdecke, die noch von meiner Urgroßmutter stammt. Wenn ich die winzigen bunten Stoffstücke betrachte, die teilweise von einem Kinderkleid meiner Mutter stammen,

▲ **Seien Sie wählerisch** Echten Erbstücken gebührt durchaus ein Platz im Haus, aber nicht alles ist wertvoll. Heben Sie die Liebesbriefe Ihrer Großeltern auf, aber schreddern Sie deren Rechnungen.

fühle ich mich mit vier Generationen meiner Familie verbunden. Eines Tages werde ich den Quilt an meine Enkel weitergeben.

Ererbter Plunder kann z. B. ein altes Sofa sein. Es ist verschlissen und hässlich, und dennoch mag man sich nicht davon trennen. Warum nicht? »Weil es geerbt ist!« Stellen Sie sich die folgenden Fragen, um Erbstücke von Plunder zu unterscheiden:

- Was weiß ich über dieses Stück?
- Habe ich Erinnerungen, die damit verbunden sind?
- Schätze ich das Stück und nützt es mir im Alltag?

Identitätskrise: »Die Krüge standen schon in meiner Studentenbude.«

Identitätskrisen-Chaos entsteht durch Sachen, die wir nicht mehr benutzen, an denen wir jedoch hängen, weil sie aus einer früheren Phase unseres Lebens stammen. Diese Dinge sind leicht zu erkennen, weil sie in enger Verbindung zu einer bestimmten Zeit und einem bestimmten Ort stehen wie z. B. die Langspielplattensammlung aus den 1980ern.

Um sich von diesen Chaos-Elementen zu trennen, sollten Sie sich daran erinnern, dass die Zeiten dafür längst passé sind. Bewahren Sie zur Erinnerung ein Symbol aus dieser Phase ihres Lebens auf und entsorgen Sie die restlichen Identitätssouvenirs. Rahmen Sie sich ein oder zwei Plattencover ein und schenken Sie den Rest einer wohltätigen Organisation oder verkaufen Sie sie auf dem Flohmarkt.

Der Umgang mit dem **Chaos der anderen**

Ebenso wie blaue Augen wird auch die Neigung vererbt, rings um sich herum Chaos zu verbreiten. Deshalb ist es nicht unwahrscheinlich, dass Sie und Ihre Kinder das gleiche Problem haben. Wenn Sie die ersten Schritte unternehmen, um Ordnung in Ihr Leben zu bringen, kann das Chaos der anderen ein Problem für Sie darstellen. Wie geht man am besten mit der Unordnung anderer um?

Chaos-Reservate einrichten

Kein Leben ohne Chaos Selbst die Ordentlichsten unter uns werfen hin und wieder Kleidungsstücke auf den Boden.

Akzeptieren Sie diese Tatsache und bestimmen Sie Chaos-Reservate. Ähnlich wie Wildreservate sind dies begrenzte Bereiche, in denen Chaos frei leben darf, solange es die Grenzen nicht überschreitet.

- **Im Schlafzimmer** wird ein Stuhl zum Chaos-Reservat. Kleidung darf geworfen werden – allerdings nur auf diesen Stuhl.
- **In eine Chaos-Schublade** in der Küche kommen all die Vitamintabletten, Gummibänder, Rabattmarken und Quittungen, die keinen festen Platz haben.
- **Ein großer Zeitschriftenkorb** im Wohnzimmer nimmt so viele Zeitschriften auf, wie in ihn hineinpassen.
- **Basteln, Nähen** und andere Hobbys schaffen Chaos, doch allzu starre Aufräumregeln hemmen die Kreativität. Ordnen Sie Ihrem Hobby einen Tisch oder einen Schrank zu, den Sie, wenn Sie nicht daran arbeiten, mit einem Tuch abdecken bzw. zumachen.

Veränderungen fangen bei Ihnen an

Das Aufräumen des Wohnzimmers und der Küche hat Sie mehrere Wochen Arbeit gekostet und jetzt ist wieder alles vermüllt. Es ist der Müll der anderen. Widerstehen Sie der Versuchung, den Familienrat einzuberufen und Anti-Chaos-Gesetze zu erlassen. Chaos-Bekämpfung unter Zwang funktioniert nur so lange, wie Sie die Familienmitglieder beaufsichtigen und ständig ermahnen, Socken, Zeitungen und Spielzeug aufzuräumen.

Sehen Sie stattdessen ein, dass die Veränderung bei Ihnen selbst beginnen muss. Erst, wenn Sie gelernt haben, mit Ihrem persönlichen Chaos-Problem umzugehen, können Sie den anderen helfen, den schmalen Pfad der Ordnung zu beschreiten. Ebenso wie Sie müssen auch die anderen neue Gewohnheiten entwickeln, Aktivitätszentren einrichten und das Chaos an der Wurzel bekämpfen.

Tipps für den Familien-Chaosberater

Streit über Unordnung und schlechte Organisation nützt niemandem und beseitigt auch nicht das Chaos. Machen Sie sich stattdessen zum Familien-Chaosberater, um Ihren Lieben zu helfen, ihr Chaos unter Kontrolle zu bekommen. Wenn Sie als Helfer auftreten, nimmt das den Diskussionen die Spitze und der Übergang zum Teamwork gelingt.

Chaos und Persönlichkeit Kein Weg ist der einzig Richtige, jeder muss seinen eigenen finden. Erfolgreiche Organisationslösungen sind immer maßgeschneidert. Eine Schreibtischaufräumstrategie, die bei einem sehr visuellen Elternteil funktioniert, eignet sich nicht für ein Kind, das sein Werkzeug gerne im Blickfeld hat. Stellen Sie ihm seine Buntstifte in einem schönen Becher auf den Schreibtisch, anstatt sie in die Schublade zu verbannen.

Nehmen Sie das Problem in Angriff, nicht das Chaos

Chaos ist nur ein Symptom. Das eigentliche Problem liegt im Verhalten begründet. Als Chaosberater sollten Sie sich mit dem Problem beschäftigen, nicht mit dem herumliegenden Zeug. Wenn Sie die Hefte und Bücher einsammeln, die Ihre Tochter nach der Schule in der Wohnung verstreut hat, befassen Sie sich nur mit einem Symptom. Die richtige Lösung besteht darin, Ihrer Tochter eine Startrampe einzurichten (*siehe S. 186-187*) und ihr beizubringen, diese vor und nach der Schule aufzusuchen.

Seien Sie flexibel Ehegatten, Kinder oder Mitbewohner haben eigene Ansichten darüber, was Chaos ist und was nicht. Was der eine als Plunder ansieht, ist dem anderen lieb und teuer und deshalb ist es reine Zeitverschwendung, Chaos, Ordnung und Unordnung definieren zu wollen. Ein guter Familien-Chaosberater ist flexibel und strebt Lösungen an, nicht Konfrontationen. Bei uns zu Hause entwickelten sich z. B. die Schachunterlagen meines Mannes, eine Unmenge von Büchern, Ausdrucken und Zetteln, zum Problem. Für mich war es Chaos, für ihn war seine Schachbibliothek unentbehrlich für jemanden, der davon träumt, eines Tages bei internationalen Turnieren anzutreten. Die Lösung: Ich wies seiner Schachbibliothek ein Regalbrett zu. Auf diese Weise hat Steve jederzeit Zugang zu seinen Unterlagen und ich muss sie nicht länger vom Frühstückstisch oder vom Sofa räumen.

▲ **Familien-Chaos** Wenn nur ein Familienmitglied motiviert ist, es zu beseitigen, verlaufen die Bemühungen im Sand. Machen Sie den anderen klar, dass Ordnung allen zugute kommt.

▲ **Gut organisiert** Ein organisiertes Unterhaltungszentrum hilft der ganzen Familie, Videos und DVDs zu finden und wieder richtig einzusortieren. Das spornt zur Schaffung weiterer Zentren an.

Techniken im Haushalt
Den Haushalt organisieren

Ziel einer guten Organisation des Haushalts ist nicht, dass Ihre Wohnung besser aussieht, sondern dass sie praktikabler wird. Wie lange brauchen Sie, um ein Geschenk einzupacken, eine Rechnung zu bezahlen oder mitten in der Nacht die Bettwäsche eines kranken Kindes zu wechseln? In einem gut organisierten Heim können die vielen Arbeitsgänge des Alltags im Handumdrehen erledigt werden.

Organisieren bedeutet nicht nur, Gegenstände ordentlich aufzuräumen. Sondern auch, Vorräte, Werkzeug und Gegenstände auf sinnvolle und logische Weise aufzubewahren, so dass sie sich nach Gebrauch mühelos zurücklegen lassen. Eine gute Organisation erleichtert und beschleunigt tägliche Verrichtungen.

In diesem Abschnitt erarbeiten wir uns die Prinzipien der Haushaltsorganisation. Wir schaffen Aktivitätszentren, die optimal für bestimmte Funktionen sind, und lernen Behälter kennen, die uns beim Organisieren des Haushalts helfen. Außerdem überlegen wir, wie wir die Familie einbeziehen können.

Wie organisiert man **sein Zuhause?**

Zuhause, das ist die Umgebung, die zu einem gehört und in die man gehört, in der man sich wohlfühlt, sich erholt und neue Kräfte sammelt. Unser Zuhause ist mehr als nur Schutz gegen Kälte und Regen. Es ist eine Bühne, auf der wir unser Leben leben. Aber nüchtern betrachtet: Wie gut funktioniert Ihr Zuhause eigentlich?

Rekonstruieren Sie die letzten 24 Stunden. Konnten Sie das Haus morgens zügig verlassen oder mussten Sie schon wieder nach den verlegten Autoschlüsseln suchen? Konnte Ihre Familie mühelos vor dem Essen den Tisch decken, oder stand das Geschirr so im Schrank, dass man es kaum erreichen oder sich

> »Bei der Organisation geht es ausschließlich darum, dass alles reibungslos funktioniert.«

allzu tief danach bücken musste? Wenn der Alltag zu Hause zur ständigen Belastung wird, ist es Zeit zu handeln.

Die Funktion zählt, nicht das Aussehen
Als Erstes sollten wir uns klarmachen, was Organisation ist. Organisation ist nicht eine Stilrichtung der Innenausstattung, sondern Mittel und Weg, in einem funktionalen Haus zu leben. Eine Wohnung, die mithilfe von billigen Pappkartons aufgeräumt wird, kann durchaus wesentlich besser organisiert sein, als eine andere, für die teure Organisationssysteme angeschafft wurden, die aber leider nicht funktionieren. Ordentliche Heime sind nicht immer unbedingt gut organisiert. In sorgfältig ausgerichteten Papierstapeln können sich vergessene Rechnungen

◀ **Gut organisiert sein** bedeutet, dass man alles, was man braucht, rasch zur Hand hat und die täglichen Aufgaben, die Haushalt und Beruf einem stellen, stressfrei erledigen kann.

und verlegte Zettel mit wichtigen Notizen verstecken. Andererseits kann ein Schreibtisch, auf dem viel herumliegt, durchaus zu einem gut organisierten Haushalt gehören, in dem Rechnungen pünktlich bezahlt, Dokumente abgelegt und Briefe sofort beantwortet werden.

Man kann also ordentlich und gleichzeitig schlecht organisiert sein. Aufräumen bedeutet, dass man alles an seinen Platz zurückstellt. Was aber ist, wenn der Platz dieser Dinge nicht auf ihre Funktion abgestimmt wurde? Wenn man trotz aller Ordnung weder Autoschlüssel noch Hundeleine findet, hat man es doch wieder nur mit verkapptem Chaos zu tun. »Aufgeräumt« bedeutet nicht unbedingt »gut organisiert«. Lassen Sie sich durch das organisierte Aussehen nicht täuschen, sondern konzentrieren Sie sich auf die organisierte Funktion, denn nur sie macht den Unterschied zwischen Chaos und Harmonie aus.

Die Arbeit zählt, nicht das Produkt
Immer wieder verkaufen Leute auf Flohmärkten offensichtlich unbenutzte, ästhetische Elemente teurer Organisationssysteme zu einem niedrigen Preis. Diese Menschen haben aufgegeben und »Organisieren« mit »Sachen kaufen« verwechselt.

Organisation ist ein Prozess, der immer mit Arbeit verbunden ist und ein bestimmtes Ziel, in diesem Fall Ordnung und Praktikabilität, verfolgt. Organisation erfordert Zeit, Mühe und Motivation und auch einiges an Mitdenken. Keinen dieser Faktoren kann man kaufen. Kein Artikel, wie nützlich er theoretisch auch sein mag, kann Sie von alleine zu einem gut organisierten Menschen machen. Fazit: Organisation kann man nicht kaufen, man erkämpft sie sich!

Organisieren Sie Ihr Zuhause –
drei Grundregeln

Organisation ist gut, wenn sie funktioniert. Funktioniert Ihr Zuhause? Können Sie stressfrei Dinge finden, Arbeiten erledigen und Ihre Freizeit genießen? Drei Regeln helfen Ihnen, die Wohnung effektiv zu organisieren: Finden Sie für alles den richtigen Platz, beziehen Sie die Familie mit ein und schaffen Sie Aktivitätszentren.

1 Für alles einen Platz

Es gibt einen alten Spruch: »Finde für alles einen Platz, dann ist alles aufgeräumt«. Ebenso wie die Menschen brauchen auch die Dinge ein Zuhause. Geben Sie Ihren Sachen ein Revier und helfen Sie Ihnen mit Etiketten, Trennleisten usw., es zu behaupten. Beim Organisieren kommt es darauf an, dass

> Es gibt einen alten Spruch: »Finde für alles einen Platz, dann ist alles aufgeräumt«

der jeweilige Platz gut durchdacht ist. Auch wenn Sie die Handtücher in Dreiersets gekauft haben, können Sie sie dennoch trennen und dort aufbewahren, wo sie gebraucht werden: die kleinen in der Gästetoilette, die großen und die Waschlappen im Badezimmer. Verstecken Sie die Angebote der Pizzalieferdienste nicht in einer Küchenschublade, sondern heften Sie sie in einem Ordner ab, der griffbereit beim Telefon liegt.

2 Beziehen Sie die Familie mit ein

Organisieren bedeutet nicht nur, einem Gegenstand einen Platz im Haus zuzuweisen, sondern ein neues System einzuführen und alle Mitglieder des Haushalts dazu zu bringen, es anzuwenden. Es funktioniert nur, wenn alle es verstehen und umsetzen können. Berücksichtigen Sie Ihre Familie, indem Sie beim Einräumen der Küche daran denken, Teller, Schalen, Gläser und Tassen in den unteren Schrankbereich zu stellen. Kinder können den Tisch nur dann decken, wenn sie an Geschirr und Besteck kommen. Auf diese Weise helfen Sie der Familie, Ihnen zu helfen. Das gleiche gilt auch für die Handtücher im Badezimmerschrank.

3 Schaffen Sie Aktivitätszentren

Kindergärtnerinnen sind vorbildliche Organisatoren, denn es bleibt ihnen gar nichts anderes übrig. Wäre der Gruppenraum nicht gut durchorganisiert, würden seine 18 oder 20 kleinen Benutzer innerhalb kürzester Zeit das schönste Chaos anrichten.

Damit das nicht passiert, wenden Kindergärtnerinnen und Kindergärtner das Konzept der Zentren an und richten Bereiche für bestimmte Aktivitäten ein. In der Puppenküche können die Kinder mit Miniaturgeschirr hantieren, auf dem Maltisch stehen Papier, Farben und Pinsel bereit. Bevor sie heimgehen, räumen die Kleinen Bausteine in die Kisten und Spielzeugautos auf den dafür vorgesehenen »Parkplatz«.

Die Zentren im Haushalt funktionieren nach dem gleichen Prinzip. Hier findet man alles, was man zur Erledigung einer bestimmten Arbeit benötigt. Um sie zu schaffen, bestimmen Sie:

- **einen Schwerpunkt,** indem Sie die jeweilige Funktion eines Zentrums festlegen;
- **einen Bereich,** auf den sich diese Tätigkeit beschränkt;
- **Aufbewahrungsmöglichkeiten** für Werkzeug und andere nützliche Helfer, so dass alles zur Hand ist, wenn es gebraucht wird.

Zentren schaffen

Überlegen Sie, ob es sinnvoll wäre, in Ihrem Haus die folgenden Aktivitätszentren einzurichten. Passen Sie sie den Bedürfnissen Ihrer Familie an.

- **Telefon** (Telefonbuch, Adressbuch, Familienplaner, Notizbuch, Stifte, eine Mappe, die Hinweise auf Sonderangebote und Rezepte enthält)
- **Körperpflege** (Hautcremes u. ä., Rasierzeug, Kosmetika und Haarpflegeprodukte, das alles im Bad in der Nähe von Waschbecken und Spiegel)
- **Warme Sachen** (Mäntel, Mützen, Schals, Schirme und Stiefel, in einem Schrank nahe der Tür)
- **Putzen** (Mopp, Besen, Staubsauger, Eimer mit Putzsachen, Ersatzglühbirnen, Lappen, Schwämme und Putzmittel)
- **Heimbüro** (Schreibtisch, Telefon, Computer, Ordner und Ablagekästen, Stifte, Papier, Bankbelege)
- **Korrespondenz** (Briefpapier, Post- und Grußkarten, Stifte, Umschläge und Briefmarken)
- **Spielecken** (Spielteppich oder Kissen, Spielzeug in Containern aus Kunststoff)
- **Lesen** (bequemer Sessel, Leselampe, kleiner Beistelltisch, Kissen, Textmarker, Seitenmarker, Lineal, Lesezeichen)
- **Hausaufgaben** (Tisch, effiziente Beleuchtung, Stifte und Textmarker, Papier, Nachschlagewerke)
- **Unterhaltung** (Fernsehgerät, Fernbedienung, Fernsehprogramm, Sitzgelegenheiten)
- **Heimwerkerbereich** (Werkbank, Beleuchtung, Werkzeug, Schrauben, Nägel usw.)
- **Wäsche** (Waschmaschine, Trockner, Platz zum Falten der Wäsche, Fleckenmittel, Bleich- und Waschmittel, Weichspüler, Wäschekorb)
- **Basteln und Malen** (Arbeitsfläche, Beleuchtung, Aufbewahrungsmöglichkeiten für Farben, Papier, Klebstoff u. a. Bastelbedarf)
- **Flicken** (Nähmaschine, Bügeleisen und -brett, Nähzeug, Schere, Stoffe und Garne)
- **Planen** (Schreibtisch, Computer, Notizbuch oder Computerprogramm, Bürobedarf)
- **Verpackungszentrum** (Kartons, Versandtaschen, Bläschenfolie, Packpapier, Briefwaage, Geschenkpapier, Geschenkband und -karten, Schere, Klebstreifen, Stifte und Textmarker)

Badzentrum ▲ siehe S. 190–191

Spielzentrum ▲ siehe S. 210–211

Bürozentrum ▲ siehe S. 226–227

Küchenzentrum

Das Konzept eines »aktiven« Zentrums ist sehr variabel, und es ist auch nicht nötig, jedem Zentrum einen eigenen, abgeteilten Raum zuzuweisen.

Häufig müssen Aktivitätszentren einander überlappen, besonders in der Küche. Wenn wenig Platz vorhanden ist, kann man zwischen den einzelnen Zentren keine klaren Linien ziehen. Die Übergänge zwischen einem Zentrum und seiner Umgebung sind fließend.

Flexible Zentren

Das Zentrum für das Zerkleinern der Lebensmittel kann in einer Küche deckungsgleich mit dem Abwaschzentrum sein. Das Werkzeug jedes Zentrums sollte auf möglichst logische Weise eingeräumt bzw. angeordnet werden und kann sich eine Schublade oder einen Bereich der Arbeitsfläche mit Werkzeugen anderer Zentren teilen. Ziel ist, alles bei Bedarf rasch zur Hand zu haben.

Grundsätze des **Organisierens**

Wenn Sie darangehen, Ihre Wohnung Raum für Raum zu organisieren, sollten Sie diese Grundsätze niemals vergessen. Ob Schrankfach, Schublade oder Schreibtisch – mithilfe dieser Strategien bleibt Ihr Zuhause chaosfrei.

Heiß, warm oder kalt

Es ist naheliegend, aber man muss erst einmal darauf kommen: Was am häufigsten benutzt wird, sollte auch am leichtesten zu erreichen sein. Unterscheiden Sie Aufbewahrungsorte als heiß, warm und kalt und räumen Sie sie nach der Häufigkeit der Verwendung ein.

- **Heiße Zonen**, wie etwa der vordere Bereich von Schubladen, Regalbretter in Augenhöhe und Abstellorte auf einer Arbeitsfläche, sind der natürliche Lebensraum der am häufigsten benutzten Dinge. In den heißen Zonen der Küche rund um den Herd bewahren Sie z. B. Kochlöffel, Schneebesen und Pfannenwender auf, die besten Freunde der Köche.
- **Warme Zonen** sind etwas schwieriger zu erreichen. »Warm« sind zum Beispiel die hinteren Bereiche einer Schublade oder die oberen Regalbretter. Um an sie heranzukommen, muss man sich recken, bücken oder auch Türen öffnen. Hier gehört alles hin, was Sie vielleicht nur einmal pro Woche oder pro Monat brauchen. Kartoffelschäler, große Töpfe und Backformen fühlen sich hier pudelwohl und Sie wissen, wo sie zu finden sind, ohne dass sie in der übrigen Zeit im Weg stehen.
- **Kalte Zonen** sind jene Aufbewahrungsorte, die nur unter komplizierten Verrenkungen zu erreichen sind. Sie sind dunkel, schlecht einsehbar, und um hier etwas abzustellen und herauszunehmen, muss man sich das Treppchen holen oder in die Hocke gehen. Der hintere Bereich des untersten Regalbretts oder der Schrank über dem Kühlschrank, der nur mit der Leiter zu erreichen ist, sind typische kalte Zonen. Räumen Sie hier das ein, was Sie nur ganz selten verwenden, wie etwa Puddingformen, Ausstecher für Weihnachtsplätzchen oder große Platten.

Etiketten und noch mehr Etiketten

Solange man noch sortiert, sind einem die Kriterien, nach denen man vorgeht, natürlich klar, mit der Zeit aber können Daten verloren gehen. Der Vorsatz: »Ich staple die Laken für die Kinderbetten hier, die Badetücher in der Mitte und die Decken dort oben« gerät schnell in Vergessenheit, wenn man erst einmal nachts hektisch nach einem sauberen Laken sucht.

Deshalb sind Etiketten so wichtig. Es können Etiketten mit Bildchen für Kinder, gedruckte Etiketten oder Etiketten aus einer Etikettiermaschine sein. Prägen Sie sich den Satz: »Man kann nie genug Etiketten verwenden« sorgfältig ein.

Etiketten machen jedes Organisationssystem für jeden durchschaubar – und nicht nur für seinen Entwickler. Jeder weiß sofort, wo was hingehört. Babysitter oder Gäste werden immer wissen, wo sie Handtücher finden, wenn die Fächer in den Schränken Etiketten erhalten.

Beim Umzug helfen Etiketten auf den Kartons, sie in die richtigen Räume zu tragen. Sind die Kartons auf dem Speicher mit Etiketten versehen, weiß man sofort, wo man Christbaumkugeln einer bestimmten Farbe, den Skianzug oder die Tennisbälle findet. Und wenn einmal ein Notfall eintritt, freut man sich über Etiketten im Sicherungskasten.

Schwerer zu erreichen, als wegzuräumen

Erfahrene Erzieher wissen, dass sich Ordnung leichter aufrechterhalten lässt, wenn es mühsamer ist, die Dinge rauszuholen als sie wieder einzuräumen. Es liegt in unserer Natur begründet, dass wir immer alles tun werden, um an etwas zu kommen, das wir haben wollen. Machen Sie sich diese Macke, die wir alle haben, zu Nutzen, indem Sie z. B. die Bilderbücher aufrecht stehend in einem rechteckigen Container aus Kunststoff aufbewahren. Um das gewünschte Buch zu finden, muss Ihr Kind die Bücher der Reihe nach durchsehen, um es wegzuräumen, braucht es das Buch jedoch nur in den Container zurückzustecken.

Prägen Sie sich diesen Satz sorgfältig ein: »Man kann nie genug Etiketten verwenden«.

In die Senkrechte

Anstatt sie – sozusagen waagerecht – übereinander zu stapeln, sollte man Hefte, Zeitschriften und Unterlagen lieber nebeneinander – also senkrecht – in Hängeordnern aufbewahren. Wenn man ein bestimmtes Buch oder eine Zeitschrift in einem Stapel sucht, muss man dazu den ganzen Stapel bewegen und es ist sehr wahrscheinlich, dass man das Heft oder das Buch nach dem Lesen nicht wieder dorthin zurücklegen wird, wo man es her hat und schon gar nicht an der gleichen Stelle in den Stapel einfügt.

Befinden sich die Hefte oder Dokumente aber in einem Hängeordner, braucht man diesen nur durchzugehen, um das Gewünschte zu finden, ohne den Rest durcheinander zu bringen. Hier kommt also wieder das Prinzip der Bilderbücher im Container zum Einsatz. Ähnlich wissen viele, die gern nähen, dass es sich empfiehlt, die Stoffstücke an Kleiderbügeln hängend aufzubewahren (am besten mit Wäscheklammern befestigen), weil es dann einfacher ist, den Stoff, den man gerade braucht, zu finden und die übrigen Stoffstücke beim Suchen weder durcheinandergebracht noch zerknittert werden.

In der Geometrie ist die Senkrechte der Waagerechten ebenbürtig, beim Organisieren sollte man der Senkrechten jedoch, wenn möglich, den Vorzug geben.

▶ **Von oben nach unten** Bewahrt man die DVDs senkrecht mit der Beschriftung nach oben in einem Kasten auf, findet man schnell seinen Lieblingsfilm. Aufgeklebte Fotos helfen, rasch herauszufinden, was sich im Inneren des Kartons verbirgt. Im Nu gefunden, im Nu wieder richtig einsortiert – der Hängeordner macht's möglich.

Die Auswahl
geeigneter Organisierhilfen

Kartons, Kisten, Körbe und andere Behälter helfen, Aufbewahrungsprobleme in den Griff zu bekommen. Allerdings sind sie nie die Lösung selbst. Ihr Kauf spiegelt zwar vor, man würde ein Problem in Angriff nehmen, doch der falsche Behälter, zum falschen Zeitpunkt erworben, vergrößert das Chaos nur.

Organisieren, messen, kaufen
Eigentlich weiß man nicht, wo man seine Zeitschriften aufbewahren soll und früher oder später denkt man beim Anblick der Stapel im Regal: »Ich muss mich endlich einmal um diese Zeitschriften kümmern«, schnappt sich die Autoschlüssel und fährt zu einem Kaufhaus. Nur allzu leicht erscheint der Kauf eines zwölfteiligen Satzes von Stehordnern aus Plastik (farblich auf die Vorhänge abgestimmt) als Lösung des Problems.

Zuhause merkt man dann, dass die Stehordner für das Regal zu hoch sind und dass man für seine Zeitschriftensammlung noch acht weitere bräuchte. Aber das Geld ist weg und die Begeisterung auch, und so stehen die neuen Ordner leer herum und tragen zum allgemeinen Chaos bei.

Gute Organisatoren organisieren zuerst, messen dann und kaufen – wenn überhaupt – erst zum Schluss. Als Erstes sortieren sie die Zeitschriften und behalten nur 20 Prozent davon, nämlich diejenigen, die sie häufig zur Hand nehmen.

Nachdem sie die überflüssigen 80 Prozent entsorgt hat, misst unsere vorbildliche Organisatorin den Platz aus, der für die Zeitschriften zur Verfügung steht. Erst dann zieht sie los, um anhand einer Liste mit Abmessungen die benötigten Organisierhilfen zu kaufen. Die folgenden Tipps helfen, Organisationssysteme sinnvoll einzusetzen.

Zusammentreiben und zusammenhalten Kartons, Körbe und andere Behälter sind im Kampf gegen das Chaos die Fußsoldaten des Organisators. Nutzen Sie sie, um Zeitschriften, Spielzeug und Bastelsachen zu sortieren und aufzubewahren. Offene Behälter sind für häufig benutzte Gegenstände ideal.

Gehen Sie die Wände hoch Haken und Hängebehälter helfen, Platz zu gewinnen. An Haken im Eingangsbereich können Kinder Jacken und Mützen aufhängen, wenn sie das Haus betreten. Wenn sie ihre eigenen Haken haben, gehen Hundeleine und Autoschlüssel nie verloren. Die schmalen Regalbretter, die eigentlich als Stütze für Bilderrahmen gedacht sind, eignen sich ideal als Ablage über dem Wickeltisch.

Bretter, die die Welt bedeuten Wandregale sind die Schwerstarbeiter des Organisationsteams. Ein Brett über der Küchentür kann Konservendosen aufnehmen und wird damit zur Mini-Speisekammer. Auf einem Brett über der Waschmaschine sind Waschmittel benutzerfreundlich und außerhalb der Reichweite von Kindern und Haustieren untergebracht.

Container und Regalbretter stellen eine unschlagbare Kombination dar. Container in verschiedenen Farben helfen Kindern, ihre Spielecken aufzuräumen. In flachen geflochtenen Schalen lassen sich Kosmetikartikel übersichtlich anordnen.

Teile und herrsche Schubladen sind unsere besten Freunde, doch es gibt da ein Problem: Wenn man sie öffnet und schließt, purzelt alles durcheinander. Lösen Sie das Problem mit Schubladenteilern und -ordnern. Sie finden eine große Auswahl an verschiedenen Systemen im Handel, speziell in Baumärkten und in Haushaltswarengeschäften.

▶ **Unterteilen Sie die** Sockenschublade, und Sie werden nie wieder darin herumwühlen müssen, um ihre Gymnastiksöckchen oder Ihre Füßlinge zu finden.

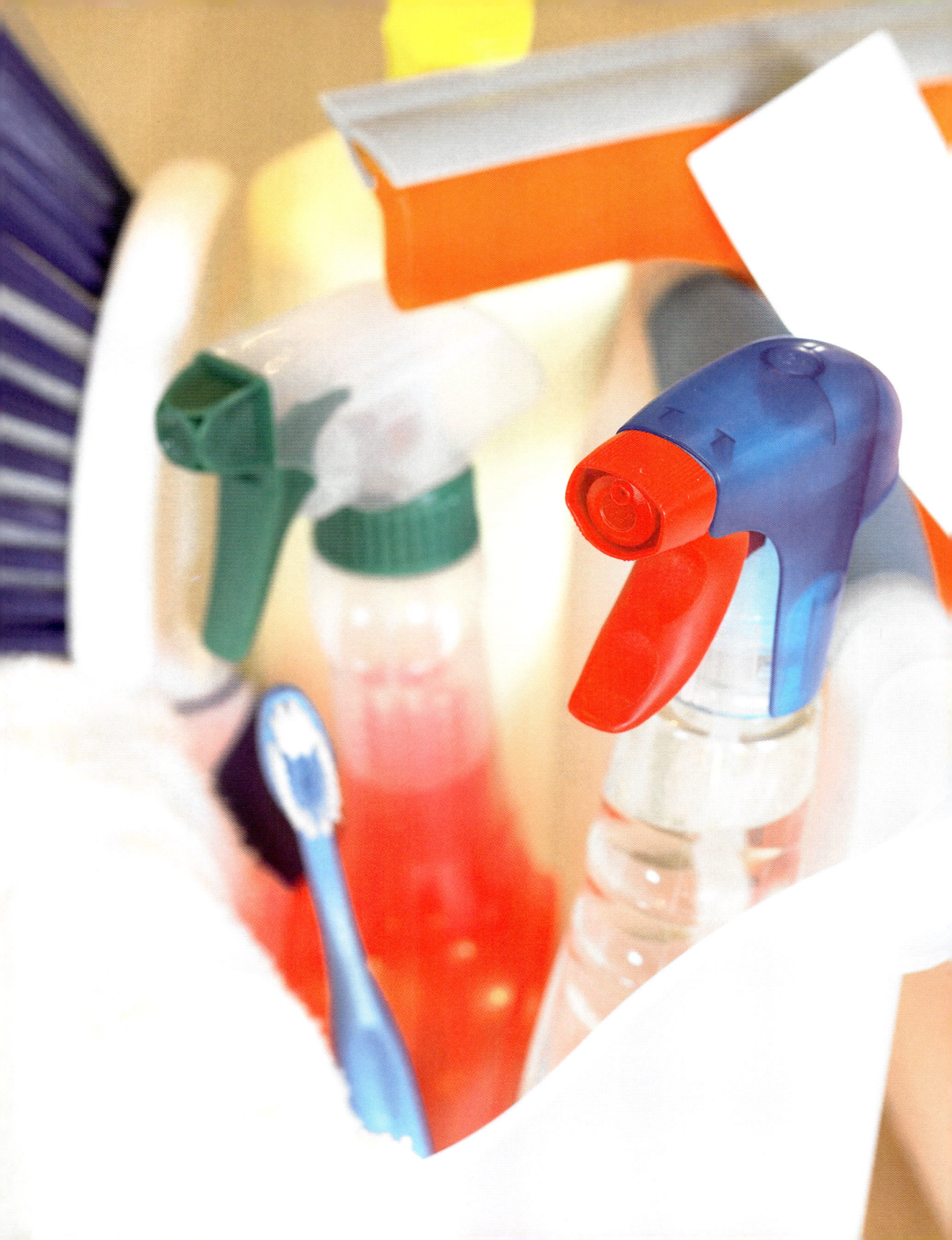

Techniken im Haushalt
Das Putzen der Wohnung

Putzen ist immer ein dreckiger Job, aber irgendjemand muss ihn ja machen. Möglicherweise hat sich in Ihrem Heim neben Chaos auch Schmutz ausgebreitet. Beherrschen Sie die Putztechniken, die Sie brauchen, um Ihre Wohnung strahlend sauber zu halten?

Bestimmen Sie Ihren eigenen Standard. Es ist ein realistisches und durchaus erreichbares Ziel, ein Haus »sauber genug« zu halten. Engagieren Sie Putz-Hilfen aus der Familie. Auf diese Weise geht es schneller und Ihre Kinder lernen früh, für Sauberkeit zu sorgen. Wählen Sie geeignete Mittel, Geräte und Werkzeuge aus. Wer sie richtig einsetzt, erleichtert sich die Arbeit beträchtlich. Machen Sie sich einen Putzplan, um Schmutz rechtzeitig zu beseitigen, bevor er eintrocknet und dadurch erst richtig hartnäckig wird.

In diesem Abschnitt lernen wir die wichtigsten Putztechniken kennen, mit deren Hilfe wir uns eine saubere und gesunde Umgebung schaffen können. An die Schürzen und die Putzlappen, fertig, los!

Bestimmen, was »sauber genug« ist

Wie sauber ist Ihr Heim? Sauber genug? Diese Frage können nur Sie beantworten. Denn auch wenn es den Puristen unter uns ketzerisch vorkommen mag: Am zufriedensten sind Familien, die einen Sauberkeitsstandard entwickeln, der mit ihrer Zusammensetzung, ihrem Putzstil und ihren persönlichen Vorlieben übereinstimmt.

Bestimmen Sie Ihren Standard

Familien mit Kindern im Krabbelalter oder mit älteren Personen im Haushalt, die krank sind, müssen zwangsläufig einen sehr hohen Sauberkeitsstandard anstreben. Gesunde Familien mit älteren Kindern dagegen dürfen da etwas lässiger sein. Natürlich kann man das Putzen nicht einfach bleiben lassen, doch eine realistische Einschätzung des Sauberkeitsstandards der Familie verhindert Frustrationen und spart Zeit, die sicher gerne für gemeinsame Aktivitäten genutzt wird.

Versuchen Sie, in diesen Punkten Einigung zu erzielen. Gehören die meisten Haushaltsmitglieder eher zur lässigen Fraktion, gibt es Probleme, wenn Sie höhere Maßstäbe ansetzen.

Die einzige Lösung ist ein Kompromiss, den alle akzeptieren. Dort, wo Nahrung zubereitet wird, sollte der Sauberkeitsstandard hoch sein, während für Teenager von einem unordentlichen und gelegentlich schmuddeligen Zimmer keinerlei Lebensgefahr ausgeht. Es ist besser, hin und wieder eine Kampagne gegen den Schmutz zu starten, als sich ständig darüber zu streiten.

▲ **Kluges putzen** Bestimmen Sie einen erreichbaren Standard. Planen Sie täglich einen Arbeitsgang ein.

▲ **Seien Sie realistisch** Nicht alles muss gleich sauber sein. Küche und Kinderzimmer erfordern den größten Arbeitsaufwand.

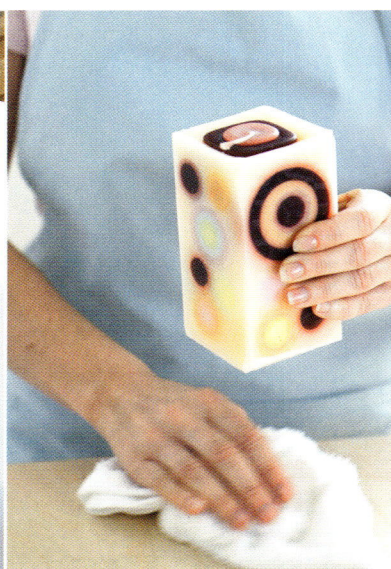

▲ **Es muss nicht alles blitzen** Selten genutzte Räume wie Gästezimmer oder aber Abstellräume erfordern weniger Einsatz.

Putz-Quiz

In welchem Bereich des Putz-Spektrums ist Ihre Familie angesiedelt? Dieses Quiz hilft Ihnen, festzustellen, was für Sie »sauber genug« bedeutet.

1 Wie sieht Ihre Küche nach dem Abendessen aus?

A Natürlich makellos sauber. Ich stelle benutzte Kochutensilien gleich in den Geschirrspüler und wasche alles, was nicht hineinpasst, sofort ab. Ich kann einfach nicht anders. Die Vorstellung, morgens in eine schmutzige Küche zu kommen, würde mir den Schlaf rauben.

B Ich lasse das Geschirr bis zum nächsten Morgen einweichen. Gleich nach dem Essen habe ich einfach keine Lust darauf, abzuspülen.

C Genauso wie davor: Überall steht schmutziges Geschirr, weil ich immer nur das abwasche, was wir gerade brauchen.

2 Wie würden Sie Ihre Beziehung zum Staubsauger beschreiben?

A Er spielt eine zentrale Rolle in meinem Leben. Sogar die Katze hält inzwischen still und lässt sich absaugen.

B Hassliebe. Ich drohe dem Teppich ungefähr einmal in der Woche damit, wenn ich Besuch erwarte, aber ich wünschte, er wäre leiser.

C Staubsauger? Ich hoffe immer noch, dass es eines Tages eine Reality-Putz-Show geben wird und dass sie herkommen und uns retten!

3 Wie oft suchen Sie das stille Örtchen auf, um es zu putzen?

A Ich putze jedesmal, nachdem ich es benutzt habe. Schließlich sollte gerade in diesem Bereich alles nicht nur sauber, sondern rein sein!

B Je nachdem, wenn es mir gerade auffällt. Etwas häufiger, wenn meine Männer oder männliche Gäste gewisse Verbotsschilder nicht beachtet haben.

C Nur, wenn ich darin fremde Lebensformen entdecke. Na ja, vielleicht alle paar Wochen.

4 Wie häufig wechseln Sie die Bettwäsche, damit Ihre Lieben frühlingsfrisch träumen?

A Einmal pro Woche, im Sommer auch zweimal. Ich liebe den Duft frischer Laken und Bezüge.

B Wenn ich daran denke oder meine Nase mich daran erinnert. So etwa jede zweite Woche.

C Nur wenn ich einen neuen Freund habe. Für mich selbst mache ich mir die Mühe kaum. Warum Waschpulver und Wasser verschwenden, wenn ich zu müde bin, um den Unterschied zu merken?

5 Wie oft schwenken Sie den Staublappen?

A Täglich. Viele meiner besten Ideen kommen beim Staubwischen.

B Vielleicht einmal pro Woche. Wenn die Kinder anfangen, im Staub auf dem Tisch zu malen.

C Ich bevorzuge die Pustefix-Methode: Wenn ich etwas in die Hand nehme und es ist staubig, dann puste ich den Staub fix weg. Genial, oder?

Wenn Sie meistens A gewählt haben: Herzlichen Glückwunsch! Sie sind ein Putz-Extremist und stolz darauf. Ihr Haus glänzt und jedes Staubkorn, das es wagt, über die Schwelle zu fliegen, wird sofort beseitigt. Aber passen Sie auf, dass Ihr Sauberkeitsstandard nicht zur Entfremdung von Familienmitgliedern führt, die von Sauberkeit und Ordnung andere Vorstellungen haben.

Wenn B-Antworten überwiegen, sind Sie ein flexibler Feger, dessen Heim zwar sauber genug ist, um die Gesundheit seiner Bewohner zu gewährleisten, aber auch schmuddelig genug, dass sie sich darin Zuhause fühlen. Meist sind Sie mit dem, was Sie bei ihrem Zeitaufwand erreichen, zufrieden, notfalls übersehen Sie das Chaos. Planen Sie, um mit weniger Aufwand mehr zu erreichen.

Mehr als drei C-Antworten? Sie verdrängen Schmutz, anstatt ihn zu beseitigen. Nur allzu oft lassen Sie sich vom Leben an der Haushaltsfront entmutigen. Reißen Sie ihren Haushalt von dem Abgrund zurück, in den er zu stürzen droht, indem Sie sich kleine Aufgaben vornehmen: Säubern Sie einmal am Tag die Arbeitsflächen der Küche. Das ist schon ein Anfang!

Auswahl und Verwendung
handelsüblicher Putzmittel

Waren Sie neulich mal wieder in der Putzmittelabteilung Ihres Supermarkts? Das Angebot ist mehr als vielfältig, ja geradezu verwirrend. Dabei gibt es im Grunde nur vier Produkte, die man im Haushalt wirklich braucht.

Hin und wieder können Spezialprodukte notwendig werden, doch im Alltag benötigen Sie nur die Großen Vier: Glasreiniger, Universal-Reiniger, Fliesen- und Badreiniger und Scheuermittel.

Glasreiniger Dieses Produkt reinigt nicht nur Glas und Fenster. Seine Vorteile: Es verdunstet rasch und hinterlässt keine Rückstände. Es löst Oberflächenschmutz auf Glas und Fenstern, so dass man ihn leicht wegwischen kann. Verwenden Sie es für Glas, Spiegel, Arbeitsflächen in der Küche, Einfassungen von Spülbecken, Außenflächen von Geräten, Kühlschrankfächer, Schranktüren und alle anderen wasserfesten Flächen mit leichter, nicht fettiger Verschmutzung.

Universalreiniger Diese Mittel lösen Fette, damit sie sich abwischen lassen. Mit ihnen entfernt man Verschmutzungen von Arbeitsflächen in der Küche, fettige Fingerabdrücke von Wänden, Türen und Lichtschaltern, den Fettfilm, der sich an manchen Stellen in der Küche bildet sowie hartnäckigen Schmutz auf Gartenmöbeln. Polieren Sie anschließend mit einem trockenen Tuch nach, um Rückstände zu entfernen.

Fliesen- und Badreiniger Im Bad gibt es vielerlei Arten von Schmutz: Hautfette, Seife und Shampoo hinterlassen klebrige Beläge, Feuchtigkeit und Kondenswasser begünstigen Schimmel, an den Armaturen bilden sich Kalkrückstände. Ent-

▲ **Sprühflaschen** machen es leichter, schmutzige Oberflächen zu reinigen. Ein Extraspritzer hier und da löst selbst hartnäckigen, eingetrockneten Schmutz.

▲ **Voller Einsatz** führt zu mehr Sauberkeit, aber übertreiben Sie es nicht! Lassen Sie die Mittel einwirken, bevor Sie anfangen, zu schrubben. Heben Sie sich Ihre Energie für wichtigere Dinge auf.

fernen Sie das Gröbste mit einem Fliesen- und Badreiniger, ein sehr wirksames Produkt, das gleichzeitig Seifenrückstände, mineralische Ablagerungen und Schimmel beseitigen kann.

Sprühen Sie den Reiniger auf Flächen und Armaturen auf und lassen Sie ihn so lange einwirken, wie vom Hersteller empfohlen. Wischen oder bürsten Sie nach und spülen Sie anschließend alles gründlich ab.

Scheuermittel Überwiegend durch Chemikalien wirkende Putzmittel lösen Beläge mittels chemischer Reaktionen auf. Bei hartnäckigem Schmutz genügt dies manchmal nicht; da hilft dann nur noch schrubben und der Einsatz von Scheuerpulver oder Scheuermilch. Diese enthalten kleine Putzkörper, die verhärteten Schmutz abschmirgeln.

Scheuermittel gibt es in unterschiedlichen Stärken. Küchenreinigungsmittel eignen sich für die meisten Spülbecken; Produkte für empfindliche Oberflächen enthalten kleinere Putzkörper und werden für besondere Beläge und für Versiegelungen empfohlen. Scheuermittel können mit anderen Präparaten kombiniert sein, z. B. mit Bleichmittel zur Fleckenbekämpfung. Es empfiehlt sich stets, die Anweisungen des Herstellers sorgfältig zu befolgen.

Da man viel Wasser braucht, um diese Mittel anschließend wegzuspülen, verwendet man sie hauptsächlich für Waschbecken, Badewannen und WC-Schüsseln.

Besondere Mittel für besondere Aufgaben

Die folgenden Produkte sind für begrenzte Anwendungsbereiche gedacht. Befolgen Sie sorgfältig die Anweisungen des Herstellers.

- **Öl- und Fettfleckenentferner** Produkte auf Reinigungsbenzin-Basis zum Entfernen von Kaugummi-, Öl- und Klebstoffrückständen.
- **Kalkentferner** sind stark korrosive Mittel zur Entfernung von Kalkrückständen.
- **Rostentferner** helfen bei Rostflecken in Waschbecken, Badewannen und WC-Schüsseln, die durch stark eisenhaltiges Wasser entstehen.
- **Stahlreiniger** Ein Spezialprodukt zur Reinigung und Pflege von Waschbecken, Oberflächen, Töpfen und Pfannen aus Stahl.

Tipps für den Umgang mit Putzmitteln

Putzmittel wurden zur Bekämpfung von Schmutz entwickelt und sind, wie alle Waffen, gefährlich, wenn man sie nicht bestimmungsgemäß einsetzt. Beachten Sie deshalb die folgenden Sicherheitstipps.

- **Etiketten lesen** Lesen Sie auch das Kleingedruckte. Die Hersteller teilen auf den Etiketten alles mit, was Sie wissen müssen, um das Produkt sicher und effektiv einzusetzen.
- **Befolgen Sie die Anleitung** Mehr ist nicht besser. Ein Zuviel oder Zuwenig ist meist kontraproduktiv.
- **Vermischen Sie nichts** Putzmittel sollen etwas bewirken – und zwar alleine. Ein Cocktail aus mehreren Produkten könnte explosiv sein oder giftige Dämpfe entwickeln.
- **Lagern Sie sie sicher** Befolgen Sie auch hier die Hinweise des Herstellers und sorgen Sie dafür, dass die Mittel außerhalb der Reichweite kleiner Kinder und fern von Lebensmitteln stehen. Wenn Sie Putzmittel in Sprüh- oder Spritzflaschen umfüllen (*siehe S. 57*), dann vergessen Sie nicht, ein Etikett darauf zu kleben.
- **Entsorgen Sie sachgerecht** Putzmittel sind gefährliche Substanzen und auch die leeren Behälter können gesundheitsschädigend wirken. Lassen Sie niemals leere Putzmittelbehälter in offenen Mülleimern liegen, zu denen kleine Kinder und Haustiere Zugang haben. Die Beliebtheit von Einmal-Wischtüchern stellt die Betreiber von Mülldeponien und Klärwerken vor große Probleme. Spülen Sie diese Tücher bitte nicht in der Toilette hinunter, denn sie lösen sich im Wasser nicht auf und verstopfen Rohre und Abflüsse. Behandeln Sie Einmal-Putzmittel ebenso umsichtig wie deren konventionelle Kollegen.

Grüne Alternativen:
Natürliche Putzmittel

Industrieprodukte sind hoch wirksam, enthalten jedoch starke Chemikalien, deren Dämpfe die Schleimhäute reizen. An ihrer Stelle kann man auch Mittel verwenden, deren Zutaten man im Haus hat oder in der Apotheke erhält und die Hände, Oberflächen und Umwelt schonen.

Essig

Mäßig saurer Essig löst Schmutz, Seifenschaum und Kalkreste und ist gleichzeitig so mild, dass man ihn dem Wischwasser für Holzböden zugeben kann. Essig neutralisiert Gerüche, anstatt sie zu überdecken. Sie brauchen nicht zu befürchten, dass Ihr Badezimmer hinterher wie ein Salat riecht, denn der saure Geruch verschwindet nach dem Trocknen. Weil er keine Farbstoffe enthält, hinterlässt Essig auf Fliesen keine Flecken und da er Waschmittelrückstände auflöst, eignet er sich auch als Weichspüler, besonders für Menschen mit empfindlicher Haut. Reinigen Sie in der Küche Arbeitsflächen, den leicht verschmutzten Backofen und Fliesen mit einer aufgesprühten Essig-Wasser-Lösung (das Rezept finden Sie auf der gegenüberliegenden Seite). Im Bad säubern Sie damit Ablageflächen, den Fußboden und das Äußere der WC-Schüssel. Um stark verschmutzte Flächen zu reinigen, z.B. die Wände der Dusche, erwärmen Sie die Lösung und lassen sie 10 bis 15 Minuten auf den Flächen einwirken.

▲ **Milde Säure:** Anstatt Essig kann man auch Zitronensaft als Putzmittel verwenden. Mit der Außenseite der Schale poliertes Porzellan glänzt und riecht gut. Wenn in Ihrem Abfluss ein Abfallzerkleinerer installiert ist, dann lassen Sie kaltes Wasser laufen, während er die Schale zerkleinert: Das säubert und schärft das Gerät.

▲ **Abflüsse im Badezimmer** bleiben frei und riechen gut, wenn Sie 20 bis 40 g Kaisernatron in den Abfluss geben und gerade so viel heißes Wasser nachlaufen lassen, dass es heruntergespült wird. Lassen Sie es zwei Stunden oder über Nacht einwirken und spülen Sie dann gründlich nach. (Nicht bei verstopftem Abfluss anwenden!)

Weil Essig Textilien weicher macht und Waschmittelrückstände auflöst, können Sie den Weichspüler durch 250 ml milden Essig, z. B. Obstessig, ersetzen.

Wenn Sie sich Ihre eigenen Putzmittel mischen, können Sie statt Essig auch frisch gepressten Zitronensaft nehmen (*siehe Bildunterschrift auf Seite 54 links*).

Essigessenz

Essigessenz macht mit hartnäckigem Schmutz kurzen Prozess und beseitigt ältere Kalk- und Seifenrückstände. Verwenden Sie sie, um die Innenseite der WC-Schüssel zu reinigen. Lassen Sie Essigessenz rundum in die Schüssel fließen und schrubben Sie gründlich mit der WC-Bürste. Zurückgebliebenen Kalkresten rücken Sie mit einem Bimsstein-Toilettenreiniger zu Leibe.

Eine von Kalkablagerungen verstopfte Brause reinigen Sie, indem Sie 60 bis 120 ml Essigessenz in einen Gefrierbeutel gießen. Befestigen Sie den Beutel so am Duschkopf, dass die Düsen von Essigessenz umgeben sind und lassen Sie die Essigessenz zwei Stunden lang oder über Nacht einwirken.

Kaisernatron (Natriumhydrogencarbonat)

Natron wirkt wie ein mildes Scheuermittel und neutralisiert Gerüche, so dass es die gröberen industriellen Scheuermittel ersetzen kann. Mit einem mit Natron bestreuten feuchten Schwamm beseitigen Sie im Bad Kalkablagerungen und in der Küche Flecken und andere Rückstände.

Bei starker Verschmutzung rühren Sie aus Natron und Wasser eine Paste an, bestreichen damit Wanne oder Waschbecken und lassen sie 10 bis 20 Minuten einwirken.

Isopropylalkohol

Aus Isopropylalkohol und Wasser mischt man einen rasch verdunstenden Glasreiniger, der es mit industriellen Produkten durchaus aufnehmen kann. Verwenden Sie ihn für Fenster, Spiegel und Chrom sowie glasierte Keramikfliesen (*siehe Kasten rechts*).

Salmiakgeist

Auf der Grundlage dieser stärker als Essig wirkenden alkalischen Lösung kann man ein sehr effektives Glas- und Universal-Reinigungsmittel herstellen (*siehe Kasten rechts*).

Selbst gemachte grüne Putzmittel

Selbst gemachte Putzmittel bieten viele Vorteile. Häufig sind sie preiswerter als industrielle Produkte, es fällt kein umweltschädigender Verpackungsmüll an und man braucht nicht den Kontakt mit chemischen Dämpfen oder giftigen Bestandteilen zu fürchten. Probieren Sie die folgenden Putzmittelrezepte einmal aus. Je nach Dosierung der Zutaten wirken sie intensiver oder milder.

■ Selbst gemachter Sprühreiniger
Um die Reinigungskraft des Essigs zu nutzen, mischen Sie in einer Flasche:
250 ml Essig (oder 50 ml Essigessenz)
250 ml Wasser

■ Selbst gemachter Glasreiniger
Alkohol schenkt wieder Durchblick.
Vermischen Sie:
250 ml reinen Isopropyl-Alkohol
250 ml Wasser
1 EL Essig

Probieren Sie die folgenden Mittel beim Frühjahrsputz oder bei starkem Schmutz aus.

■ Stark wirkender Glasreiniger
Vermischen Sie in einer Sprühflasche:
250 ml reinen Isopropyl-Alkohol
250 ml Wasser
1 EL Salmiakgeist

■ Starker Allzweckreiniger
Vermischen Sie in einer Sprühflasche:
1 EL Salmiakgeist
1 EL klares Spülmittel
$1/2$ l Wasser

Was ist in Ihrem **Putzkorb?**

Wenn man ständig zum Besenschrank oder in die Abstellkammer laufen muss, um das zu holen, was man gerade braucht, dauert das Putzen noch einmal so lange. Sparen Sie Zeit und Kraft, indem Sie alles, was Sie brauchen, in einem Korb oder in einem Eimer mit sich herumtragen.

Beim Putzen ist ein Korb oder ein Eimer aus Kunststoff ein unverzichtbarer Begleiter. Hier gehört alles hinein, was man benötigt, um gründlich und schnell zu arbeiten.

- **Schürze** Eine Schürze schützt die Kleidung. Sie sollte viele Taschen haben, damit Sie zusätzliche Putzutensilien und Abfall, den Sie beim Putzen finden, hineinstecken können. Gewöhnen Sie sich an, kleinere Gegenstände, die Sie beim Putzen finden, ebenfalls zu sammeln und später an ihren Platz zu räumen.

> »Beim Putzen ist ein Korb oder ein Eimer aus Kunststoff ein unverzichtbarer Begleiter.«

- **Gummihandschuhe** schützen die Hände vor dem Kontakt mit scharfen Putzmitteln. Schicke Farben machen Laune, aber kaufen Sie keine Handschuhe mit irgendwelchen Dekorationen, die Sie bei der Arbeit nur behindern.
- **Putzlappen** Am praktischsten sind weiche Lappen aus Baumwolle. Mit ihnen können Sie Armaturen trockenreiben, Spiegel zum Glänzen bringen und Fingerabdrücke an Türklinken und Türschlössern rasch entfernen.
- **Spülschwämme** Sie haben zwei Seiten, eine saugfähige zum Wischen und eine raue zum Rubbeln.

◀ **Lassen Sie sich von Ihrem Putzkorb** auf Ihrem Gang durch das Haus begleiten. Sie haben dann alles, was Sie brauchen, griffbereit und kommen schneller mit der Arbeit voran.

- **Fensterwischer** Reinigen Sie Fenster, Spiegel und Glasflächen wie ein Profi mit einem Abzieher. Mit diesem Gerät wischen Sie Reinigungsmittel und Schmutz mit einer einzigen Bewegung ab. Reiben Sie die Wischblätter aus Gummi nach jedem Gebrauch mit einem Lappen trocken, sonst werden sie nach einer Weile porös.
- **Spatel** Dicke, eingetrocknete Flecken oder Spritzer lassen sich leicht mit einem Spatel aus Metall oder Plastik entfernen.
- **Spezielle Fensterlappen** Sie trocknen Fliesen, die Umgebung der Wanne oder der Duschkabine und andere Teile des Badezimmers blitzschnell, so dass keine Kalkflecken entstehen.
- **Zahnbürste** In kleinen, schmalen Zwischenräumen lauert häufig der dickste Dreck. Begegnen Sie ihm mit einer harten Zahnbürste. Mit ihr können Sie die Umgebung von Armaturen, die Zwischenräume von Fliesen und die Ränder von Waschbecken und Duschkabinen besonders gut reinigen.

Wenn Sie einen Putzmittel-Großeinkauf planen, sollten Sie sich auch die folgenden Dinge besorgen:

- **Spritzflaschen** Fliesen- und Badreiniger wirken am effektivsten, wenn sie gleichmäßig und dick aufgetragen werden. Füllen Sie die Mittel mithilfe eines Trichters in saubere Spritzflaschen um, damit stets die richtigen Mengen an die richtigen Stellen gelangen – z. B. unter den Rand des WCs.
- **Sprühflaschen** Sprühflaschen mit einstellbarer Düse helfen, große Oberflächen wie Küchenschrankfronten oder Fliesen mit genau der richtigen Menge Reiniger zu säubern oder zu entfetten. Verwenden Sie Sprühflaschen in verschiedenen Farben, um sie auseinanderhalten zu können.

Die Auswahl der Reinigungsgeräte

Supermärkte bieten immer wieder neuartige Mopps und Hightech-Besen an, im Fernsehen werden die unterschiedlichsten Artikel angepriesen, die das Putzen leichter machen sollen. Lassen Sie sich nicht verführen! Es lohnt sich, langlebige und wirklich funktionelle Geräte zu kaufen. Meiden Sie Schnickschnack und Einwegprodukte.

Die Bodenreinigung

Mopps Trocken oder feucht sind Mopps unsere wichtigsten Verbündeten beim Kampf gegen dreckige Fußböden. In jedem gut organisierten Haushalt gibt es mindestens zwei Mopps, einen Wischmopp, um feucht Fußböden zu wischen und einen Staubmopp, der feinen Staub, Spinnweben sowie Katzen- und Hundehaare aufnimmt.

Bei der Wahl eines Wischmopps sollten Sie daran denken, dass er nicht nur Schmutz auflösen, sondern ihn auch aufsaugen und entfernen muss. Aus diesem Grund sollten Sie keinen Schlingenmopp nach alter Art kaufen, denn er wird beim Eintauchen in Wasser sehr schwer, ist alles andere als wendig und kaum sauber zu bekommen. Die moderne Alternative sind Mopps mit Wischbezügen aus Baumwolle und/oder Mikrofaser. Sie sind leicht, sehr saugfähig und auch mühelos auszuwringen, besonders wenn Sie den dazugehörigen Eimer mitkaufen.

Ein Mopp mit großer Wischfläche und einem abnehmbaren Frotteebezug oder aber ein Mopp mit auswechselbarer Wischfläche aus Mikrofaser stellen in jedem Fall sinnvolle Anschaffungen dar. Beide Geräte sind vielseitig einsetzbar. Es empfiehlt sich, mehrere Bezüge zu kaufen, denn dann können Sie beim Putzen öfters schmutzige Bezüge durch frische ersetzen und den Boden nach dem feuchten Wischen trocknen. Die Bezüge sind in der Maschine waschbar und wieder verwendbar, so dass kein umweltbelastender Müll anfällt.

◀ **Mopps** mit breiter Wischfläche kommen unter alle Möbel. Die Bezüge aus Baumwolle oder Microfaser sind waschbar. Wählen Sie ein Modell aus, das Sie nicht von Hand auswringen müssen.

▶ **Der Strohbesen** (hinten rechts) hat biegsame Borsten, die auch Ecken erreichen. Der Kunststoffbesen (vorne links) eignet sich für große Flächen. Der Handfeger übernimmt den Rest.

Auch Wischmopps mit einer Wischfläche aus einem schwammartigen Material eignen sich gut, um Verschüttetes aufzunehmen und feucht zu wischen. Je breiter die Wischfläche, desto flotter ist die Arbeit erledigt. Da man Mopps oft und auch mit Druck verwendet, sollten die Gelenke zwischen Wischfläche und Stiel aus Metall und nicht aus Plastik sein.

Staubmopps werden in zahlreichen Ausführungen angeboten. Manche besitzen gewachste Fasern. Andere haben einen Rahmen, an dem sich ein imprägniertes Wischtuch anbringen lässt. Wiederum andere arbeiten mit Wegwerftüchern. Alle drei Typen eignen sich dazu, Staub, Fusseln, Tierhaare, Spinnweben und Krümel zu entfernen.

Besen Die drei Grundtypen sind Zimmerbesen, Strohbesen und Handfeger. Zimmerbesen haben eine breite, rechteckige Basis und Borsten aus Rosshaar oder Synthetik. Mit ihnen fegt man größere Flächen wie z. B. den zentralen Bereich eines Raumes, aber auch Garagen oder Terrassen. Für unebene Flächen verwendet man Besen mit starren Borsten.

Kaufen Sie keinen Besen, bei dem die Borsten nur angeklebt sind. Das Gewinde, in das der Stiel eingeschraubt wird, sollte aus Metall sein.

Handfeger sind leicht und praktisch, um entlang der Bodenleisten, hinter Möbeln und in Ecken zu kehren. Mit ihrem geringen Gewicht und den weichen Borsten eignen sie sich nur für das Putzen im Haus. Bewahren Sie sie mit den Borsten nach oben auf, damit diese sich nicht verbiegen.

Strohbesen sind aus harten Pflanzenfasern gebunden und sehr vielseitig. In Zusammenarbeit mit einer Kehrschaufel beseitigen sie in der Küche im Nu Krümel, verschütteten Zucker usw. Besonders wirkungsvoll sind die harten Borsten auf rauen oder unebenen Böden, z. B. auf Klinker- oder Betonböden.

Ein Strohbesen sollte einen glatten, stabilen Stiel haben und mehrfach genäht sein. Bewahren Sie ihn stehend und mit den Borsten nach oben auf, damit sich diese nicht verbiegen oder brechen. Hat er sich etwas abgenutzt, so kürzen Sie die Borsten um 2,5 Zentimeter Länge und er ist wieder wie neu.

Staubsauger Was ein mit dem richtigen Filtersystem ausgestatteter Staubsauger aufnimmt, ist aus dem häuslichen Staubkreislauf endgültig entfernt. Es gibt zwei unterschiedliche Arten: Bodenstaubsauger und Bürstsauger. Im Allgemeinen saugen Bürstsauger Teppiche und Teppichböden gründlicher ab, während sich Bodenstaubsauger besonders für harte Fußböden, Treppen und schlecht zugängliche Stellen eignen. Außerdem werden zusätzlich Polster- und Fugendüsen mitgeliefert, mit denen man Polstermöbel und auch das Auto innen saugen kann. Kleine Hand- oder Tischstaubsauger sind praktisch für Treppen, Ecken und alles, was man schnell aufsaugen möchte, wie z. B. die Krümel unter dem Hochstuhl. Besonders praktisch sind Akku-Handstaubsauger.

Staubwischer

Wo Leben ist, ist auch Staub. Der im Haus herumwirbelnde Staub stellt eine Mischung aus Bodenpartikeln, Hautschuppen von Mensch und Tier, Teilen von Insekten, Pollen und den Sporen von Schimmel und Pilzen dar. Er kommt durch das offene Fenster herein oder haftet an Schuhen und Kleidung. Er kann die Atemwege irritieren und bei empfindlichen Menschen allergische Reaktionen hervorrufen. Sanft, aber unerbittlich lässt er sich auf Möbeln und Fußböden nieder, verstopft Filter und verursacht dadurch, z. B. bei Zentralheizung und Kühlschrank, höheren Energieverbrauch. Weil Staub schmirgelt, kann das Laufen auf staubigen Parketts diese beschädigen.

Probieren Sie die folgenden Geräte und Methoden aus, um dem Staub in Ihrem Zuhause Grenzen zu setzen.

Staubtücher Wie sehen die besten Staubtücher aus? Sie sind weiß und aus 100-prozentiger Baumwolle. Baumwolle nimmt Staub auf, anstatt ihn nur zu verteilen, und zerkratzt auch empfindliche Möbel nicht. Die weißen Tücher können heiß gewaschen und gebleicht werden. Ebenso gute Ergebnisse erzielen Sie mit alten Mullwindeln, weißen Frotteewaschlappen, Stücken alter, zerschnittener Frotteehandtücher und alten Damastservietten.

Staubschlucker aus Lammwolle Ein wollener Staubschlucker mit langem Griff vergrößert Ihre Reichweite und reinigt sehr sanft. Die Wollfasern ziehen den Staub an und halten ihn fest. Um den Staub loszuwerden, rollen Sie im Freien den Griff zwischen den Händen.

So reinigt man einen »trockenen« Raum

Wenn man einen »trockenen« Raum reinigt, also einen, in dem es weder Waschbecken noch Wasseranschlüsse gibt, hat man es mit einem einzigen Gegner zu tun: dem Staub. Da Staub durch Bewegung aufgewirbelt wird, putzt man diese Räume von oben nach unten. Wenn Sie Ihren Putzkorb dabeihaben, brauchen Sie den Raum zwischendurch nicht zu verlassen und sparen sich viele Wege. Probieren Sie diese Vier-Stufen-Methode aus, um einen trockenen Raum sauber zu bekommen.

1 Putzen Sie im Team, so kann ein Teammitglied die Aufgabe übernehmen, den gesamten Müll zu entsorgen. Wenn Sie allein sind, stellen Sie den Papierkorb erst einmal vor die Tür und leeren ihn später. Beim Putzen im Team kann die Arbeit so aufgeteilt werden, dass einer Staub wischt und ein anderer saugt und Papierkörbe leert.

2 Wischen Sie abschnittsweise Staub und fangen Sie oben an. Verwenden Sie einen Lammwoll-Staubschlucker mit langem Griff und fahren Sie damit an Rahmen, der Oberkante von Türrahmen und dem Wandschmuck entlang. Säubern Sie Glasscheiben über Bildern und Fotos sowie die Fenster, entfernen Sie Fingerabdrücke von Schaltern mit Universalreiniger.

Elektrostatische Staubwischtücher Sie bestehen aus langen, dreieckigen Fasern, die Staubpartikel anziehen und festhalten. Zwar sind sie teurer, erzielen jedoch bei der Reinigung vor allem elektronischer Geräte gute Ergebnisse.

Vermeiden Sie, Papiertücher zu benutzen, denn diese können Holzfasern enthalten, die die Möbel zerkratzen. Staubwedel aus Federn wirbeln den Staub nur auf, halten ihn aber nicht. Außerdem kann man sie nicht waschen.

Goldene Regeln des Staubwischens

■ **Sammeln, nicht aufwirbeln** Höchstes Ziel beim Staubwischen ist, den Staub zu entfernen und nicht, ihn neu zu verteilen. Anstatt Staubtuch schwenkend durchs Haus zu flitzen, sollten Sie sich so bedächtig bewegen wie ein chinesischer Schattenboxer. Achten Sie darauf, Staubflusen aufzufangen, anstatt sie vor sich her zu treiben.

■ **Von oben nach unten** Etwas Staub wird beim Staubwischen immer herumfliegen, wie vorsichtig Sie auch sein mögen. Überlisten Sie ihn, indem Sie von oben nach unten arbeiten: erst Lampen, Bilder, Fenster- und Türrahmen, dann Möbel und Böden.

■ **Feucht wischen** Verwenden Sie zum Staubwischen feuchte Lappen, denn die Feuchtigkeit zieht den Staub an und hält ihn. Nass darf Ihr Tuch allerdings nicht sein, denn dann würde es lackiertes Holz und andere empfindliche Oberflächen beschädigen. Bespritzen Sie ihren Lappen mit Wasser aus einer Sprühflasche. Niemals jedoch sollten Sie die Flächen, die Sie abwischen wollen, vorher befeuchten.

> »Bewegen Sie sich so bedächtig wie ein chinesischer Schattenboxer, anstatt Staubtuch schwenkend durchs Haus zu flitzen.«

3 Nun kommen die waagerechten Flächen dran. Stauben Sie Dekorationsgegenstände mit einem Baumwollstaubtuch ab und wischen Sie anschließend die Flächen, auf denen sie stehen. Reinigen Sie mit einem Spritzer einer geeigneten Lösung Fensterbretter und Oberflächen. Stauben Sie die Beine der Möbel und die Fußbodenleisten ab.

4 Jetzt geht es in die Endrunde: Mitte, Staubsaugen, und dann ist Schluss. Nachdem Sie sich an den Wänden entlanggearbeitet haben, nehmen Sie sich die Mitte des Raums vor. Beginnen Sie beim Saugen im hinteren Bereich des Zimmers. Wenn Sie bei der Tür angelangt sind, stellen Sie den Staubsauger hinaus. Bringen Sie den geleerten Papierkorb an seinen Platz zurück und versprühen Sie noch etwas Raumfrisch.

Geräte zur Nassreinigung

Aus der Sicht des Raumpflegers sind einige Räume grundsätzlich »nass«. Zu ihnen zählen Badezimmer und Küche, denn in ihnen gibt es Wasseranschlüsse. Außerdem finden hier die Körperpflege bzw. die Zubereitung des Essens statt. Wasserspritzer, Seifenrückstände, durch das Kochen bedingte Fettablagerungen, Wasserdampf und Rauch verbinden sich hier mit Hausstaub zu dem, was regelmäßig durch Putzen entfernt werden muss.

Beim Putzen eines »nassen« Raums verwendet man eine größere Zahl von Reinigungsmitteln. Im Putzkorb darf der Universalreiniger nicht fehlen, der fettigen Schmutz löst und eingetrocknete Flecken aufweicht. Decken Sie sich mit genügend frischen Putzlappen ein und wechseln Sie sie häufig aus, denn so können Sie sicher gehen, tatsächlich aufgelösten Schmutz aufzunehmen und ihn nicht nur gleichmäßiger zu verteilen. Hängen Sie sich beim Putzen das Tuch über die Schulter, damit Sie es bei Bedarf immer griffbereit haben. Wenn es sich nass anfühlt, nehmen Sie ein Neues.

Halten Sie auch »Spezialwerkzeug« wie Spatel und Spülschwämme bereit, um klebrigen Flecken auf Arbeits- und anderen Flächen den Garaus zu machen. Sprühen Sie die zu putzende Fläche großzügig mit einem entfettenden Mittel ein, bevor Sie mit dem Schrubben und Kratzen beginnen. Mit einer alten Zahnbürste kommen Sie in enge Ecken, Spalten und den Bereich rings um die Armaturen. Der verhältnismäßig lange Stiel der Zahnbürste erspart ihren Knöcheln Kollisionen und die harten Borsten entfernen Schimmel und Kalkbeläge.

So reinigt man einen »nassen« Raum

Nassräume wie Küchen, Badezimmer und Wäscheräume stellen eine größere Herausforderung an hausfrauen, -männer und -kinder dar. Kalkbeläge, eingetrockneter Seifenschaum und Fettfilme erfordern mehr Einsatz. Andererseits müssen gerade die Bereiche, in denen Nahrung zubereitet wird und die Körperpflege erfolgt, besonders sauber sein. Teilen Sie die Arbeit so ein, dass Reinigungsprodukte genügend Zeit zum Einwirken haben. Hier zeigen wir die Reinigung eines Badezimmers – Schritt für Schritt.

1 Setzen Sie den Mülleimer vor die Tür; er wird erst zum Schluss geleert und zurückgestellt. Spritzen Sie WC-Reiniger in die Toilettenschüssel und lassen Sie ihn einwirken. Sprühen Sie Wanne und Dusche großzügig mit Badreiniger ein. Lassen Sie ihn gut einwirken und befassen Sie sich inzwischen mit dem Waschbecken.

2 Wischen Sie auf dem Rahmen des Spiegels über dem Waschbecken Staub. Reinigen Sie den Spiegel mit Glasreiniger und Fensterwischer. Besprühen und wischen Sie Regalbretter und Zahnbürstenhalter. Behandeln Sie dann Wasserhähne und Oberflächen mit Badreiniger. Lassen Sie ihn einwirken, während Sie das Waschbecken putzen.

Dort, wo Wasser fließt, werden je nach Zusammensetzung Ihres Leitungswassers besondere Putzmittel notwendig. Ist es sehr hart, dann sollten Sie Kalkentferner im Haus haben, enthält es viel Eisen, brauchen Sie einen Rostentferner, da mit der Zeit Flecken entstehen. Gehen Sie mit diesen Mitteln vorsichtig um und beachten Sie die Herstellerhinweise

Der Hausputz-Look

Wenn Sie das Putzen allzu lässig angehen, kann das gefährlich werden, und zwar für Ihre Kleidung. Weder ein Nachthemd noch der gute Anzug fürs Büro sind angemessen.

Nehmen Sie das Putzen ernst und tragen Sie zweckmäßige Kleidung. Allzu weite Sachen bleiben an Türklinken hängen oder sind Ihnen bei der Arbeit einfach nur im Weg. Bequeme Kleidung, die Ihnen Bewegungsfreiheit gibt, hilft Ihnen, länger durchzuhalten, ohne dass es unangenehm wird. Die Kleidung sollte waschbar sein. Am pflegeleichtesten ist ein weißes Baumwoll-T-Shirt.

Ihre Schuhe sollten stabil und geschlossen sein und die Füße schützen. Tragen Sie beim Putzen keine Schuhe, aus denen Sie leicht hinausrutschen können, vor allem dann nicht, wenn Sie auf Leitern steigen. Das ideale Stück fürs Putzen ist eine Putzschürze mit Taschen, die Ihre Kleidung schützt und einzelne Geräte und Mittel aufnimmt, so dass Sie sie immer zur Hand haben. In seitlichen Schlaufen lassen sich Sprühflaschen einhängen. Stecken Sie in eine Tasche einen Plastikbeutel, um darin herumliegenden Müll zwischenzulagern. In eine andere Tasche kommt ein Vorrat an Putzlappen.

»Nassräume wie Küche, Bad und Wäscheraum stellen eine größere Herausforderung an Putzfrauen, -männer und -kinder dar, als trockene Räume.«

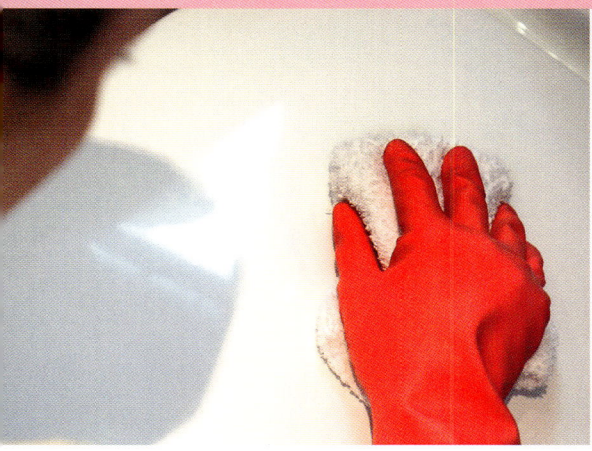 

3 Besprühen Sie alle Oberflächen rings um die Toilette mit desinfizierendem Badreiniger: Spülkasten, Toilettendeckel, Sitzober- und Unterseite. Lassen Sie den Sitz hochgeklappt, während Sie mit der Bürste die Schüssel innen gründlich schrubben. Wischen Sie die Oberflächen mit sauberen Tüchern in umgekehrter Reihenfolge trocken.

4 Mit Bürste oder Spülschwamm schrubben Sie die Wände der Dusche und die Wanne, um Ablagerungen zu entfernen. Schrubben Sie den Boden von Dusch- und Badewanne mit Scheuermittel und spülen Sie gut nach. Polieren Sie die Armaturen mit einem trockenen Tuch. Mit sauberen Tüchern oder einem kleinen Mopp säubern und trocknen Sie den Boden. Vergessen Sie nicht, Ihr blitzsauberes Bad zu bewundern!

Putztipps
von Profis

Professionelle Reinigungskräfte sind Meister in der Kunst des schnellen und effektiven Putzens. Sie wirbeln kurz durch einen Raum, und alles glänzt. Reinigungsfrauen und -männer setzen bestimmte Strategien ein, um mit möglichst wenig Mühe möglichst viel zu erreichen. Probieren Sie ihre Tipps aus!

1 Putzen nach Plan
Niemand beauftragt einen Reinigungsdienst, der verspricht, »an irgendeinem Samstag zu kommen, wenn sonst nichts anliegt«. Machen Sie es wie die Profis und bestimmen Sie einen Putztag. Profis hören mit der Arbeit erst auf, wenn alles sauber ist. Halten Sie es ebenso und arbeiten Sie gut und schnell.

2 Seien Sie motiviert
Seriöse Reinigungskräfte schauen bei der Arbeit nicht fern und unterbrechen sie auch nicht, um nach ihren E-Mails zu sehen. Lassen Sie sich von fetziger Musik motivieren, das gibt Ihnen Schwung und macht das Putzen weniger langweilig. Oder hören Sie sich dabei ein Hörbuch an. Oder tun Sie's in Gesellschaft, zusammen mit der Familie oder mit Freunden.

3 Cooles Styling
Profis tragen bei der Arbeit bequeme, waschbare Sachen. Feste Schuhe und Knieschoner machen den Job angenehmer, Handschuhe und Spezialbrillen schützen vor Chemikalien.
Hören Sie auf, beim Putzen verschlissene Pullis zu tragen und legen Sie sich stattdessen eine »Putzuniform« bereit, komplett mit Schuhen, Handschuhen und Schutzbrille. Und tragen Sie sie auch!

◄ **Professionelle Reinigungskräfte** haben das richtige Werkzeug und auch das Know-how, um ein Haus rasch und gründlich zu putzen. Ergründen Sie ihre Berufsgeheimnisse!

4 Investieren Sie in die richtige Ausrüstung

Profis putzen nicht mit Modemopps und Sonderangeboten, und auch nicht mit Geräten, für die es nur einen einzigen Verwendungszweck gibt. Kaufen Sie vernünftige Geräte, die lange halten – und Sie werden in Rekordzeit fertig sein.

5 Tragen Sie Ihr Werkzeug bei sich

Wie gehen Sie beim Putzen vor? Konzentriert und zügig? Oder müssen Sie immer wieder in andere Räume, um bestimmte Putzmittel, die Toilettenbürste oder die Putzlappen zu holen. Unterbrechen Sie Ihre Arbeit auf diese Weise ständig? Wissen Sie oft nicht mehr, wo Sie den Staubsauger zuletzt abgestellt haben? Haben Sie den Fensterwischer oder die Fensterlappen wieder in der Garage liegen lassen?

Profis haben stets alles bei sich, die Lappen, Besen und Reinigungsprodukte ebenso wie den Staubsauger. In eine Tasche haben Sie sich einen Plastikbeutel für den Müll gesteckt, in einer anderen Tasche befindet sich der Staubschlucker aus Lammwolle. Deswegen ist der Profi mit dem Bad fertig, bevor der Amateur seine Siebensachen hineingetragen hat.

6 Die richtigen Putzmittel

Wenn Profis alles, was sie brauchen, mit sich herumtragen können, dann auch deshalb, weil sie ihre Auswahl an Putzmitteln auf die unerlässlichen Großen Vier beschränken:

- Milder, rasch verdunstender Glas- oder Oberflächenreiniger
- Hoch wirksamer entfettender Universalreiniger
- Bad- und Fliesenreiniger
- Scheuermittel

Und das ist auch schon alles! Kein Extramittelchen gegen Seifenschaum, kein Produkt, das nur Jalousien, Wände oder Heizkörper reinigt. Profis wissen, dass sie mit diesen vier Reinigungsmitteln jede gewöhnlich auftretende Verschmutzung beseitigen können.

7 Bewegen Sie sich gezielt

Profis gehen nur einmal im Zimmer herum. Sie beginnen im Bad beim Waschbecken, besprühen und wischen den Spiegel sauber, putzen das Waschbecken, reinigen Flächen und polieren Armaturen, bevor sie sich weiter nach links oder rechts bewegen.

Putzen hat nichts mit Joggen oder Walking zu tun. Erledigen Sie alles, was um Sie herum zu tun ist, bevor Sie einen Schritt weiter gehen.

8 Zwei Hände sind besser als eine

Profis arbeiten nie so, als ob sie einen Arm in Gips hätten. Gewöhnen Sie sich an, die Arbeit mit beiden Händen zu erledigen.

Besprühen Sie den Spiegel mit einer Hand und wischen Sie ihn mit der anderen ab. Schrubben Sie Arbeitsflächen mit zwei Schwämmen oder Tüchern. Staubwischen geht doppelt so schnell, wenn die eine Hand den Staubschlucker entlang der Rahmen und die andere das Staubtuch über die Oberflächen führt.

9 Vorher aufräumen

Wenn Sie professionelle Reinigungskräfte anheuern, dann kommen diese, um zu putzen und nicht, um aufzuräumen. Wenn alle Flächen von Papier, benutztem Geschirr und Spielzeug verdeckt sind, können sie ihre Arbeit nicht machen.

Tun Sie so, als hätten Sie ein teures, renommiertes Putzteam engagiert. Sie würden es nicht Ihr Chaos beseitigen lassen. Gönnen Sie sich selbst auch einen leichten Start, indem Sie vorher aufräumen.

10 Bauen Sie ein Team auf

Zu zweit kann man ein Bett viermal schneller machen, als wenn man alleine ist. Schauen Sie den Profis bei der Arbeit zu. Zu zweit oder zu dritt haben Sie eine Wohnung im Nu sauber.

Machen Sie das Putzen nach Möglichkeit zu einer Familienangelegenheit. Wer mitputzt, verursacht im Haushalt hinterher erfahrungsgemäß weitaus weniger Unordnung und Chaos.

Familien-Teamwork

Zusammenleben, zusammen putzen? Wenn es um Hausarbeit geht, sind Männer und Frauen, Eltern und Kinder oft sehr unterschiedlicher Meinung.

Der Familien-Putzplan

Ein Plan kann helfen, Protest und Widerständen zu begegnen. Einigen Sie sich auf einen realistischen Sauberkeitsstandard, teilen Sie die Arbeit in einzelne Schritte auf und überlegen Sie, wie sich diese im Team am besten erledigen lassen.

Wenn die Frage: »Wie sauber ist sauber?« ein für alle Mal beantwortet ist, wenn jeder seine Arbeit nach Plan erledigt und nicht nur dann, wenn ein ärgerlicher Partner oder eine genervte Mutter zum x-ten Mal dazu ermahnt haben, und wenn außerdem jeder weiß, dass die anderen auch etwas tun, kann das Putzen sogar richtig Spaß machen.

Durch Planen zu **einem sauberen Zuhause**

Saubere Häuser haben eines gemeinsam: Sie werden nach Plan geputzt. Einfach mal hier und mal da ein bisschen zu putzen, ist nicht nur ineffektiv, sondern dauert unterm Strich auch länger. Der kürzeste und einfachste Weg zu einem sauberen Haus führt über einen gut durchdachten Putzplan.

Ja, ich weiß, Sie haben viele gute Gründe dafür, nicht nach Plan zu putzen: Sie sind sehr spontan, Sie sind schwanger, Ihr Partner hat Tag- und Nachtschichten, Sie sind eine Künstlernatur und das Putzen nach Plan zerstört Ihre Kreativität.

Glauben Sie mir: In über zehn Jahren, in denen ich Haushaltsführung unterrichte, habe ich schon so ziemlich jedes Argument gegen das Putzen nach Plan gehört. Doch keines von ihnen kann die Wahrheit widerlegen: Nach Plan zu Putzen geht am schnellsten und macht am wenigsten Mühe.

Immer wieder ein bisschen

Aufgeschobene Hausarbeit ist vervielfachte Hausarbeit. Wischen Sie im Essbereich der Küche einmal pro Woche Staub, und Sie sind in fünf Minuten fertig. Machen Sie es einmal im Monat, wird sich dort ein hartnäckiger Fettfilm gebildet haben, dem nur mit Reiniger, hartem körperlichem Einsatz und einer halben Stunde Arbeit beizukommen ist. Ist es nicht besser, jede Woche zwei Minuten leichte Arbeit einzuplanen, als einmal im Monat eine halbe Stunde lang zu schwitzen?

Ignorieren Sie Ihre mentalen Blockierungen und machen Sie sich einen Plan. Wenn die einzelnen Schritte regelmäßig erledigt werden, und zwar bevor sich Chaos und Schmutz zum Problem ausweiten, halten Sie das Haus mit weniger Einsatz sauber genug. Hier ein Vorschlag für Ihre Planung:

Tägliche Aufgaben
- Betten machen
- Schmutzige Wäsche in den Wäschekorb geben
- Je eine Ladung Wäsche waschen und trocknen
- Küchenarbeitsflächen und Herd abwischen
- Küchenspüle reinigen
- Müll rausbringen
- Küchenfußboden kehren
- Wohn- und Spielbereiche aufräumen (Müll entfernen, Zeitungen ordnen, Spielzeug aufräumen)

Wöchentlicher Putzplan (einmal pro Woche)
- Bettwäsche und Handtücher wechseln
- Bad und Toilette putzen
- Küche putzen, Mikrowelle und Backofen reinigen
- Fußböden fegen oder saugen und feucht wischen
- Möbel abstauben
- Teppiche saugen
- Bei Bedarf Eingangsbereich putzen

Schluss mit dem Frühjahrsputz

Zu Großmutters Zeiten war der Frühjahrsputz Pflicht. Wenn der Winter vorbei war, reinigte man das ganze Haus gründlich, um den von offenen Kaminen und Öfen erzeugten Ruß zu entfernen. Heutige Heiztechniken machen diesen Reinigungsmarathon überflüssig, das darüber hinaus mit unserem modernen Lebensstil nicht zu vereinbaren ist.

Wodurch ist der Frühjahrsputz zu ersetzen? Durch einen durchdachten Putzplan. Nach Plan geputzte Häuser und Wohnungen bleiben das ganze Jahr über verhältnismäßig sauber. Da dank eines Plans alle notwendigen Aufgaben regelmäßig einmal am Tag oder einmal pro Woche erledigt werden, bleibt nichts zu lange liegen.

DAS PUTZEN DER WOHNUNG 69

Das absolute Minimum

Selbst gut organisierte Haushalte erleben immer wieder Ausnahmesituationen. Krankheiten, stärkere Arbeitsbelastung und Überstunden, Abwesenheit eines Familienmitglieds oder irgendwelche Verpflichtungen führen dazu, dass für die Hausarbeit kaum noch Zeit bleibt.

Unter derartigen Umständen tritt der magische Minimalplan in Kraft, eine Liste der unumgänglichen Aufgaben. Bei jeder Familie sind die Schwerpunkte etwas anders gelagert, doch bei den meisten sind die folgenden Arbeiten unerlässlich:

- **Erledigungen** (Geld einzahlen bzw. abheben und Überweisungen abgeben)
- **Essen** (einkaufen, kochen, Geschirr spülen)
- **Wäsche** (das Waschen, Trocknen und Bügeln der wichtigsten Kleidungsstücke)
- **Haushalt** (einmal am Tag aufräumen, einmal in der Woche Bad, WC und Küche putzen)

Entwerfen Sie Ihren eigenen magischen Minimalplan anhand einer Liste aller Tätigkeiten, die notwendig sind, um den Nachschub an Nahrung und Kleidung und die Sauberkeit Ihres Heims zu gewährleisten.

Ihr Plan könnte z. B. so aussehen:

Täglich:
- Spülmaschine bestücken und einschalten
- Küche aufräumen
- Eine Ladung Wäsche waschen und trocknen
- Aufräumen im Team

Wöchentlich:
- Überweisungen tätigen
- Lebensmittel einkaufen
- Bad und WC putzen

Der nächste Schritt heißt: delegieren! Beauftragen Sie Ihre Lieben mit bestimmten Arbeiten. Jedes Familienmitglied übernimmt einige Aufgaben und trägt so dazu bei, dass der Haushalt rund läuft.

Befestigen Sie Ihren magischen Minimalplan dort, wo ihn alle sehen — z. B. mit Magneten an der Kühlschranktür. Familien, die einen Familienplaner benutzen (*siehe S. 84–87*) können ihn in der Abteilung »Haushaltsführung« anheften. Auf einen Blick sieht dann jeder, was getan werden muss, damit der Haushalt auch in hektischen und anstrengenden Zeiten zum Wohle aller reibungslos funktioniert.

Wäsche ▲ siehe S. 142–155

Mahlzeiten und Menüplan ▲ siehe S. 92–97

Auch Kinder können das Putzen lernen

»Mach dein Zimmer sauber!« Wie oft muss man das als Mutter oder Vater sagen, wie oft hat man es selbst als Kind zu hören bekommen! Es ist nicht leicht, die Kinder zur Mithilfe im Haushalt zu bewegen. Diese Strategien helfen, den Streit um die lästige Hausarbeit beizulegen.

Einer für alle, alle für einen

Manch einer oder eine mag sich fragen, ob er oder sie überhaupt ein Recht dazu hat, die Kinder zur Mithilfe im Haushalt anzuhalten. Gerade wenn die eigenen Eltern die traditionellen Rollen strikt eingehalten haben oder wenn man selbst berufstätig ist und außer Haus arbeitet, melden sich Zweifel an.

Wir dürfen jedoch nicht vergessen, dass die Erziehung Kinder auf das Leben als Erwachsene vorbereiten muss. Deshalb sollten Kinder auch mit Hausarbeit umgehen können.

■ **Bescheidene Anfänge** Am einfachsten ist es, die Kinder an Hausarbeit zu gewöhnen, wenn sie noch klein sind. Ein Einjähriger wird begeistert sein, wenn man ihm eine saubere Mullwindel in die Hand drückt, damit er Staub wischt, und es ist ein Riesenspaß, mit einer Fünfjährigen ein Auto zu waschen. Allerdings sind die kleinen Helfer keine wirkliche Hilfe und verursachen meist mehr Arbeit, als sie einem abnehmen. Lassen Sie die Kleinen trotzdem mitputzen, mitwaschen und mitwischen, denn diese Investition an Zeit und Nerven wird sich ein paar Jahre später wirklich bezahlt machen.

■ **Veränderungen langsam angehen** Die Vorstellung Ihrer Kinder von Mithilfe im Haushalt beschränkt sich darauf, die Füße hochzuheben, wenn Sie vor dem Sofa Staub saugen? Schimpfen Sie nicht, sondern gewöhnen Sie die Kinder langsam daran, mitzuhelfen. Legen Sie z. B. fest, dass in einem Monat eines der Kinder bei den Essensvorbereitungen und das andere beim Aufräumen helfen wird. Im nächsten Monat veranstalten Sie am Sonntagvormittag ein Familien-»Putz-Marathon«. Beteiligen Sie so die Kinder spielerisch an der Arbeit im Haushalt.

■ **Lassen Sie ihnen die Wahl** Kindern macht Arbeit mehr Spaß, wenn sie sie sich selbst aussuchen dürfen. Ein Kind, das sich vor Spülwasser und nassen Lappen ekelt, ist vielleicht gleichzeitig der beste Staubwischer und Mülleimerleerer der Welt. Ein anderes hat empfindliche Ohren und zieht das Badezimmerputzen dem Staubsaugen vor. Machen Sie eine Liste der anfallenden Hausarbeiten und lassen Sie die Kinder selbst wählen.

■ **Putz-Partner** Es motiviert Kinder, mit Erwachsenen zusammen zu arbeiten. Ein Kind, das dazu verdonnert wird, regelmäßig das Bad zu putzen, fühlt sich einsam. Besser ist es, täglich eine Familien-Aufräumrunde abzuhalten und jede Woche

> »Was Sie jetzt an Zeit und Nerven investieren, wird sich später bezahlt machen.«

ein Familien-Großreinemachen. Selbst wenn das Kind dann auch alleine das Bad putzt, weiß es doch, dass alle anderen ebenfalls mit Putzaufgaben beschäftigt sind.

■ **Seien Sie großzügig** Häufig herrschen in der Familie getrennte Meinungen darüber, was sauber ist und wie sauber gemacht werden soll. Vermeiden Sie Streit, indem Sie sich grundsätzlich am »sauber genug«-Standard orientieren. Ein Zehnjähriger wird beim Staubsaugen praktisch von alleine immer besser, es sei denn, es wird zu viel von ihm erwartet, oder die Eltern demotivieren ihn, indem sie nachsaugen oder ihm Vorhaltungen machen.

Aufgaben für Kinder

Wer behauptet, dass Kinder nicht auch zum Funktionieren des Haushalts beitragen können? Natürlich müssen die Aufgaben altersgemäß sein.

Zwei- bis Dreijährige können:
- Spielzeug aufräumen
- Beim Bettenmachen helfen
- Helfen, Haustiere zu füttern
- Untere Regalbretter und Möbelbeine abstauben
- Löffel und unzerbrechliches Geschirr abtrocknen
- Wäsche aufsammeln und in den Wäschebereich bringen bzw. in den Wäschekorb werfen
- Zeitungen stapeln

Vier- bis Fünfjährige können außerdem auch:
- Spielzeug sortieren
- Servietten falten
- Beim Auspacken und Einräumen eingekaufter Lebensmittel helfen

Sechs- bis Achtjährige meistern die folgenden zusätzlichen Aufgaben:
- In der Spielecke und im Kinderzimmer Ordnung halten
- Topfpflanzen gießen
- Wäsche sortieren
- Saubere Wäsche einräumen
- Den Tisch decken
- In der Küche helfen (Salat zerkleinern und waschen, belegte Brote machen)
- Hemden und Hosen falten
- Beim Autowaschen helfen

Neun- bis Zehnjährige sind alt genug, um:
- Betten zu beziehen
- Waschbecken und Wannen zu putzen
- Beim Kochen zu helfen
- Kleine Imbisse zuzubereiten
- Geschirr zu spülen
- Die Spülmaschine zu bestücken
- Das Silber zu putzen
- Staub zu saugen
- Fußböden zu kehren
- Im Garten zu helfen (Blätter zusammenrechen, Unkraut jäten)

Elfjährige und Ältere können allmählich »erwachsene« Aufgaben übernehmen. Auch wenn sie murren und protestieren, sind sie doch stolz darauf, Dinge zu lernen und zu beherrschen, die nur »die Großen« können. Zu diesen Aufgaben zählen:
- Mahlzeiten für die Familie planen und kochen
- Ihre eigene Wäsche in der Maschine waschen und im Trockner trocknen.
- Fenster putzen
- Glühbirnen ersetzen
- Möbel polieren
- Fußböden wischen
- Garagen und Anbauten aufräumen und putzen
- Autos waschen, polieren und das Wageninnere saugen

Familien-Teamwork ▲ siehe auch S. 66–67

Techniken im Haushalt
Haushaltsplanung

Was ist das Geheimnis eines Haushalts, der wie geschmiert läuft? Planung. So, wie ein Film ein Drehbuch haben muss, so braucht ein Haushalt einen Plan.

In diesem Abschnitt geht es um wichtige Helfer bei der Haushaltsplanung: Checklisten, Aufgabenlisten, gute Angewohnheiten, Haushaltsplaner, Familienkalender und ein Informationszentrum für die Familie.

Legen Sie Checklisten für die täglich, wöchentlich, monatlich und beim Wechsel der Jahreszeiten anfallenden Arbeiten an, denn das erleichtert die Routine. Aufgabenlisten teilen komplizierte Vorhaben in einfache Schritte auf.

Gewohnheit hilft, diese Schritte immer schneller zu erledigen. Und gute Angewohnheiten ermöglichen es, mit der Zeit das Haushalts-Chaos unter Kontrolle zu bekommen.

Wichtigster Helfer bei der Planung ist der Haushaltsplaner. Zusammen mit einem Terminkalender bildet er das Herz des Informationszentrums der Familie.

Überlegt planen –
erfolgreich organisieren

Eine durchdachte Planung ist Grundbedingung für ein erfolgreich organisiertes Zuhause. Ohne fest umrissene Planung entgleiten die Dinge des Alltags leicht ins Chaos. Schulhefte verschwinden, die ständig anfallenden Mahngebühren für ausgeliehene Bücher und DVDs gehen ins Geld. Planen lohnt sich.

Aufgaben bleiben unerledigt, Wäsche ungewaschen, und das Essen steht nicht zum richtigen Zeitpunkt auf dem Tisch. Jeden Morgen füllt schmutziges Geschirr die Spüle, und nachts können Sie nicht schlafen, weil Ihnen all das durch den Kopf geht, was Sie vergessen und noch nicht erledigt haben.

Die vier Säulen der Planung

Die Organisation eines Haushalts beruht auf vier Säulen: Checklisten, Aufgabenlisten, guten Angewohnheiten und einem Familienplaner. Zusammen bringen sie die Familie auf den Weg, der sie aus dem Chaos führt.

1 Checklisten Checklisten erinnern in übersichtlicher Weise an die täglich, wöchentlich, monatlich oder in der jeweiligen Jahreszeit anfallenden Aufgaben. Listen Sie die ständig wieder zu erledigenden Arbeiten auf, damit Sie auf einen Blick sehen, was noch zu tun ist.

Checklisten erleichtern das Delegieren und fördern das Teamwork. Warten die Kinder ungeduldig auf den Ausflug am Samstag? Die Vormittags-Checkliste führt alle Arbeiten auf, die erledigt werden müssen, bevor es losgehen kann.

2 Hauptlisten Checklisten sind für die tägliche Routine zuständig, Aufgabenlisten für Projekte, die später zu erledigen sind oder mehr Zeit erfordern. Können Sie nachts nicht schlafen, weil Ihnen ständig im Kopf herumgeht, was Sie noch tun müssen, tun wollen und was Sie auf gar keinen Fall vergessen dürfen? Vertrauen Sie all diese Pläne und Ideen einer Aufgabenliste an, und Sie können fortan ruhig schlafen.

Legen Sie zuerst eine Hauptliste an, in die Sie alles hineinschreiben, was Ihnen durch den Kopf geht. Übertragen Sie die einzelnen Punkte der Hauptliste auf aktuelle Aufgabenlisten. Teilen Sie dabei größere Projekte in Schritte auf, die in den kommenden Tagen, Wochen oder Monaten erledigt werden können.

3 Gewohnheiten Checklisten und Aufgabenlisten organisieren Leben und Haushalt, erledigen aber natürlich nicht die Arbeit. Das müssen Sie schon selbst tun, doch Sie können dabei auf einen zuverlässigen Helfer vertrauen: die guten Angewohnheiten, den geheimen Motor des gut organisierten Lebens. Sobald man sie hat, bewirken gute Angewohnheiten, dass der Haushalt fast wie von alleine am Schnürchen läuft.

Wenn Sie gute Angewohnheiten fördern und schlechte aus Ihrem Leben verbannen, haben Sie den Kampf gegen das Chaos so gut wie gewonnen.

Das Gute an Angewohnheiten ist, dass sie sich selbst

> »Planung ist die Grundbedingung für eine erfolgreiche Haushaltsführung.«

erhalten. Sobald man sie hat, kosten sie einen keine Mühe mehr. Doch wie gewöhnt man sie sich an? Mithilfe von Aufgabenlisten: Wenn Sie die einzelnen Punkte regelmäßig und gewissenhaft erledigen, gehen sie bald als Routine in Fleisch und Blut über.

▲ **Für den Haushalt** ist Planung ebenso unentbehrlich wie für jeden anderen Bereich unseres Alltagslebens. Ohne Planung kommt es ständig zu Chaos und Stress.

4 Der Haushaltsplaner Was verwandelt einen chaotischen in einen gut organisierten Haushalt? Ein Haushaltsplaner, der in keiner Familie fehlen sollte.

Der Haushaltsplaner ist ein Ordner, in dem alle Informationen abgeheftet werden, die für den reibungslosen Alltag eines Haushalts wichtig sind. Der Haushaltsplaner ist Familienkalender, Adressbuch und Nachschlagewerk in einem. Er nimmt alle Pläne und Merkblätter, Notizen und Zettelchen, die für die Familienmitglieder von Bedeutung sind, auf und erteilt Antworten: Wann ist das Vereinsfest? Welche Telefonnummer hat der Judoclub? Was kostet es, wenn wir am Freitagabend für alle Pizza bestellen, und wo müssen wir anrufen?

Der Babysitter findet darin eine Liste mit Notfallnummern. Sie können hier in den Bedienungsanleitungen Ihrer Geräte nachschlagen, nachschauen, wann Sie die Kinder zum Fußballplatz oder zur Musikstunde fahren müssen und die täglichen Aufgabenlisten überfliegen.

Weil der Haushaltsplaner auch die Aufgabenlisten, die Terminkalender, die Hauptlisten und die Checklisten enthält, können alle hier immer wieder nachsehen, was sie selbst und die anderen zu einem bestimmten Termin zu tun haben.

Schaffen Sie ein Informationszentrum, in dem Sie alle Hilfsmittel der Haushaltsplanung aufbewahren. So wissen sämtliche Haushaltsmitglieder, aber auch Babysitter, Freunde und Verwandte, wo sie die benötigten Informationen finden, und jeder kann den Pizzadienst erreichen, erfahren, wer diese Woche die Kinder zur Schule fährt, nachsehen, ob für den Abend oder das Wochenende schon etwas geplant ist, wer als nächstes Geburtstag oder ein Jubiläum hat oder herausbekommen, was es an dem und dem Tag zu essen gibt.

Aufgabenlisten: tägliche Pflichten und Routinearbeiten

Checklisten befreien den Geist von den lästigen »ich muss noch«-, »ich habe noch nicht«-Gedanken, die einem ständig im Kopf herumgehen. Gleichgültig, ob es sich um Dinge handelt, die man am nächsten Tag oder in ein paar Monaten in Angriff nehmen muss: Auf Papier gebannt, lassen sie sich leichter umsetzen.

Aufgabenlisten für alle Tage

Entwerfen Sie sich Ihre eigene Aufgabenliste; die folgenden Listen sind als Anregung gedacht:

Beispiel für die »Morgen-Liste«
- Ein Kontrollblick auf Planer und Aufgabenliste: Was steht heute an?
- Gymnastik oder Joggen
- Dusche, Körperpflege
- Betten machen
- E-Mails lesen
- Kinder wecken, Frühstück machen
- Eine Ladung Wäsche waschen
- Eine Trocknerladung zusammenfalten
- Frühstücksgeschirr in Spülmaschine stellen
- Küche aufräumen

Beispiel für die »Abend-Liste«
- Geschirrspülmaschine ausräumen, Frühstückstisch decken
- Pausenbrote zurechtmachen
- Küche aufräumen
- Kleidung für nächsten Tag zurechtlegen
- Gymnastik oder Abendspaziergang
- Beten oder meditieren
- Körperpflege
- Durchsicht der Einträge für folgenden Tag

Tägliche Aufgabenlisten

Planen Sie Ihren Tag? Oder erwachen Sie täglich unvorbereitet in einer vollkommen neuen Welt, die Sie bis zum Abend unmöglich unter Kontrolle bringen können? Wir alle erleben Tage, die uns durch die Finger gleiten. Sie beginnen damit, dass wir den Wecker nicht hören, und wenn im weiteren Verlauf des Tages eine Sache nach der anderen schief geht, wächst der Frust. An einem ungeplanten Tag führen einen kleinste Ablenkungen so lange in die Irre, bis man endgültig im Chaos verstrickt ist.

Was lässt sich dagegen tun? Aufgabenlisten anlegen. Einfache Listen für alles, was morgens und abends erledigt werden muss, helfen der Familie, morgens in die Gänge zu kommen und den Tag gut zu überstehen. Planung verhindert Chaos. Aufgabenlisten können weder putzen, noch die Garage aufräumen, aber sie helfen Ihnen, anfallende Arbeiten in Angriff zu nehmen.

Um eine Liste für die täglichen Aufgaben anzulegen, teilen Sie ein Blatt Papier in zwei Spalten für morgens und abends ein. Führen Sie dann die einfachen Schritte auf, die erledigt werden müssen, damit morgens alle aus dem Haus kommen, damit es etwas zu essen gibt und alle etwas anzuziehen haben. Stecken Sie die Liste in eine Prospekthülle und heften Sie sie in Ihrem Haushaltsplaner ab (*siehe S. 84-87*).

Aufgabenliste für den Morgen Konzentrieren Sie sich morgens auf den beginnenden Tag. Ein Punkt auf Ihrer Liste sollte das Nachschauen im Kalender sein, damit Sie keine Termine versäumen. Berücksichtigen Sie auch persönliche Dinge wie Gymnastik und Körperpflege. Fügen Sie morgendliche Aufgaben hinzu, die mit der Zubereitung der Mahlzeiten und der

Erledigung der Wäsche zu tun haben, und erziehen Sie sich dazu, die Küche aufzuräumen, bevor Sie das Haus verlassen. Am Abend werden Sie sich selbst dafür dankbar sein.

Aufgabenliste für den Abend Die abendliche Aufgabenliste hilft, den Tag so zu Ende zu bringen, dass man auf den kommenden Tag gut vorbereitet ist. Die Küche sollte nach dem Abendessen aufgeräumt und für den nächsten Morgen vorbereitet werden. Legen Sie sich alles zurecht, was sie zum Tee- oder Kaffeekochen brauchen, machen Sie Pausenbrote und decken Sie den Tisch für das Frühstück. Vermeiden Sie morgendliche Garderobe-Krisen, indem Sie sich die Kleidung für den folgenden Tag zurechtlegen. Die letzten Punkte auf der Liste leiten zur erholsamen Nachtruhe über, z. B. abendlicher Spaziergang, Hautpflege, Gebet oder Meditation und Lektüre. Bevor Sie schlafen gehen, sollten Sie noch einen Blick auf die Aufgabenliste des folgenden Tages werfen.

»Aufgabenlisten sind die Straßenkarten, die Sie davor bewahren, sich im täglichen Chaos zu verirren.«

Wöchentliche, monatliche und jahreszeitliche Checklisten

Während die täglichen Aufgabenlisten Sie gut über den Tag bringen, sorgen diese Listen dafür, dass auch größere Projekte erledigt werden. Größere Reinigungsvorhaben gehören ebenso auf diese Listen wie die Menüplanung oder ehrenamtliche Arbeiten. Alles, was Teil Ihrer Routine ist, sollte auf der Checkliste stehen. Stecken Sie diese Liste ebenso wie alle anderen in Prospekthüllen und heften Sie sie in Ihrem Haushaltsplaner ab. Lesen Sie jede Woche, jeden Monat und zu Beginn jeder Jahreszeit die entsprechende Liste durch.

Schreiben Sie anhand des Musters im Kasten (*siehe rechts*) Ihre eigenen Listen, die Ihnen zu mehr Übersicht über die Routine in Ihrem Haushalt verhelfen.

Längerfristige Aufgabenlisten

Aufgabenlisten für wöchentlich, monatlich oder je nach Jahreszeit anfallende Arbeiten sollten auf die Liste für die täglichen Erledigungen abgestimmt werden.

Wochen-Liste
- Durchsicht der Planer-Einträge für die kommende Woche
- Abstimmung der Listen aufeinander (*siehe S. 80–81*)
- Menüplan der Woche erstellen
- Rechnungen bezahlen
- Wochengroßeinkauf
- Erledigungen: Reinigung, Bank, Fotoladen

Monats-Liste
- Durchsicht der Planer-Einträge für den kommenden Monat
- Abstimmung der Listen
- Durchsicht der Kontoauszüge
- Durchsicht von Speisekammer und Tiefkühltruhe, ggf. Verwertung der Lebensmittel

Jahreszeiten-Liste
- Durchsicht der Planer-Einträge für die beginnende Jahreszeit
- Abstimmung der Listen
- Arzttermine geben lassen
- Waschen bzw. Reinigen und Einlagern von Sommer- bzw. Winterkleidung, Durchsicht und ggf. Ergänzung der Garderoben der Familienmitglieder
- Planung von Reisen und Urlauben, ggf. Buchungen
- Vereinbarung eines Termins für die Wartung der Heizung, Warmwasseraufbereitung, usw.
- Kontrolle von Thermostateinstellungen, Rauchmeldern, Feuerlöschern, Alarmanlagen

Schritt halten

Checklisten und Pläne organisieren die Arbeit, erledigen sie aber natürlich nicht. Selbst die beste Checkliste nützt nichts, wenn Sie sie nicht regelmäßig durchsehen. Halten Sie mit Ihrer Planung Schritt:

- **Kontrollieren Sie morgens und abends** Geben Sie dem Tag einen guten Start, indem Sie morgens die Checkliste überfliegen. Notieren Sie abends alles, was Sie nicht erledigen konnten, fügen Sie es in die Pläne für die folgenden Tage ein und sehen Sie die Aufgaben des kommenden Tages durch.
- **Seien Sie flexibel** Das Leben durchkreuzt ständig unsere Pläne. Greifen Sie, wenn es hart auf hart kommt, auf Ihren Minimalplan zurück (*siehe S. 68–69*). Schriftlich fixierte Checklisten und Pläne erleichtern es Ihnen, zur normalen Routine zurückzukehren, sobald wieder Ruhe eingekehrt ist.

Jenseits der Routine: **Aufgabenlisten**

Während Checklisten die Straßenkarten sind, die uns den Weg durch die alltäglichen Aufgaben weisen, helfen Aufgabenlisten uns, alle jene ausnahmsweise im Haushalt anfallenden Arbeiten zu organisieren. Gemeinsam mit den Checklisten helfen sie Ihnen, an das zu denken, was nicht auf den täglichen Listen steht.

Routinearbeiten wie das Säubern des Kühlschranks oder das Schrubben der Spüle sind Punkte der täglichen oder wöchentlichen Aufgabenlisten (*siehe S. 76-77*). »Tapetenborte in Küche anbringen« ist ein Teil einer Aufgabenliste, ein Schritt, der zum größeren Ziel »Küche neu tapezieren« führen sollte. Alle Schritte, die nicht Teil der Routine sind, gehören auf die Aufgabenlisten.

Wir unterscheiden zwei Arten von Aufgabenlisten: eine laufende Liste mit Aufgaben für die verschiedenen Tage und eine Hauptliste. Auf der laufenden Liste stehen Dinge, die kurzfristig und zu bestimmten Terminen erledigt werden müssen. Die Hauptliste ist die Quelle, der Ort, an dem Sie erst einmal alles abladen, was erledigt und organisiert werden muss.

Die Hauptliste

Um eine Hauptliste anzulegen, teilen Sie ein liniertes Blatt in drei Spalten ein: das Datum, an dem eine Aufgabe anfällt, die Aufgabe selbst und das Datum, an dem sie erledigt wurde. In der mittleren Spalte notieren Sie alles – wirklich alles – was Sie erledigen müssen oder wollen.

Eine gute Hauptliste ist eine Mischung aus Zielen und Wünschen, aus großen und vielen kleinen Dingen. Auf ihr halten Sie all die Gedanken fest, die Ihnen durch den Kopf gehen. Es macht nichts, wenn diese Liste mehrere Seiten lang wird. Es ist besser, all diese Gedanken aufzuschreiben, als sie ständig mit sich herumzutragen. Außerdem zeigt Ihnen die Hauptliste alle Fortschritte auf einen Blick. Sie sehen, was erledigt worden ist, woran Sie gerade arbeiten und was noch zu tun bleibt.

Anhand der Hauptliste machen Sie sich immer wieder kurze Listen für die laufenden Aufgaben. Wenn Sie auf diesen

Vorgesehenes Datum:	Gegenstände:	Datum der Erledigung:
15. Juni	Rückgabe der Bücherei-Bücher	17. Juni
29. Juni	Boden im Kinderzimmer reparieren	
1. Juli	Tierarzt-Termin für Katze geben lassen	
10. Juli	Anrufen wegen Ballettkostümen	14. Juli
14. Juli	Anrufen wegen Pailletten für Kostüm	
1. August	Bericht für Veranstaltungskomitee abgeben	

▲ **Hauptliste** In der übergeordneten Liste werden sämtliche Aufgaben vermerkt. Das Aufschreiben erleichtert es, Termine zu bestimmen und die Dinge auch tatsächlich zu erledigen.

Listen eine Aufgabe eintragen, schreiben Sie in die erste Spalte das Tagesdatum. In der dritten Spalte halten Sie das Datum fest, an dem die Aufgabe erledigt wurde.

Schritt halten: die laufende Aufgabenliste

Von der Hauptliste leitet sich die aktuelle Aufgabenliste ab: eine Liste bevorstehender Termine und zu erledigender Aufgaben, die häufig konsultiert und ausgewechselt wird. Lesen Sie hier und auf den Checklisten täglich nach, was zu tun ist.

> »Eine gute Hauptliste ist eine Mischung aus Zielen und Wünschen, aus großen und vielen kleinen Dingen.«

Das Anlegen der laufenden Aufgabenliste ist einfach. Wählen Sie jeweils zwei von zehn Aufgaben der Hauptliste aus und übertragen Sie sie auf die aktuelle Liste. Einige Aufgaben sind nicht aufschiebbar und müssen unbedingt auf der laufenden Liste stehen. Haken Sie das, was Sie bewältigt und ausgeführt haben, sowohl auf der aktuellen als auch auf der Hauptliste ab. Heften Sie die Listen in Ihrem Haushaltsplaner ab. Zusammen mit den Checklisten für Routinearbeiten werden die Aufgabenlisten Ihnen helfen, effizient zu planen und zu organisieren.

Von Tag zu Tag: erledigen, anrufen, kaufen und kochen

Die laufende Aufgabenliste verleiht dem Tag einen Rhythmus und hilft Ihnen, die Arbeit rasch zu bewältigen. Auf der Aufgabenliste steht, wo Sie hingehen, wen Sie anrufen, was Sie tun müssen, was einzukaufen ist und was es zu essen gibt.

Legen Sie überschaubare Listen an. Fassen Sie die einzelnen Punkte unter Überschriften zusammen: erledigen, anrufen, kaufen, kochen.

Indem Sie Aufgaben in einzelne Schritte gliedern und dafür sorgen, dass Sie alles, was mit dem Essen zu tun hat, im Auge behalten, halten die Listen Sie immer auf dem aktuellen Stand.

Tipps, die Zeit sparen

Zeit ist eine demokratische Angelegenheit: Jedem stehen täglich 24 Stunden zur Verfügung. Davon lässt sich viel einsparen!

■ **Gehen Sie nie mit leeren Händen**
Nehmen Sie immer, wenn Sie den Raum verlassen, in ein anderes Stockwerk oder aus dem Haus gehen, etwas mit, das aufgeräumt oder entsorgt werden muss.

■ **Nutzen Sie kurze Zeitspannen,** um kleinere Aufgaben zu erledigen. Sortieren Sie die Socken in der Werbepause. Wischen Sie das Waschbecken aus, bevor Sie das Bad verlassen. Sie werden sehen, es lohnt sich.

■ **Erledigen Sie Aufgaben,** während Sie am Telefon mit Freunden plaudern. Ein schnurloses Telefon oder ein Headset machen es möglich, während des Gesprächs einen Salat zuzubereiten, den Inhalt einer Schublade zu sortieren oder Dinge dorthin zurückzubringen, wo sie hingehören.

■ **Kaufen Sie mehrere Dinge ein** oder bleiben Sie zu Hause. Gehen Sie nie los, um einen einzigen Artikel zu kaufen oder eine einzige Sache zu erledigen. Überlegen Sie vorher, wie Sie aus Zeit und Weg das Beste machen: Gehen Sie zu der Reinigung, die am nächsten bei Ihrer Bank ist oder kaufen Sie auf dem Heimweg vom Büro ein.

■ **Vergeuden Sie auch unterwegs** keine Zeit. Beim Autofahren können Sie sich Hörbücher oder Musik anhören. Wenn Sie die Kinder von der Schule abholen oder sie hinbringen, können Sie mit ihnen die Tagesplanung besprechen. Auf keinen Fall aber sollten Sie telefonieren, während Sie ein Auto lenken – es sei denn, in Ihrem Wagen ist eine Freisprechanlage installiert.

Gewohnheiten, die
Wundermittel im Haushalt

Wie fänden Sie den folgenden Werbespot? »Sensationell! Dieses Mittel verwandelt auch das unordentlichste Heim in nur drei Wochen in einen strahlenden Palast! Das Putzen geht schneller und Unordnung verschwindet von allein. Das in langjähriger Forschung entwickelte Produkt macht auch Ihr Zuhause sauber und harmonisch.«

Gewohnheit: Wo beginnen?

Sie haben die Macht der Gewohnheit begriffen, wissen aber nicht, wo Sie anfangen sollen? Die folgenden Gewohnheiten stellen sichere Schritte auf dem Weg zu einem ordentlichen und gepflegten Zuhause dar.

- **Schauen Sie sich Ihre Listen an** Gehen Sie jeden Morgen und jeden Abend Ihre Checklisten und Ihre Aufgabenlisten durch.
- **Machen Sie die Betten** Investieren Sie täglich ein paar Minuten in diese Arbeit, und schon wirken die Schlafzimmer ordentlicher und gepflegter.
- **Nehmen Sie sich Zeit für sich selbst** Wie viel auch zu tun sein mag: Gönnen Sie sich jeden Tag 20 Minuten für die Körperpflege. Sorgen Sie zuerst für sich; das gibt Ihnen Selbstvertrauen.
- **Beginnen Sie den Tag gut vorbereitet** Legen Sie sich am Abend die Kleider zurecht und bereiten Sie das Frühstück so vor, dass das Aufstehen mehr Spaß macht.
- **Beseitigen Sie nach der Mahlzeit alle Spuren,** damit Sie nicht, wenn Sie das nächste Mal kochen, erst die Überreste der letzten Mahlzeit beseitigen müssen.

Was, Sie haben schon zum Telefon gegriffen und die Kreditkarte in der Hand? Tut mir leid, aber das sensationelle Wundermittel, die mächtigste Waffe im Kampf gegen Schmutz und Chaos, kann man nicht kaufen! Sie müssen es selbst herstellen, und die Zutaten gibt es umsonst. Setzen Sie es ein, und es wird Sie Schritt für Schritt von Chaos und Schmutz befreien. Was ist es? Die Gewohnheit.

Möge die Macht der Gewohnheit mit Ihnen sein!

»Gewohnheit« ist ein schlichter Name für ein derart hochwirksames Wundermittel. Natürlich fängt man immer klein an, denn die Gewohnheit ist ein Schneeball, der sich rasch zur Lawine entwickelt. Es kostet nur ein bisschen Mühe, den Schneeball ins Rollen zu bringen, doch sobald er in Bewegung geraten ist, kann ihn niemand mehr stoppen.

So geht es mit allen Gewohnheiten, die wir in unseren Alltag einbauen. Kleine, kaum merkliche Schritte wirken sich intensiv auf unser Zuhause und unser Leben aus. Zwar erfordert es Energie und einiges Nachdenken, um sich eine gute Angewohnheit zuzulegen, doch sobald wir sie haben, nimmt sie laufend an Stärke und Wirkung zu. Erfinden Sie neue Gewohnheiten, üben Sie sie ein und eines Tages tun Sie das, was Sie sich vorgenommen haben, ohne nachzudenken.

Anatomie einer Gewohnheit

An der Macht der Gewohnheit ist nichts Geheimnisvolles. Wir alle besitzen Unmengen guter und schlechter Gewohnheiten. Beginnen Sie den Tag mit zwei Tassen Kaffee und der Zeitung?

Gewohnheit! Versüßen Sie sich die wöchentliche Einkaufstour mit einem Mandelhörnchen aus der Backwarenabteilung? Gewohnheit! Legen Sie Ihre Handtasche oder Ihren Aktenkoffer immer auf den Wagenboden hinter den Fahrersitz? Schon wieder eine Gewohnheit!

Wenn Gewohnheiten so stark verbreitet sind, warum ist es dann so schwer, sie sich zuzulegen oder aber sie zu verändern? Nun ja, ebenso wie der Schneeball verursachen sie zunächst etwas Mühe. Beim Schneeball müssen Sie den Schnee fest zusammenpressen und dabei werden Ihre Hände kalt und taub.

»Sobald wir eine neue Angewohnheit haben, nimmt sie laufend an Stärke und Wirkung zu.«

Das ist unangenehm. Ebenso unangenehm kann es sein, sich eine gute Angewohnheit zu- und eine schlechte Gewohnheit abzulegen. Beides erfordert, dass wir uns bewusst verändern und kostet Mühe.

In nur drei Wochen zum Erfolg

Wie kommt man zu einer guten Gewohnheit? Es ist ganz einfach: Beschließen Sie, was Sie tun wollen, und tun Sie es drei Wochen lang bewusst. Nach den drei Wochen haben Sie diese Gewohnheit – oder besser: Die Gewohnheit hat Sie. Von nun an werden Sie sie beibehalten, ohne darüber nachzudenken.

Dr. Maxwell Maltz schrieb als Erster über die Bedeutung dieser dreiwöchigen Phase. Als plastischer Chirurg wusste Dr. Maltz, dass es 21 Tage lang dauert, bis Amputierte im amputierten Glied keine Phantomschmerzen mehr spüren. Als er sich darauf konzentrierte, Patienten dabei zu helfen, nicht ihr Aussehen, sondern ihre Einstellung zu verändern, stellte er fest, dass auch die Veränderung der eigenen Denkweise 21 Tage dauert.

Die Idee ist einfach, doch der Teufel steckt im Detail. Sich eine neue Angewohnheit zuzulegen, ist harte Arbeit. Um überleben zu können, muss nämlich jede neue Gewohnheit den Platz einer alten einnehmen.

Alte Gewohnheiten lassen sich nicht so ohne weiteres ablegen. Neue Angewohnheiten dagegen sind zart und bedürfen sorgfältiger Pflege. Ein einziges Aufschieben, ein einziges »ich habe heute keine Lust, ich mache es morgen« genügt schon, um das zarte Pflänzchen abzutöten.

Guten Angewohnheiten auf der Spur

Sind Sie bereit, sich im Kampf gegen das Chaos mit der Macht der Gewohnheit zu verbünden? Probieren Sie die folgenden Tipps aus:

■ **Gewohnheiten Schritt für Schritt ändern** Widerstehen Sie der Versuchung, von einem Tag auf den anderen Ihr gesamtes Leben umzukrempeln. Es ist besser, eine einzige Gewohnheit zu ändern, als aufs Ganze zu gehen – und zu scheitern.

Eine Gewohnheit zu verändern, erfordert sehr viel Energie und kompromissloses Engagement. Konzentrieren Sie sich jeweils auf eine neue Angewohnheit und erst, wenn diese gut eingefahren ist, können Sie die nächste ansteuern. Sie haben ja auch viel Zeit: In den 52 Wochen eines Jahres können Sie sich 17 neue Gewohnheiten zulegen und sich zwischendurch auch noch zwei Wochen frei nehmen.

■ **Unterstützen Sie Ihre neue Angewohnheit,** indem Sie ihr eine zweite an die Seite stellen. Überlegen Sie, welche neue Gewohnheit Ihnen Antrieb gibt und legen Sie sich eine zweite passende zu.

Legen Sie Ihr Baby jeden Tag um zwei Uhr nachmittags zum Schlafen hin? Dann würde es ja gut passen, wenn Sie sich gleich auch angewöhnen, eine halbe Stunde seines Mittagschläfchens für eine anregende Lektüre zu nutzen.

■ **Suchen Sie sich Verbündete** Gerade wenn man sich neue Angewohnheiten zulegen will, ist Unterstützung von außen sehr wichtig. Tun Sie sich mit Freunden und Bekannten zusammen, die sich auch gerade etwas Neues angewöhnen wollen, und kritisieren und loben Sie sich gegenseitig.

Manchmal findet man ja auch jemanden, der die gleiche neue Angewohnheit aufpäppeln möchte. Sie haben sich vorgenommen, jeden Tag eine Dreiviertelstunde lang spazieren zu gehen? Mit einer Freundin, einem Nachbarn oder Ihrem Partner halten Sie Ihren Vorsatz eher durch und haben zu zweit auch mehr Spaß an der Sache.

Der Haushaltsplaner:
Durchblick und Übersicht

Gut organisierte Menschen verwenden einen Planer: ein kleines Buch, das Informationen, Kalender und Pläne enthält, die ihnen helfen, ihr Leben zu organisieren. Auch gut organisierte Haushalte benötigen einen Planer, einen Haushaltsplaner. Er enthält Kalender, Pläne, Checklisten und Informationen aller Art und ist so etwas wie die Kommandozentrale der Familie.

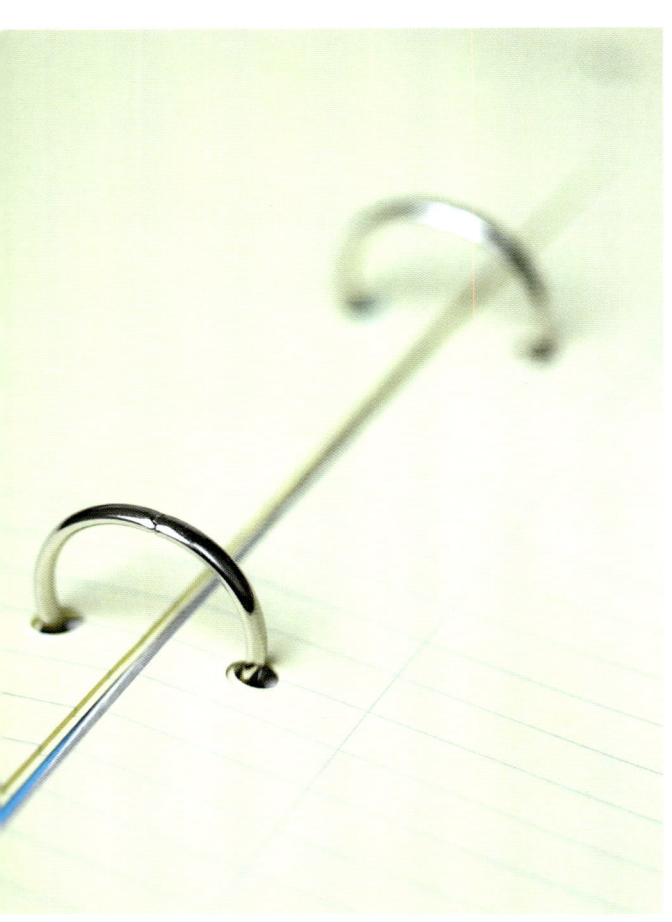

▲ **Einfach, aber effektiv** Der Haushaltsplaner räumt mit der Zettelwirtschaft auf. Alle Termine, Verpflichtungen und wichtigen Informationen sind auf einen Blick abrufbar.

Jeder Haushaltsplaner ist so einzigartig, wie die Familie, die ihn führt. Äußerlich besteht er meist aus einem schlichten Aktenordner und mehreren Trennblättern. Bei einer Familie mit Schulkindern, die auch Sport treiben und Musikstunden nehmen, enthält der Planer Stunden- und Terminpläne, aber auch eine Liste mit Plänen für die Ferien und eine andere mit den Titeln

> »Der Haushaltsplaner ist so etwas wie die Kommandozentrale der Familie.«

ausgeliehener Videos. Ein berufstätiges Ehepaar mit Kleinkindern heftet im Planer die Zeitpläne von Babysitter und Tagesmutter sowie eine Liste mit Telefonnummern für den Notfall ab. Bei einem Ehepaar, dessen Kinder schon aus dem Haus sind, enthält der Haushaltsplaner vielleicht einen Geburtstagskalender und Listen mit geeigneten Geschenken für Kinder und Enkel. Wenn man alles, was Familie und Haushalt betrifft, an einem Ort aufbewahrt, braucht man nicht mehr so lange nach Plänen, Übersichten, Merkblättern und Ähnlichem zu suchen. Die Informationen sind dann immer dort, wo sie hingehören: im Haushaltsplaner.

So legen Sie den Haushaltsplaner an

Sie brauchen: einen Aktenordner, Prospekthüllen, Papier und farbige Trennblätter.

Trennblätter einheften Jede Familie unterteilt ihren Haushaltsplaner anders. Schreiben Sie auf die Trennblätter die Titel der einzelnen Abteilungen, die Sie und Ihre Familie brauchen; manche dieser Abteilungen werden später wegfallen, andere werden hinzukommen, denn der Haushaltsplaner verändert sich mit Ihrer Familie. Heften Sie in jede Abteilung mehrere Prospekthüllen ein, in die Sie Pläne, Checklisten, Aufgabenlisten und Gebrauchsanweisungen stecken können.

Papier einheften Heften Sie einen Kalender und Formulare oder Vordrucke ein, in die Sie Informationen eintragen (*die gebräuchlichsten Vordrucke finden Sie auf den Seiten 238-247*). Ähnliche Vordrucke oder Formulare bietet sicher auch der Organizer auf Ihrem Computer, aber einfache linierte Blätter erfüllen ebenfalls den Zweck.

Jetzt kann es losgehen! Suchen Sie im Haus all jene Zettel, Broschüren und Blätter zusammen, die für den reibungslosen Ablauf Ihres Alltags von Bedeutung sind: die Visitenkarten der Handwerker, Stundenpläne, die Menüliste vom Pizzaservice, die Übersicht über die Gottesdienste in Ihrer Kirche. Legen Sie Listen mit wichtigen Telefonnummern an und stecken Sie alles, was häufig gelesen wird, in Prospekthüllen.

Seien Sie kreativ! Teilen Sie den Haushaltsplaner entsprechend der Prioritäten und Bedürfnisse Ihrer Familie ein. Planen Sie Reparaturen am Haus? Schaffen Sie eine entsprechende Abteilung, in der Sie auch Angebote von Baumärkten und nützliche Handwerkeradressen abheften. In keiner Abteilung sollten eine Hauptliste sowie Aufgabenlisten fehlen (*siehe S. 76-77, 80-81*), die Ihre Projekte auf dem entsprechenden Gebiet festhalten. Für Ihre diesbezüglichen Notizen sollten in jeder Abteilung linierte Blätter zur Verfügung stehen.

Bewahren Sie Ihren Haushaltsplaner in der Nähe des Haupttelefons der Familie und eines Kalenders auf. Bittet der Kindergarten Sie, zum Sommerfest einen Kuchen zu backen? Tragen Sie das in den Kalender ein und fügen Sie auf Ihrem Einkaufszettel »Eier und Mehl« hinzu. Wollen Sie am Freitagabend ausgehen? Schlagen Sie die Telefonnummern der infrage kommenden Babysitter im Haushaltsplaner nach und zeigen Sie dem Babysitter am betreffenden Abend die Seite mit den Notfallnummern.

Trenner für Ihren Planer

Jeder Planer ist so einzigartig wie die Familie, die ihn benutzt. Die folgenden Rubriken aber bewähren sich immer wieder:

■ **Für Notfälle** Im ersten Teil des Planers sollte all das stehen, was man im Fall der Fälle braucht: Notrufnummern, die eigene Nummer und Adresse, damit auch Gäste Rettungskräften diese Angaben machen können (*siehe S. 240*), eine Checkliste und Kontaktnummern für den Babysitter, die Telefonnummern Ihrer Ärzte sowie eine Kurzanleitung für das Verhalten in Notfällen.

■ **Kalender** Ein Kalender mit den eingetragenen Terminen bildet das Herz des Haushaltsplaners. Kennzeichen Sie diese Abteilung durch ein farbiges Trennblatt. Sie sollte einen nach Monaten eingeteilten Kalender, ein ausfaltbares Blatt mit Ihrer Checkliste und Ihre verschiedenen Listen enthalten. Heften Sie hier auch Arbeitspläne, Stundenpläne und die Terminplaner Ihrer Kichengemeinde, Ihrer Vereine usw. ab.

■ **Telefon- und Adressbuch** Gewöhnlich ist die Abteilung mit den Telefonnummern die meistbenutzte des Familienplaners. Führen Sie hier die Telefonnummern des Kindergartens, der Schulen und der Freunde Ihrer Kinder, der Pizzadienste, der Vereine, Musik- und Nachhilfelehrer auf. Auch ein Adressenverzeichnis ist nützlich. Tragen Sie die Anschriften Ihrer Bekannten, der Freunde Ihrer Kinder und von Verwandten ein. Vergessen Sie auch nicht, Mailadressen, Geburts- und andere Jahrestage in Ihrem Bekannten- und Freundeskreis sowie in der Verwandtschaft zu notieren – und vorsichtshalber auch die Namen der jeweiligen Kinder und Partner.

Die persönliche Note

Passen Sie Ihren Familienplaner den individuellen Bedürfnissen Ihrer Familie an. Hier eine Reihe von Vorschlägen für weitere sinnvolle Rubriken:

Familie und Schule Die Familie ist das Wichtigste im Leben – und braucht eine eigene Rubrik. Diese Abteilung enthält alle Informationen über die Familienmitglieder und das Familienleben:
- Info-Seiten zu den einzelnen Familienmitgliedern
- Übersicht über Konfektionsgrößen
- Wichtige Termine (Geburtstage, Jahrestage)
- Liste mit Vorschlägen für Geschenke
- Ideen für Geburtstagsfeste
- Familienfreundliche Websites
- Liste der ausgeliehenen Videos und DVDs
- Listen gelesener oder noch zu lesender Bücher
- Infos zu den Büchereien am Ort

Familien mit Schulkindern sollten eine Abteilung für alles anlegen, was mit der Schule zu tun hat:
- Stunden- und Ferienpläne
- Menüzettel der Schulmahlzeiten
- Von den Eltern übernommene Aufgaben (Putzdienst, usw.)
- Merkblätter der Schule
- Angebote über Freizeiten u. ä.

Haushaltsführung Dieser Teil enthält alles, was mit Haus und Haushalt zusammenhängt. Hier gehören Infos und Listen hin, die mit Putzen, Unterhaltungsmedien, Inneneinrichtung und Vorräten zu tun haben:
- Putzplan
- Jahreszeitliche Checklisten
- Checklisten der Aufgaben der Kinder
- Haushaltsinventar
- Ideen für die Inneneinrichtung
- Party-Planer
- Inspektions- und Wartungsplan für das Auto
- Übersicht über Fleckentferner
- Recyclingmöglichkeiten
- Listen der angelegten Vorräte

Mahlzeiten und Menüs Der Küchenplaner hilft, Mahlzeiten zu planen, Menüs zu entwerfen und die Lagerung und den Verbrauch von Vorräten zu kontrollieren:
- Wöchentliche Menüpläne
- Einkaufslisten
- Preisübersichts-Formulare
- Inventarlisten für die Gefriertruhe
- Inventarlisten für die Speisekammer
- Rezepte
- Liste der noch nicht ausprobierten Rezepte

Geld und Finanzen Führen Sie über die Haushaltsfinanzen Buch, um Euros und Cents im Auge zu behalten:
- Budget und Ausgaben
- Zu zahlende Rechnungen
- Kontoauszüge und Bilanzen
- Kreditkartenverzeichnis
- Infos zum Onlinebanking
- Haushaltsinventar
- Informationen der Versicherungen
- Verzeichnis der Wertpapiere
- Wichtige Rufnummern
- Zeitungs- und Zeitschriftenabos
- Garantien
- Fahrzeugpapiere

Gesundheit und Fitness Der Familienplaner hilft auch, die Familie gesund zu erhalten. Müssen Sie wegen eines Notfalls schnell zur Ambulanz? Nehmen Sie den Familienplaner mit. Heften Sie hier Ihre Aufzeichnungen zu Krankheiten und Medikamenten der Kinder und alles andere ab, was mit gesund sein und gesund bleiben zu tun hat:
- Diätpläne
- Impfpässe
- Merkblatt zur ersten Hilfe
- Allergiepässe, Asthmapässe, Diabetikerpässe, usw.
- Notfallnummern
- Untersuchungshefte der Kinder
- Liste der verschriebenen Medikamente
- Informationen der Versicherungen
- Impfpässe der Haustiere

Reisen, Hobbys, Sport In dieser Abteilung kommt alles unter, was mit Freizeit, Spiel und Spaß zu tun hat. Hier werden Informationen zu Volkshochschulkursen, Malkursen, Sportmöglichkeiten, ehrenamtlichen Tätigkeiten und möglichen Urlaubszielen gesammelt, evtl. nach Sachgebieten unterteilt. Singen Sie im Chor? Schenken Sie ihm eine eigene Unterabteilung.

Was hier herein gehört? Jedes Stück Papier, das mit Freizeitaktivitäten zu tun hat, wie etwa Listen von Campingplätzen oder Merkblätter der Pfadfinder, sowie:
- Picknick-Planer
- Checkliste für das Kofferpacken
- Checkliste »Vor der Abreise«
- Checkliste fürs Camping
- Eine Liste mit Ideen für Ausflüge
- Merkblatt für den Haus-Sitter
- Gemeindebriefe
- Übersicht über die Gottesdienste in Ihrer Kirche
- Merkblätter der Jugendgruppen
- Inventarliste von Hobby-Werkzeug
- Liste der Schnittmuster
- Leselisten
- Liste von Videos, die Sie unbedingt sehen wollen

Feiertage und Jahreskreis Feiertage sind Zeiten der Ruhe, der Besinnung – und des Familientrubels. Checklisten und Planer helfen, die Vorbereitungen zu rationalisieren, nichts Wichtiges zu vergessen, rechtzeitig einzukaufen und vorzubereiten und so die schönen freien Tage unbeschwert zu genießen. Notieren Sie sich alle wichtigen Tage im Jahr und organisieren Sie das Schenken und Schmücken.
- Geburtstagskalender
- Planer für Geburtstagspartys
- Liste von Geschenkideen
- Verzeichnis der Grußkarten
- Menüplaner für die Feiertage
- Inventar der Feiertagsdekorationen
- Liste der noch zu bastelnden oder zu kaufenden Feiertagsdekorationen
- »Wer-bekommt-wann-was?«-Übersicht
- Verzeichnis der auf Vorrat gekauften und an einem »heimlichen« Ort aufbewahrten Geschenke

Auf einen Blick: Der Familienkalender

Wie hält man sich am besten über die vielen Termine der Familienmitglieder auf dem Laufenden? Mit einem Familienkalender. Besorgen Sie sich einen großen Bastelkalender und tragen Sie mit bunten Filzstiften die verschiedenen Verabredungen, Termine, Musik-, Ballett- und Nachhilfestunden, Sportkurse, Elternabende, Elternputznachmittage im Kindergarten usw. ein. Benutzen Sie für jedes Familienmitglied eine eigene Farbe.

Dieser Überblick über die Verpflichtungen hilft, das Geschehen im Haushalt besser zu planen. Die Woche der Fußball-Auswahlspiele Ihrer Söhne eignet sich nicht für große gemeinsame Aufräumaktionen. Und wenn Sie auf einen Blick sehen, dass der Nachmittag oder Abend schon verplant ist, wissen Sie, dass sie keine weiteren Verpflichtungen eingehen können.

Gründen Sie ein Informationszentrum
Der geeignetste Platz für den Familienkalender wäre ein Informationszentrum, z. B. eine Pinnwand, an der auch Aufgaben- und Checklisten sowie Zettel mit Notizen von Telefongesprächen hängen.

Da im Informationszentrum viele Informationen verarbeitet und umgesetzt werden, sollte es sich in der Nähe des Telefons befinden und über eine Sitzgelegenheit verfügen.

Der Familienplaner, ein Becher mit bunten Stiften und ein Notizblock sollten in Reichweite sein.

Legen Sie sich außerdem eine abwischbare Tafel zu, auf der die Nummern von Anrufern notiert werden können, die auf Rückruf warten. Verwenden Sie auch hier für jedes Familienmitglied eine eigene Farbe.

Kreisläufe im Haushalt

Essen planen, kaufen, lagern

Was kommt dem Rhythmus des Lebens näher, als der Kreislauf des Essens? Das Essen und seine Zubereitung stehen im Mittelpunkt unserer Erinnerungen: das Essen im Urlaub und an Festtagen, fröhliche Picknicks und alltägliche Mahlzeiten mit der Familie. Die Ideen in diesem Abschnitt sollen helfen, Küchenarbeit zu vereinfachen, die Kosten zu reduzieren und die Mahlzeiten der Familie zu noch schöneren Erinnerungen werden zu lassen.

Beschäftigen Sie sich mit Menüs und der Planung von Mahlzeiten, um Zeit zu sparen und die Familie gesund zu ernähren, ohne dabei viel Geld auszugeben. Lernen Sie mehr über Lagerung, um den unnötigen Verderb von Lebensmitteln zu verhindern.

Entrümpeln Sie Schränke, Kühlschrank und Gefriertruhe und schaffen Sie auch in der Küche Zentren, damit das Kochen, Aufräumen und das Abwaschen schnell von der Hand gehen.

Bestücken Sie die Speisekammer so, dass Sie beim Einkaufen sparen und Ihre Familie immer wichtige Vorräte im Haus hat.

Menüs für **die Familie planen**

»Was gibt es denn heute zu essen?«, lautet eine der am häufigsten gestellten Fragen in Familien. Nur allzu oft suchen wir die Antwort darauf im Supermarkt. Unter Zeitdruck laufen wir die Gänge auf und ab, weil wir nicht wissen, was wir kochen sollen, in der Hoffnung, dass uns die Lebensmittel in den Regalen inspirieren.

Eine Familie zu ernähren ist ganz schön anstrengend. Drei Mahlzeiten am Tag, sieben Mittag- und Abendessen in der Woche. Der Marathon vom Supermarkt über Speisekammer und Kühlschrank zum Tisch kann nervenaufreibend sein. Dennoch stecken wir den Kopf in den Sand, anstatt uns einer einfachen Tatsache zu stellen: Jeden Tag brauchen wir mindestens eine warme Mahlzeit. Wie können wir diesem Problem begegnen? Mit einem Menüplan.

Menüplanung spart Geld, weil sie unüberlegten Supermarkteinkäufen vorbeugt. Menüplanung spart auch Zeit, weil Sie nicht mehr aus dem Haus stürzen müssen, um eine fehlende Zutat zu besorgen.
Vor allem aber erhält eine Menüplanung die wertvollste Ressource des Haushaltsmanagers: seine Energie. Setzen Sie die folgenden Strategien ein, um die Macht des Menüs und der Menüplanung für Ihre Zwecke einzusetzen.

Wagen Sie es!

Anstatt die Menüplanung als etwas anzusehen, das unsere Lebensqualität erhöht, schrecken wir davor zurück, uns das Mittagessen vom nächsten Donnerstag zu überlegen.

Das ist falsch! Die Planung der Mahlzeiten ist der erste Schritt im Kampf gegen das Chaos in der Küche. Es ist besser, die Menüplanung einmal in der Woche in zehn Minuten zu erledigen, als sich Tag für Tag im Supermarkt oder vor der offenen Gefriertruhe ratlos die Haare zu raufen.

Legen Sie den folgenden Eid ab: »Ich (Ihr Name) gelobe, den Supermarkt erst wieder zu betreten, wenn ich einen Menüplan gemacht habe!«

Tag	Hauptgang	Dessert
Montag	Rindereintopf, Ofenkartoffeln, Broccoli	Obst
Dienstag	Hähnchenfilets, Reis, Gemüsepfanne	Apfelstrudel m. Eis
Mittwoch	Sandwiches mit Bratenresten v. Kartoffelsalat	Restl. Apfelstrudel
Donnerstag	Nudeln mit Hähnchen v. Gemüse	Eis mit roter Grütze
Freitag	Lasagne (tiefgefr.), Grüner Salat	Obstsalat
Samstag	(Essen beim Chinesen)	
Sonntag	Gebackener Lachs, Reis, grüne Bohnen	Kuchen

▲ **Auf Papier geplant** Das Wochenmenü aufzuschreiben kostet wenig Zeit und spart viel Zeit und Nerven. Wenn das Menü aushängt, muss niemand mehr fragen, was es zu essen gibt.

Fangen Sie klein an

Der Wunsch, jede Woche neue Rezepte auszuprobieren und komplizierte monatliche Pläne zu entwerfen, kann das Vorhaben nur zum Scheitern bringen. Ja, es macht wirklich Spaß, die Rezeptsammlung zu organisieren oder sie gar in den Computer einzugeben, doch widerstehen Sie dieser Versuchung fürs Erste.

»Legen Sie einen Eid ab: Ich verspreche, nur noch mit Menüplan einzukaufen.«

Denken Sie stattdessen lieber nur an die kommende Woche. Sieben kleine Mittagessen, ein Einkauf im Supermarkt. Lassen Sie sich Zeit, lernen Sie zu planen, und Sie werden die Früchte genießen. Allzu ausgeklügelt dürfen die Pläne allerdings nicht sein, denn das würde Sie als Anfänger nur überfordern.

Werbung als Inspirationsquelle

Die Werbezettel der Supermärkte in Ihrer Nachbarschaft sind wertvolle Helfer bei der Menüplanung. Versuchen Sie, Ihre Planung an dem Tag zu machen, an dem Ihnen die Werbung ins Haus flattert. Finden Sie heraus, was es in dieser Woche günstig zu kaufen gibt und berücksichtigen Sie das bei der Zusammenstellung der Mahlzeiten.

Diese Woche boten in der Stadt, in der ich lebe, zwei Supermärkte ganze Hühnchen zu einem sehr niedrigen Preis an. Also erklärte ich die laufende zur Hühnchenwoche. Schweinekoteletts und Rindersteaks werden wir dann essen, wenn sie günstig zu haben sind.

Tipps für die Menüplanung

Hier einige Anregungen, die Ihnen helfen werden, die Frage »Was essen wir morgen?« mit einem Lächeln zu beantworten.

Der Familieneinkaufszettel Vielleicht denken Sie und andere Mitglieder Ihrer Familie, dass Einkaufszettel nur etwas für vergessliche alte Leute sind. Es kann aber auch sein, dass Sie selbst Einkaufszettel für sinnvoll halten, schon etliche Blöcke gekauft haben, deren Blätter als Einkaufszettel dienen

---

Basics der Menüplanung

Heute kommt die Supermarktwerbung

Sind Sie bereit? Es wird Zeit, einen einfachen Menüplan zusammenzustellen. Sein Zweck besteht darin, Ihnen eine Übersicht darüber zu geben, was Sie für sieben Mahlzeiten einkaufen müssen und Ihnen zu helfen, Zeit und Geld zu sparen. In groben Zügen besteht die Menüplanung darin, einen Essensplan zu entwerfen und mit einem Einkaufszettel dafür einkaufen zu gehen.

- **Sehen Sie die Werbung durch,** um die günstigen Angebote zu entdecken. Schreiben Sie auf ein leeres Blatt Papier oder auf den Vordruck »Menüplan« (*siehe S. 246–247*) sieben Gerichte, die Sie aus den Zutaten im Angebot zaubern können.
- **Schauen Sie in der Speisekammer** und im Kühlschrank nach, ob vom Einkauf der letzten Woche noch etwas übrig ist, was Sie in dieser Woche verwerten können. Am billigsten ist immer noch das, was man bereits gekauft hat, vorausgesetzt, man verwendet es auch.
- **Auf die Plätze, fertig, einkaufen** Aber bleiben Sie flexibel. Verglichen mit einer großen Packung Hähnchenschenkel zu einem regulär niedrigen Preis ist das ganze Hähnchen aus dem Angebot vielleicht doch gar nicht mehr so günstig.
- **Nach dem Einkaufen** kommt das Einräumen. Dabei können Sie Ihren Menüplan noch einmal durchsehen und mit den Verpflichtungen der Familienmitglieder in Einklang bringen. Die Pizza gibt es an dem Abend, an dem alle noch etwas vorhaben.
- **Hängen Sie den Menüplan** an die Kühlschranktür. Dann wissen Sie, was Sie kochen müssen und Ihre Familie weiß, was es gibt.

könnten, aber immer vergessen haben, auch tatsächlich einmal so ein Blatt auszufüllen. Oder Sie haben es ausgefüllt, aber zu Hause auf dem Küchentisch liegen lassen.

Möglicherweise schreiben Sie auch regelmäßig einen Einkaufszettel, den Sie stets beim Einkaufen dabei haben, warten jedoch seit langem vergeblich darauf, dass Ihre Lieben auf diesem Zettel ebenfalls ihre Wünsche eintragen.

Anstatt weiterhin zu warten, sollten Sie eine Einkaufsliste schreiben, auf der Sie all das eintragen, was Ihre Familie regelmäßig verbraucht (*siehe »Einkaufsliste« auf S. 244*). Sehen Sie auch Ihre Rezepte durch und die Kassenbons der letzten Wochen. Lassen Sie unten auf der Liste Platz für neue Produkte und Zutaten.

Schreiben Sie die Artikel in der Reihenfolge auf, in der Sie bei Ihrem Routinegang durch den Supermarkt an Ihnen vorbeikommen. Kopieren Sie diese Familieneinkaufsliste 52-mal und Sie haben lückenlose Einkaufszettel für das ganze Jahr.

Befestigen Sie jede Woche einen neuen Einkaufszettel an der Kühlschranktür oder heften Sie ihn im Informationszentrum (*siehe S. 87*) ab. Wenn der Orangensaft ausgeht, kreuzen Sie ihn auf der Liste an. Kinder lernen schnell, dass ihr Lieblingsmüsli nur dann nachgekauft wird, wenn sie es auf der Liste angekreuzt haben. Vergessen sie es, dann gibt es in der Woche eben nur Cornflakes oder Haferflocken.

Am Einkaufstag nehmen Sie die Liste mit und sehen auf einen Blick, was Sie brauchen.

Das Aufsetzen der Familieneinkaufsliste ist abgesehen vom praktischen Nutzen auch interessant und verrät einem viel über sich selbst und die Familie. Als unsere Kinder noch Teenager waren und bei uns wohnten, waren die wichtigsten Posten auf der Liste Frühstücksflocken, Milch, Kekse und ein süßes, wahrscheinlich ziemlich ungesundes Milchmischgetränk. Heute, wo wir zu zweit sind und ein bisschen auf die Figur achten müssen, sind Broccoli und Lachs die Dauerbrenner.

Die Vorteile der Routine Doch, es gibt auch gut organisierte Haushalte, in denen keine Menüpläne aushängen. Bei genauerer Beobachtung aber zeigt sich, dass stattdessen eine andere Strategie zum Einsatz kommt: die Menüroutine.

Am Sonntag essen diese Leute stets Braten und am Dienstag die Reste. Montag ist Salattag, mittwochs gibt es Spaghetti, am Donnerstag einen Eintopf und am Freitag wird gegrillt. Am Samstag holen sie Pizza oder gehen nach dem Einkaufen gemeinsam zum Chinesen.

Machen auch Sie die Routine zu Ihrem Verbündeten. Probieren Sie ruhig hin und wieder neue Rezepte aus, aber nicht öfter als zweimal im Monat. Die Zubereitung bewährter Gerichte verkürzt die Arbeitszeit in der Küche beträchtlich.

Berücksichtigen Sie bei der Menüplanung, was Sie vorhaben. An Tagen, an denen Sie kürzer arbeiten, kann die Zubereitung etwas aufwändiger sein, doch wenn Sie montags regelmäßig Ihr Kind und seine Freunde vom Schwimmkurs abholen, wäre eine Fertigpizza keine schlechte Idee.

Lieber flexibel Menüpläne sind nicht in Stein gemeißelt. Sind Sie an dem Tag, an dem Sie eigentlich etwas richtig Tolles kochen wollten, zu müde, oder ist etwas Unvorhergesehenes geschehen? Verlegen Sie den Pizzatag vor, machen Sie sich eine Tasse Kräutertee und gehen Sie früh ins Bett. Die Familie wird Ihnen verzeihen, denn das versprochene Lieblingsessen ist nur aufgeschoben. Mehr Flexibilität schenkt Ihnen auch das Überraschungsessen, das es sinnigerweise am Vortag des Einkaufstages geben sollte. Plündern Sie dafür die Vorratskammer oder schnipseln Sie das, was noch im Kühlschrank ist, klein und zaubern Sie aus dem, was Sie finden konnten, eine leckere Nudelpfanne oder einen bunten Salat. Beides hilft Ihnen, viel Zeit und Energie zu sparen.

Machen Sie es sich zur Gewohnheit Ein Menüplan kann Ihnen nur dann die Arbeit erleichtern, wenn Sie ihn tatsächlich auch schreiben. Gewöhnen Sie sich einfach an, vor dem Einkaufen zu planen.

Recycling Wenn Sie ein paar Wochen lang Menüpläne geschrieben haben, werden Sie eines Tages feststellen, dass Sie sie gar nicht mehr brauchen. Ihrer Familie wird es nichts ausmachen und Sie werden sehen, dass Sie jetzt sogar noch mehr Zeit und Energie sparen. Denn anstatt immer wieder neue Pläne zu entwerfen, können Sie auf die alten, im Haushaltsplaner abgehefteten zurückgreifen. Ihr Supermarkt hat wieder Hähnchen im Angebot? Schnappen Sie sich einfach den entsprechenden Wochen-Menüplan.

Frostige Tipps und Tricks

Niemand in Ihrer Familie mag Fertigmahlzeiten, doch andererseits haben Sie auch nicht die Zeit, jeden Tag zu kochen? Die Lösung: Kochen Sie für die Gefriertruhe. Diese Methode besteht darin, einmal eine größere Menge zu kochen und die überzähligen Portionen einzufrieren.

Das Prinzip ist einfach, doch die Methode birgt gewisse Risiken. Denn es genügt nicht, einfach ganz viel Tomatensoße zu kochen, sie in Gefrierdosen zu füllen und diese in den Tiefen der Gefriertruhe verschwinden zu lassen, weil es dann passieren kann, dass Sie diese Soße nie wiedersehen. Erst Monate später, beim Ausräumen der Truhe, taucht sie zwischen unzähligen anderen Resten in Gefrierbeuteln und Gefrierdosen wieder auf. Ohne Etiketten, Planung und eine Übersicht über das Gefriergut ist das Kochen für die Gefriertruhe leider vergebens. Mit den folgenden Tipps perfektionieren Sie Ihre Fähigkeit als Gefriertruhenköchin oder -koch und vermeiden Verluste und böse Überraschungen.

- **Planen Sie mehrfach** Sind diese Woche Rinderhack oder Hähnchenschenkel im Angebot? Kaufen Sie sie, um für die Gefriertruhe zu kochen – aber nach Plan. Wenn ein Kilo Rindfleisch bei Ihnen für vier Mahlzeiten reicht, dann sollten Sie auch genau diese Menge kaufen und nicht »noch etwas mehr«. Nur allzu oft führt der Vorsatz, den Überschuss einzufrieren dazu, dass Lebensmittel vergeudet werden.
- **Erst einfrieren, dann essen** Angenommen, Ihre hungrige Familie sitzt vor einer großen Pfanne mit Sauce Bolognese. Schneller, als Sie denken können, hat einer Ihrer Söhne die Pfanne geleert und Ihrer Menüplanung dadurch einen schweren Schlag versetzt. Um derartige Unfälle zu vermeiden, sollten Sie die überzähligen Portionen einfrieren, bevor Sie das Essen servieren. So sorgen Sie dafür, dass die Portionen gleich groß sind und Ihre Planung stimmt.
- **Vor dem Kochen einfrieren** Ein zweimal aufgewärmter Auflauf schmeckt nicht mehr. Erfahrene Gefriertruhenköche schichten ihre Lasagne in drei Formen und frieren zwei ein, während die dritte für die Hauptmahlzeit des Tages ins Rohr kommt.
- **Gut verpackt** Die Verwendung von ungeeigneten Behältern ist ein typischer Anfängerfehler, denn sie schützen Ihre Gerichte weder vor Gefrierbrand noch vor anderen Schäden. Investieren Sie in verschieden große Gefrierdosen. Gibt es heute Rinderrouladen? Lassen Sie die restlichen Rinderrouladen abkühlen und legen Sie sie portionsweise mit etwas Sauce in die entsprechenden Gefrierdosen. Die Dosen gut verschließen und in die Gefriertruhe stellen. Vergessen Sie das Etikett nicht! Wenn sie auf den Tisch kommen sollen, herausnehmen und die Rouladen bei mittlerer Hitze in einem großen Topf langsam erwärmen. Das war's!
- **Etiketten nicht vergessen** Erfahrene Gefriertruhenköche legen sich, noch bevor sie zu kochen beginnen, Etiketten bereit. Schreiben Sie auf das Etikett, wie das Gericht heißt, wie es aufgewärmt werden soll, wann es gekocht oder zubereitet wurde und wann es spätestens zu verbrauchen ist.
- **Kontrolle behalten** Nur allzu leicht vergisst man, was man alles in die Gefriertruhe gepackt hat. Hier schafft eine abwischbare Tafel Abhilfe. Haben Sie soeben Makkaroniauflauf für drei Mahlzeiten eingefroren? Tragen Sie das auf der Tafel ein. Hat ein Verwandtenbesuch am Wochenende Ihre Bestände schrumpfen lassen? Wischen Sie jedes Gericht aus, das Sie herausnehmen. Sie können die Tafel an der Gefriertruhe befestigen oder auch die Gefrierinventar-Liste von S. 245 kopieren und neben der Gefriertruhe aufhängen. Am besten sorgen Sie auch in der Gefriertruhe für Ordnung. Fleischgerichte zu Fleisch, Gemüsegerichte zu Gemüse, Fertigpizzen zu anderen Fertiggerichten usw.

Heiße Tipps für
cooles Einkaufen

Die Miete bleibt von Monat zu Monat gleich und ebenso die Kosten für Strom, Gas und Heizöl: Sie alle sind keinen großen Schwankungen ausgesetzt und steigen höchstens im Laufe der Zeit. Beim Einkauf von Lebensmitteln kann eine Familie noch am ehesten sparen – nicht nur Geld, sondern auch Zeit und Energie. Hier einige Tipps:

1 Nie hungrig einkaufen gehen
Wer mit leerem Magen aufbricht, neigt eher zu Spontankäufen.

2 Seltener einkaufen, mehr sparen
Wer nur mal kurz Milch holen wollte, kommt meist mit vollen Einkaufstaschen nach Hause. Richten Sie es so ein, dass Sie seltener einkaufen.

3 Vorräte prüfen
Berücksichtigen Sie bei der Erstellung der Menüpläne Ihre Vorräte im Kühlschrank, in der Gefriertruhe und in der Speisekammer.

4 Machen Sie eine Liste
und halten Sie sich dran. So vermeiden Sie, unnötig Geld auszugeben.

5 Happyhour-Shopping
Ab Samstagmittag und kurz vor Feiertagen wie Weihnachten und Ostern gibt es in den vielen Supermärkten oft Ware zu herabgesetzten Preisen. Durch kluge Zeitplanung können Sie viel sparen.

◀ **Bewusstes Einkaufen** macht den Gang durch die Regale zu einem aufregenden Abenteuer. Gehen Sie aber unbedingt alleine einkaufen. Kinder überreden gerne zu nicht geplanten Käufen.

Geld sparen mit dem Preisbuch

6 Gehen Sie in mehrere Geschäfte
Wer einen »Lieblingsladen« hat, zahlt unterm Strich meist drauf. Sehen Sie sich die Werbung der Supermärkte an und besorgen Sie das, was Sie benötigen, in zwei oder drei Geschäften.

7 Schluss mit dem Marken-Kult
Die No-Name-Produkte und Hausmarken der Supermärkte sind oft günstiger als Markenware.

8 Rechnen Sie nach Maßeinheiten
Eine große Packung bedeutet nicht immer große Ersparnis. Achten Sie immer auf den Kilopreis, den Literpreis usw. Er muss ausgewiesen sein.

9 Richten Sie sich nach der Jahreszeit
Zitrusfrüchte im Winter und Erdbeeren im Sommer sind billiger, als wenn Sie dieses und anderes Obst oder Gemüse außerhalb seiner Saison kaufen.

10 Kaufen Sie in großen Mengen,
aber nur, wenn dadurch der Einzelpreis/Kilopreis niedriger ist und wenn Sie und Ihre Familie die Ware auch tatsächlich aufbrauchen können.

11 Jagen Sie Lockvögel
Sonderangebote sind dazu da, um Kunden anzulocken. Nehmen Sie den Köder mit, aber lassen Sie die teureren Artikel liegen.

12 Frisch ist besser
Frische Zutaten kosten weniger als bereits zubereitete oder als Fertigmenüs und enthalten keine Zusatzstoffe.

13 Gut ausgerüstet
Rüsten Sie Ihren Kofferraum für Großeinkäufe aus: Stellen Sie eine Kühltasche für Tiefkühlkost und Milchprodukte hinein sowie flache Container, in denen Ihre Einkaufstüten aufrecht stehen bleiben.

Selbst im Supermarkt ist Wissen Macht – aber wie verschafft man sich am besten dieses Wissen bzw. den Überblick über Preise?

Mit einem Preisbuch. Ein Preisbuch hält Preise und Angebote fest. Mit der Zeit werden Sie den »optimalen Preis« jedes Artikels herausfinden: Den niedrigsten Preis, zu dem ein Produkt in der von Ihnen gewünschten Qualität angeboten wird.

Zweitens macht das Preisbuch auch die Verkaufszyklen jedes Produkts sichtbar: Jedes Produkt ist eine gewisse Zeitlang im Angebot, anschließend wird es zu dem »normalen«, hohen Preis verkauft, nach einer bestimmten Anzahl von Tagen zählt es wieder zu den Sonderangeboten.

Verwenden Sie als Preisbuch ein kleines Notizbuch, das Sie nach dem Aufräumen Ihrer Einkäufe führen. Weisen Sie jedem der Artikel, die Sie regelmäßig kaufen, eine Seite zu. Tragen Sie auf dieser Seite in Spalten das Datum, das Geschäft, evtl. die Marke, den Packungs- und den Kilopreis ein.

Produkt: TOMATENSOSSE

Datum	Geschäft	Packungspreis	Kilopreis

Tipp: Tragen Sie den Preis auf dem Kassenbon ein. Die Preisschilder an den Regalen müssen den Kilopreis, Literpreis usw. aufweisen.

FRISCHE LEBENSMITTEL LAGERN

Produkt	Haltbarkeit	Temperatur	Lagerungstipps
MILCHPRODUKTE			
Eier		Kühlschrank (bei 4 °C)	Bewahren Sie die Eier in ihrem Karton auf. Werfen Sie zerbrochene Eier oder solche mit angeknackster Schale gleich weg.
roh	3–5 Wochen		
hart gekocht	1 Woche		
Milch	7 Tage	Kühlschrank (bei 4 °C)	Kaufen Sie Milch und Milchprodukte stets am Ende Ihrer Einkaufstour, damit sie kalt und frisch bleiben.
Butter	1–3 Monate	Kühlschrank (bei 4 °C)	Butter nimmt leicht die Gerüche anderer Lebensmittel an. Bewahren Sie sie originalverpackt oder in einer Butterdose auf.
Joghurt	7–14 Tage	Kühlschrank (bei 4 °C)	Lassen Sie Jogurt immer in der Originalverpackung.
Sauerrahm	7–21 Tage	Kühlschrank (bei 4 °C)	Verbrauchen Sie Sauerrahm nach dem Öffnen innerhalb von 1 Woche.
Käse		Kühlschrank (bei 4 °C)	Lassen Sie den Käse in der Originalverpackung oder wickeln Sie ihn in beschichtetes Papier ein, damit er sein Aroma bewahrt.
Hartkäse (Gouda, usw.)	6 Monate ungeöffnet		
Weichkäse (Brie)	1 Woche geöffnet		
Geriebener Käse	1 Woche		
Hüttenkäse, Quark, Ricotta	7–14 Tage	Kühlschrank (bei 4 °C)	Bewahren Sie Hüttenkäse, Quark und Ricotta im gut verschlossenen Originalbehälter auf, damit das Produkt frisch bleibt. Gießen Sie überflüssige Flüssigkeit ab.
FLEISCH, GEFLÜGEL UND FISCH			
Rindfleisch		Kühlschrank (bei 4 °C)	Lagern Sie Fleisch im kältesten Kühlschrankbereich. Rohes Fleisch wird in seiner Vakuumverpackung oder in dicht verschlossenen Gefrierbeuteln gelagert.
gehackt	1–2 Tage		
Keule	3–5 Tage		
Steaks	3–5 Tage		
gekocht (Reste)	3–4 Tage		
Soßen und Fonds	1–2 Tage		
Geflügel		Kühlschrank (bei 4 °C)	Auftauflüssigkeit und Blut enthalten Keime. Lagern Sie Geflügel in verschweißter Verpackung im untersten Kühlschrankbereich.
Ganzes Huhn oder Pute	1–2 Tage		
Teile (Schenkel, Filets)	1–2 Tage		
Innereien	1–2 Tage		
Fisch		Kühlschrank (bei 4 °C)	Damit der Geruch nicht auf andere Produkt übergeht, sollten Sie Fisch in verschweißter Verpackung getrennt von anderen Lebensmitteln aufbewahren.
magerer Fisch (Scholle)	1–2 Tage		
fetter Fisch (Lachs, Heilbutt)	1–2 Tage		
gekochter Fisch	3–4 Tage		
Krustentiere		Kühlschrank (bei 4 °C)	Waschen Sie sich die Hände gründlich mit Wasser und Seife, wenn Sie rohe Krustentiere angefasst haben.
Garnelen, Jakobs-, Venus-, Miesmuscheln mit Schale	1–2 Tage		
Lebende Muscheln, Hummer	2–3 Tage		
gekochte Muscheln	3–4 Tage		

Produkt	Haltbarkeit	Temperatur	Lagerungstipps
OBST UND GEMÜSE			
Obst (kalte Lagerung):		Kühlschrank (bei 4 °C)	Verschließen Sie Fruchtsäfte gut. Wickeln Sie Melonen in Frischhaltefolie, damit andere Produkte nicht den Geruch oder Geschmack annehmen.
Äpfel	1–3 Wochen		
Beerenobst und Kirschen	1–2 Tage		
Zitrusfrüchte (Orangen, Zitronen usw.)	3 Wochen		
Weintrauben	5 Tage		
Fruchtsäfte	6 Tage		
Melonen (Honig-, Netz-)	1 Woche		
Obst (Raumtemperatur)		Raumtemperatur	Lassen Sie Aprikosen, Pfirsiche und Birnen bei Raumtemperatur reifen; lagern Sie die reifen Früchte im Kühlschrank.
Avocados	3–5 Tage		
Bananen	3–5 Tage		
Pfirsiche, Birnen, und Aprikosen	3–5 Tage		
Gemüse (kalte Lagerung):		Kühlschrank (bei 4 °C)	Lagern Sie Spargel aufrecht in einem Plastikbehälter, in dem 2,5–5cm Wasser steht. Waschen Sie ganze oder geschnittene Kopfsalatblätter und bewahren Sie sie in Vorratsdosen aus Kunststoff auf. Ein dazu gelegtes Blatt Küchenpapier saugt überschüssige Feuchtigkeit auf und hält den Salat knackig frisch.
Spargel	1–2 Tage		
Bohnen (grüne, Wachs-)	1–2 Tage		
Möhren und Rote Bete	1–2 Wochen		
Sellerie	1–2 Wochen		
Kopfsalat (ganz)	3–5 Tage		
Kopfsalat (Blätter)	1–2 Tage		
Pilze	1–2 Tage		
Spinat	5–7 Tage		
Maiskolben	1–2 Tage		
Gemüse (kühle Lagerung)		Kühle Lagerung (bei 7–10 °C)	Da Zwiebeln trocken gelagert werden sollten, bewahren Sie sie besser getrennt von den Kartoffeln auf, die Feuchtigkeit verdunsten. Stecken Sie weder Zwiebeln noch Kartoffeln in Plastiktüten. Bessere Luftzirkulation erhöht die Lagerfähigkeit.
Zwiebeln	Bis zu 4 Wochen		
Kartoffeln	2–3 Monate		
Süßkartoffeln, Yams	2–3 Wochen		
Gemüse (Raumtemperatur)			Lassen Sie Tomaten bei Raumtemperatur und ohne direkte Sonneneinstrahlung nachreifen.
Tomaten	1–3 Tage		
BROT UND GETREIDE			
Brot		Raumtemperatur	Lassen Sie geschnittenes Brot in der Originalverpackung oder lagern Sie es in Gefrierbeuteln. Im Kühlschrank aufbewahrt, hält Brot länger, verliert dabei aber an Geschmack und wird rascher trocken.
in Scheiben Weißbrot	5–7 Tage		
oder Baguette	1 Tag		
Grau- oder Vollkornbrot	2–3 Tage		
Getreide		Raumtemperatur	Füllen Sie Getreideflocken nach dem Öffnen der Packung in luftdichte Vorratsdosen um. Die gleichen luftdichten Dosen schützen Haferflocken vor Feuchtigkeit und Insekten.
Getreideflocken, geöffnet	Bis zu 2 Monate		
Getreideflocken, ungeöffnet	Bis zu 18 Monate		
Haferflocken	Bis zu 3 Monate		

Den Tisch decken

Ein schön gedecker Tisch ist ein Fest für die Augen, und die heitere Stimmung, die sein Anblick auslöst, lässt alles noch mal so gut schmecken. Verschönern Sie Ihre täglichen Mahlzeiten durch buntes Geschirr sowie passende Tischsets und farbige, umweltfreundliche Stoffservietten.

■ **Lieber schlicht** Für die meisten Mahlzeiten genügt ein Gedeck aus Messer, Gabel und Löffel, einem flachen Teller und einem Glas.

■ **Decken Sie früh** Decken Sie den Tisch für die nächste Mahlzeit gleich, nachdem Sie ihn nach der letzten abgeräumt haben, mit frisch gespültem Geschirr aus der Spülmaschine. Auf diese Weise ersparen Sie sich einen Teil des Geschirreinräumens.

■ **Delegieren Sie** Auch Kleinkinder können den Tisch decken – zwar nur mit Löffeln und Servietten, doch eignet sich diese Art des Tischdeckens gut als erste kleine »Arbeit im Haushalt«.

Küche ohne **Chaos**

Fällt Ihnen jedes Mal, wenn Sie den Küchenschrank öffnen, alles entgegen? Dann ist es Zeit, dem Chaos in Ihrer Küche den Kampf anzusagen!

Bevor Sie richtig loslegen, sollten Sie die Arbeitsflächen abwischen, die Spülmaschine ausräumen und die Küche so putzen wie gewohnt. Füllen Sie dann die Spüle oder eine Schüssel mit heißem Seifenwasser. Nehmen Sie sich jetzt einen Bereich nach dem anderen vor.

Immer diese Entscheidungen!
Anstatt bei jedem Stück darüber nachzugrübeln, ob Sie es behalten, verkaufen oder verschenken sollten, fragen Sie sich lieber: »Wann habe ich das Stück zuletzt benutzt?«

- **»Niemals«** Raus aus der Küche und in den Müll damit, oder in den Karton mit den Sachen für den Flohmarkt. Vielleicht können Sie damit jemandem aus der Familie oder dem Bekanntenkreis noch eine Freude machen.
- **»Im letzten Jahr«** Auch das können Sie hinausbefördern, es sei denn, es gehört zu den Dingen, die man nur zu einer bestimmten Zeit im Jahr benutzt, wie z. B. Einweckgläser oder Ausstecher für Weihnachtsplätzchen. In diesem Fall sollten Sie es in der Kiste aufbewahren, in der auch andere Weihnachtssachen bzw. Dinge sind, die Sie nur im Sommer verwenden, wie etwa den Kirschenentsteiner.
- **»Letzten Monat«** Das können Sie guten Gewissens behalten. Die Entscheidung, wo Sie diesen Gegenstand aufbewahren, fällen Sie beim Organisieren der Küche.
- **»Gestern«** Dann zählt es zu den Dingen, die das Rückgrat der gut organisierten Küche bilden. Reinigen Sie es gegebenenfalls und legen Sie es dorthin zurück, wo es war. Es wird zu den Stars Ihrer Küche zählen.

Nie mehr Chaos in der Küche

Kleben Sie auf drei Anti-Chaos-Kartons die Etiketten »aufräumen«, »verkaufen/verschenken« und »aufbewahren«. Beschriften Sie einen vierten Karton mit »aufräumen (Küche)«. In diesen Karton kommt alles, was innerhalb der Küche einen neuen Platz erhält. Legen Sie Müllbeutel bereit und stellen Sie den Küchenwecker auf 20 Minuten ein. Bereit?

1 Sortieren
Dieser Schritt ist ein Kraftakt, der laufend Entscheidungen notwendig macht. Ist dieses Stück hier Müll? Ab damit in den Sack! Gehört es in einen anderen Bereich der Küche oder in einen anderen Raum? Sollte man es verkaufen oder verschenken? Verwendet man es nur in einer bestimmten Jahreszeit? Legen Sie es jeweils in den entsprechenden Karton und machen Sie so weiter bis der Wecker klingelt.

2 Wegwerfen
Nun wird es für den Müll Zeit, die Küche endgültig zu verlassen. Weinen Sie ihm nicht nach und holen Sie ihn vor allem nicht wieder zurück.

3 Organisieren
Nehmen Sie den frei gewordenen Raum in Besitz, indem Sie ihn reinigen. Legen Sie, falls nötig, Schrankfächer mit Papier aus. Betrachten Sie die Stücke, die Sie behalten möchten und reinigen Sie sie gegebenenfalls im Seifenwasser.

4 Aufräumen
Bringen Sie den Inhalt der beiden Aufräum-Kartons dorthin, wo er hingehört. Tragen Sie die Kartons »Aufbewahren« und »Verschenken/Verkaufen« in den Keller oder auf den Speicher. Fertig!

Vor dem Aufräumen ▲

Nach dem Aufräumen ▲

Die goldenen Regeln
der Küchenorganisation

Das Grundprinzip für das Organisieren der Küche lautet: Was oft gebraucht wird, sollte rasch zur Hand sein. Weniger häufig benutzte Gegenstände können ruhig an Stellen stehen, die durch leichtes Bücken oder Strecken zu erreichen sind, während das, was man nur einmal im Jahr hervorholt, in dunklen Ecken auf seinen Einsatz warten darf. Das System der goldenen Regeln hilft, Kategorien zu schaffen.

Tipps für Küchennostalgiker

Küchen von Nostalgikern wirken häufig wie Museen. An der Kühlschranktür hängen vergilbte Kunstwerke von Kinderhand gemalt, ein Regiment schöner alter Teekannen macht die Benutzung der Arbeitsflächen praktisch unmöglich und in den Schrankfächern stapeln sich alte Teller und Sammeltassen.

Auch wenn die Küche das Herz des Heims ist, sollte man sie nicht mit Erinnerungsstücken überladen, denn das verhindert ihre effiziente Nutzung. Ganz abgesehen davon ist dieser immer mal wieder heiße und feuchte Raum nicht der geeignete Ort, um Fotografien und andere empfindliche Dinge aufzubewahren. Ermöglichen Sie Ihrer Küche die Rückkehr in die Gegenwart:

- Oben auf den Schrank gestellt, schmücken Omas Teekannen die Küche, ohne im Weg zu stehen.
- Kleben Sie Fotos lieber in Alben ein, wo sie vor Feuchtigkeit geschützt sind.
- Hängen Sie die schönsten Kunstwerke Ihrer Kinder an die Wände und entsorgen Sie die übrigen.
- Sortieren Sie ererbte Gegenstände nach den goldenen Regeln der Küchenorganisation.

1 »A« entspricht täglich

Manches braucht man wirklich jeden Tag. Zu den Küchenutensilien der Kategorie »A« zählen Teller und Gläser, Schalen, Schüsseln, Becher und Tassen, Ess- und Vorlegebesteck, Töpfe und Pfannen, Küchenmesser und Schneidebretter, Dosenöffner, Wasserkessel und Kaffeemaschine.

All diese Dinge verdienen es, an den zugänglichsten Stellen der Küche aufbewahrt zu werden. Lagerflächen der Kategorie »A« sind jene, die man am leichtesten erreicht: Arbeitsflächen, der vordere Bereich von Regalbrettern, oberste Schubladen und der vordere Bereich unterer Schubladen.

> »Es ist einfach: Bewahren Sie an den zugänglichen Stellen Ihrer Küche die am häufigsten benutzten Dinge auf.«

2 »B« entspricht häufig

Wenn sie Ihren Wok zwar schätzen, doch nur einmal in der Woche benutzen, ist er der Kategorie »B« zuzuordnen, wie auch alle anderen Küchenhelfer, die zwar häufig, aber nicht jeden Tag zum Einsatz kommen. Unter ihnen sind sicher Objekte wie Reiben, Siebe, Bräter und Rührschüsseln.

Bringen Sie all das an Orten unter, die Sie jederzeit erreichen, wenn Sie sich ein wenig bücken oder sich auf die Zehenspitzen stellen.

3 »C« entspricht selten

Die Kategorie »C« umfasst alles, was nur zu einer bestimmten Jahreszeit oder aber ein- bis zweimal im Jahr Verwendung findet. Dazu zählen auch die vielen kleinen Dinge, die sich, wenn man nicht aufpasst, unkontrolliert vermehren und dann selbst die größte Küche hoffnungslos übervölkern. Schauen Sie alle Gegenstände der Kategorie »C« gründlich durch, bevor Sie ihnen ihren endgültigen Platz zuweisen. Wenn Sie die Nudelmaschine bisher niemals benutzt haben, schenken Sie sie lieber einer Freundin, die auf selbst gemachte Fettuccine steht. Wahrscheinlich wird Kategorie »C« beträchtliche Verluste hinnehmen müssen. Wird ein Gegenstand allerdings mindestens einmal im Jahr verwendet, können Sie ihn guten Gewissens, behalten; dies sind in vielen Haushalten z. B. Ausstechformen für Weihnachtsplätzchen, weihnachtliche Platzteller, große Platten, Einmachgläser und anderes Einweckzubehör. Auch das Waffeleisen, der Fonduetopf und das Raclette-Set gehören dazu.

All diese Dinge sind im hinteren Teil der unteren Schrankfächer oder, wenn sie schön aussehen, ganz oben auf den Schränken und den Regalen gut untergebracht. Ein weiterer natürlicher Lebensraum für derartige Gegenstände ist der Speicher oder der Keller, wo man sie prima in Kisten oder in Schränken aufbewahren kann.

▼ **Täglich benutzte Dinge** wie Müsli- und Suppenschalen sind typische Vertreter von Kategorie »A« und sollten dort stehen, wo man sie mühelos erreichen kann.

Aktivitätszentren **in der Küche**

Die Grundregel in der Küche lautet: Was zusammen arbeitet, sollte auch zusammen leben. Können Sie einen Kuchen backen, Gemüse schälen oder Schnitzel braten, ohne ständig hin und her zu laufen? Nein? So geht es nicht weiter! Schaffen Sie in Ihrer Küche Aktivitätszentren, damit die Lauferei ein Ende hat!

Jedes einzelne Zentrum erhält einen Schwerpunkt, seinen Platz in der Küche und wird zum Aufbewahrungsort der notwendigen Geräte und Küchenutensilien.

In den meisten Küchen überschneiden sich die Aktivitätszentren. Der Spül-, Wasch- und Schneidebereich geht meist nahtlos in den Kochbereich über, dessen Mittelpunkt der Herd ist. Die einzelnen Zentren teilen sich Schubladen und Fächer sowie zahlreiche Geräte. Das macht aber auch nichts, da es hier um die Funktion und nicht um Grenzen geht. Solange Sie eine Arbeit machen können, ohne dafür mehrere Schritte gehen zu müssen, spielen Überschneidungen keine Rolle.

Wasch- und Schneidezentrum

Sie haben vor, Kartoffelsalat zu machen. Innerhalb von 15 Minuten gießen Sie die gekochten Kartoffeln ab, pellen die hart gekochten Eier und zerkleinern sie, würfeln Zwiebeln, hacken Petersilie und verrühren die Zutaten für das Dressing – für all das nutzen Sie die Elemente des Wasch- und Schneidezentrums.

Der Schwerpunkt dieses Zentrums liegt auf dem Waschen, dem Schneiden und dem Hacken, dem Abtropfenlassen und dem Zubereiten von Gerichten. Aufbewahrungsmöglichkeiten für die benötigten Zutaten und Utensilien sind die Arbeitsfläche, der Kühlschrank, Schubladen und Fächer im Küchenschrank.

Viel benutzte Schneidegeräte verdienen es, auf wertvoller Arbeitsfläche untergebracht zu werden, am besten in einem Messerblock. Befestigen Sie einen Halter für Küchenpapier an der Wand oder unter einem Hängeschrank, um Platz zu sparen. Stellen Sie einen Seifenspender in die Nähe der Spüle, und Sie können sich mühelos zwischendurch die Hände waschen.

Reinigungszentrum

Der Kartoffelsalat ist fertig, appetitlich garniert und für den Kühlschrank bereit. Zeit, sauber zu machen. Dazu werden der Raum und die Aufbewahrungsmöglichkeiten des Reinigungszentrums genutzt.

Hier findet man alles, was zum Saubermachen und zur Müllentsorgung notwendig ist. Der beste Ort hierfür befindet sich unter der Spüle. In Haushalten mit kleinen Kindern sollten die Türen des Unterschranks abschließbar oder mit einer Kindersicherung versehen sein. Da im Unterschrank ein feuchtes Mikroklima herrscht, benötigt er besonderen Schutz. Legen Sie seinen Boden mit alten Zeitungen oder Küchenpapier aus und tauschen Sie sie regelmäßig aus.

Für einen unter der Spüle angebrachten Mülleimer sind Müllbeutel aus Plastik praktisch. Bewahren Sie auf dem Boden des Eimers unter dem Beutel, der derzeit in Gebrauch ist, einen Stapel frischer Beutel auf, und Sie haben sofort Ersatz zur Hand, wenn der alte Beutel voll ist.

Karussellfächer ermöglichen einen leichteren Zugang zum hinteren Bereich von Unterschränken. Um sie optimal zu nutzen, können Sie an den Innenseiten der Türen auch Halterungen für Geschirrtücher, Putzmittel oder Topfdeckel anbringen.

Kochzentrum

Den Mittelpunkt des Kochzentrums bilden der Herd und eine eventuell vorhandene Mikrowelle. Hier werden Hähnchen gebraten, hier köcheln Eintöpfe, hier wird Teig gerührt. Dieser Ort ist die Heimat von Töpfen, Pfannen, Schneebesen, Pfannenwendern und allem anderen, was man beim Erhitzen, Kochen

▲ **Im Spül- und Schneidezentrum** beginnt ein Großteil der Essenszubereitung. Hier gehört alles hin, was Sie zum Schneiden, Hacken, Reiben, Sieben und Pressen brauchen.

und Backen benötigt. Zweckmäßig ist es natürlich, die Kochgeräte in Herdnähe anzusiedeln. Bewahren Sie über dem Herd die Backbleche auf. Manche Herde besitzen auch Schubladen, in denen Bleche und Backformen gut untergebracht sind. Hängt man die Pfannen an einer geeigneten Halterung an der Wand auf, hat man sie immer rasch griffbereit.

Löffel und Wender sollten in der dem Herd am nächsten liegenden Schublade unterkommen, können aber auch aufrecht in einem Behälter neben dem Herd stehen. Topflappen und Grillhandschuhe kann man an einen an Wand oder Hängeschrank befestigten Haken hängen, der sich allerdings nicht zu nahe bei der Herdoberfläche befinden sollte.

Stellen Sie Ofengitter und Backbleche senkrecht in den Schrank, um sie mit einem Griff herausnehmen zu können, ohne den Inhalt des Faches umschichten zu müssen und ohne die übrigen Gegenstände zu zerkratzen. Und sorgen Sie dafür, dass sich Backpapier und Alufolie in Griffnähe befinden.

Kräuter und andere Gewürze sollten zwar in Reichweite des Herds, aber nicht direkt daneben stehen, da sie durch Hitze ihr Aroma und ihre Würzkraft verlieren.

Mischzentrum

Kuchen backen geht auch ohne Einsatz von Fertigmischungen schnell und einfach, wenn es in der Küche ein gut organisiertes Mischzentrum gibt.

In diesem Zentrum werden Lebensmittel miteinander verrührt und aufeinander abgestimmt. Hier entstehen Marinaden, Dressings, andere kalte Saucen und Dips. Der Star auf dieser Bühne ist natürlich die Küchenmaschine, wichtige Nebenrollen spielen Waage, Messbecher, Backformen und Siebe.

Dieses Zentrum ist das mobilste aller Aktionsflächen der Küche. Da es nicht mit einem festen Einrichtungsgegenstand wie etwa der Spüle oder dem Herd verbunden ist, kann es in jedem anderen Küchenbereich mit Arbeitsfläche angesiedelt werden. Unterbringungsmöglichkeiten für die erforderlichen Utensilien bieten Schränke und Schubladen sowie die Wandfläche, an der Haken und Halterungen angebracht werden können.

Spül- und Geschirrzentrum

Die Mahlzeit ist beendet und es wird Zeit, aufzuräumen – und sich dem Spül- und Geschirrzentrum zuzuwenden. Höchstwahrscheinlich liegt es neben dem Schneidezentrum, zumal sich beide die Spüle teilen müssen. Den zweiten Mittelpunkt stellt die Geschirrspülmaschine dar.

Dieses Zentrum sollte so organisiert sein, dass alle Familienmitglieder die anfallenden Arbeiten rasch erledigen können. Deshalb empfiehlt es sich, Geschirr und Besteck in der Nähe der Spülmaschine aufzubewahren. Legen Sie die Fächer zum Schutz vor Kratzer mit Papier aus. Wertvolles Porzellan und Kristallgläser stellt man am besten auf eine rutschfeste, weiche Unterlage. Räumen Sie Geschirr gemäß seiner Funktion und der Häufigkeit der Benutzung ein. Wenn es zweckmäßig ist, darf man die einzelnen Teile eines Services auch getrennt voneinander aufbewahren. In einem »Frühstücksfach« finden Müslischalen, Dessertteller und Kaffeebecher Platz. Wenn Kinder beim Tischdecken helfen sollen, muss das Fach niedrig und leicht erreichbar sein.

Bewahren Sie verschieden große Vorratsdosen aus Kunststoff gestapelt und griffbereit auf. In ihnen können Sie prima Reste aufbewahren. Die Deckel sollten in einen Korb oder in eine eigene Schublade kommen, damit sie nicht bei jedem Öffnen der Schranktür herauspurzeln.

▼ **Tassen und Teller der Kinder** und anderes unzerbrechliche Geschirr ist in einem niedrigen Schrankfach gut aufgehoben. So können auch die Kleinsten helfen, den Frühstückstisch zu decken.

Küchen-Ausstattung

Teilen Sie die Küche in Aktivitätszentren auf und räumen Sie Zutaten und Geräte dort ein, wo Sie sie am häufigsten benutzen. Das erleichtert Ihnen die Arbeit und das Aufräumen und hilft auch anderen, schnell das zu finden, was sie brauchen und es ebenso schnell wieder wegzuräumen. Denken Sie logisch. Was gehört wohin? Die folgende Übersicht ist als Anregung gedacht.

Spül- und Schneidezentrum
- Messerblock
- Schneidebretter
- Reibe
- Siebe
- Nudelsieb
- Zitruspresse
- Kochlöffel
- Teigspatel
- Knoblauchpresse
- Gemüseschäler
- Gemüsebürste
- Eisportionierer/Kugelbohrer
- Küchenpapier
- Handwaschseife

Putzzentrum
- Mülleimer
- Müllbeutel
- Geschirrspülmittel
- Klarspülmittel
- Gummihandschuhe
- Waschschüssel
- Abtropfgestell
- Wischlappen
- Putzmittelkorb, Putzmittelvorrat
- Scheuermilch oder Scheuerpulver
- Schwämme
- Silberpolitur
- Gießkanne für Topfpflanzen
- Düngemittel für Topfpflanzen

Kochzentrum
- Pfannen, Töpfe, Deckel
- Bräter
- Kochgeschirr für Mikrowelle
- Backbleche
- Grillrost
- Auflaufformen
- Kastenformen
- Tarteformen
- Muffins- und Gugelhupfformen
- Springformen
- Gewürzregal
- Kochlöffel
- Spatel und Pfannenwender
- Schneebesen
- Schöpflöffel
- Küchenzange
- Küchenwecker
- Bratenthermometer
- Backpapier/Alufolie

Mixzentrum
- Küchenmaschine oder Handmixer
- Pürierstab
- Rührschüsseln
- Panierschalen
- Küchenwaage und Messbecher
- Kochlöffel
- Spatel
- Teigroller
- Ausstechformen
- Puddingformen
- Vorratsdosen für Backzutaten (Mehl, Vollkornmehl, Kartoffelstärke, Maisstärke, Zucker)
- Weitere Backzutaten: Backpulver, Trockenhefe, Salz, Vanillezucker, Semmelbrösel
- Gewürze
- Rosinen, Nüsse
- Honig, Süßstoff
- Tortenspitzen
- Tortendekoration

Geschirrspül- und Tischdeckzentrum
- Teller
- Schüsseln
- Gläser
- Tassen und Becher
- Platten
- Messer, Gabeln, Löffel
- Vorlegebesteck
- Vorratsdosen aus Kunststoff
- Tischsets/Servietten
- Spülschüssel, Abtropfgestell
- Gummihandschuhe
- Spülmittel
- Spülschwämme, Schwammtücher, Topfreiniger
- Handtücher
- Geschirrtücher

Küche putzen – gewusst wie

Die Küche ist das Herz des Haushalts, aber auch ein Raum, den zu reinigen eine große Herausforderung darstellt. Das tägliche Kochen hinterlässt leider Spuren, die nicht gerade leicht zu beseitigen sind. Die folgenden Tipps helfen Ihnen, die Küche nicht nur sauber zu bekommen, sondern zum Glänzen zu bringen.

Backofen

Hitze plus Fett plus Teig- und andere Speisereste ergibt zähen Schmutz, dem nur unter Zuhilfenahme spezieller Backofenreiniger beizukommen ist. Die im Handel erhältlichen Produkte erledigen ihre Aufgabe meist sehr gut, enthalten aber stark wirkende Chemikalien wie Natriumhydroxid (Ätznatron). Deshalb sollte man im Umgang mit ihnen sehr vorsichtig sein.

- **Auf Nummer sicher** Welche Methode Sie beim Putzen des Backofens auch anwenden, tun Sie es mit aller gebotenen Vorsicht! Schützen Sie Arme und Hände durch lange Ärmel und Gummihandschuhe und die Augen durch eine Sicherheitsbrille. Benutzen Sie eine Atemschutzmaske, wie Maler sie verwenden, wenn das Reinigungsmittel ein Spray ist.
- **Befolgen Sie die Anweisungen** Wenn Sie einen Backofenreiniger verwenden, sollten Sie vorher gründlich die Anweisungen des Herstellers lesen. Manche Produkte wirken im kalten Ofen, für andere muss man ihn vorheizen. Inzwischen gibt es auch Mittel, die keine Dämpfe erzeugen.
- **Spülen Sie nach** Besprühen Sie die Wände des Backofens nach dem Putzen mit klarem Wasser aus einer sauberen Sprühflasche und reiben Sie sie anschließend trocken. Auf diese Weise entfernen Sie zurückgebliebene Reste des Backofenreinigers und verhindern, dass dessen Dämpfe Ihren Auflauf oder Kuchen »würzen«. Ebenso sorgfältig sollten Sie auch sämtliche Reinigerreste von der Herdoberfläche entfernen.
- **Probieren Sie Alternativen aus** Wenn Sie die ätzenden Industrieprodukte lieber nicht verwenden wollen, können Sie auf natürliche Putzmittel wie z.B. Kaisernatron zurückgreifen. Bestreuen Sie den Boden des kalten Backofens mit einer halbfingerdicken Schicht Natron und besprenkeln Sie das Natron anschließend leicht mit Wasser, so dass es feucht, aber nicht nass ist. Bestreichen Sie mit der so erhaltenen Paste auch die Wände und die Decke des Backofens.

Lassen Sie das Natron 12–24 Stunden einwirken und befeuchten Sie es bei Bedarf erneut. Die Paste löst Fett und eingebrannte Reste, so dass Sie diese am folgenden Tag entfernen können. Dies erfordert allerdings etwas Muskelkraft.

Ein alternatives Reinigungsmittel für Backofenroste und Fettpfannen ist Salmiakgeist. Legen Sie Roste und Fettpfanne oder Bleche in einen Müllsack ohne Löcher und fügen Sie 4 EL Salmiakgeist hinzu. Verschließen Sie den Sack luftdicht und legen Sie ihn über Nacht ins Freie oder in die Garage. Der Salmiakgeist weicht eingebrannte Reste auf und macht es für Sie leichter, diese am folgenden Tag zu entfernen.

Ein gutes Mittel, um eingebrannte Töpfe und Pfannen zu reinigen, ist herkömmliches Waschpulver. Einfach etwas Waschmittel in Topf oder Pfanne geben, Wasser zufügen und langsam einmal aufkochen lassen. Der Schmutz löst sich im Nu.

> »Besonders hartnäckiger Schmutz entsteht vor allem auf der Herdoberfläche.«

Die Küche putzen

Der morgendliche Anblick einer sauberen, aufgeräumten Küche macht sofort gute Laune. Trotz der ständig hungrigen und zu bekochenden Familie eine Küche sauber zu halten, ist natürlich nicht ganz einfach. So geht es schnell und gründlich:

1 Leeren Sie den Mülleimer und spendieren Sie ihm einen frischen Müllbeutel. Sprühen Sie Arbeitsflächen und Herd mit Fettlöser oder einem Mittel für Oberflächen ein. Behandeln Sie alles vor, was schmutzig ist, und lassen Sie die Mittel einwirken.

2 Wischen Sie Wände, Fliesen, Schranktüren und die Fronten der Küchengeräte mit einem Tuch ab, das Sie mit Reinigungsmittel befeuchtet haben. Fingerabdrücke und Flecken bekommen, was sie verdienen: einen Extraspritzer Reiniger.

3 Schrubben Sie die Spüle innen mit Scheuermittel oder sprühen Sie sie mit einem Fettlöser ein. Mit einer Zahnbürste entfernen Sie den Schmutz rings um die Armaturen und den Abfluss. Spülen Sie nach. Säubern Sie die Ränder mit Fettlöser.

4 Nun können Sie die Arbeitsflächen sauber wischen und trockenreiben. Schrubben Sie den Übergang zwischen den Fliesen und der Arbeitsfläche mit einer schmalen, harten Bürste.

5 Am Herd entfernen Sie nun den eingeweichten Schmutz auf den und um die Herdplatten oder die Gasfelder mit einer Zahnbürste. Bei besonders hartnäckigem Schmutz hilft ein Spatel.

6 Fegen oder saugen Sie den Boden und wischen Sie ihn anschließend feucht nach. Ihre besondere Aufmerksamkeit sollte den Flächen vor der Spüle und vor dem Herd gelten. Schütteln Sie die Matten aus.

Herd

Besonders hartnäckiger Schmutz entsteht vor allem auf der Herdoberfläche, wenn Töpfe überkochen, das Fett aus der Pfanne spritzt oder beim Abschmecken Sauce auf den Herd tropft. Nicht selten überzieht eine Schicht aus Fett und Eingebranntem nach dem Kochen die Herdoberfläche.

- **Vorbeugen statt heilen** Wie im richtigen Leben ist auch beim Kampf gegen den Schmutz am Herd Angriff die beste Verteidigung. Wischen Sie Verschüttetes und Verspritztes auf, bevor es eintrocknen kann, und decken Sie die Kochfelder oder die Platten ab, wenn Sie sie nicht benutzen.
- **Lassen Sie sich Zeit** Putzen Sie den Herd nie, wenn Sie unter Zeitdruck stehen. Sprühen Sie die verschmutzten Stellen dick mit Fettlöser ein und lassen Sie ihn etwa zehn Minuten einwirken. Mit einer Zahnbürste kommen Sie gut in die Rillen und in die Ritzen.
- **Über Nacht** Ringe und Gitter von Gasherden lassen sich auf ähnliche Weise wie Backofenroste reinigen. Legen Sie sie in einen Müllbeutel ohne Löcher, fügen Sie 4 EL Salmiakgeist hinzu, verschließen Sie den Beutel und legen Sie ihn über Nacht nach draußen. Am folgenden Tag können Sie letzte Schmutzreste mit einem Topfreiniger oder Spülschwamm entfernen.
- **Besondere Bedürfnisse** Kochplatten mit Spezialversiegelung sowie Induktionskochfelder müssen mit besonderen Mitteln gereinigt werden. Beachten Sie die Herstellerinformationen.

> »Wie im richtigen Leben ist auch im Kampf gegen den Schmutz auf dem Herd Angriff die beste Verteidigung.«

Mikrowelle

Weil Speisen in der Mikrowelle von innen nach außen gar werden, bilden sich hier kaum verhärtete Reste. Gehen Sie beim Reinigen schrittweise vor.

- **Dampfreinigung** Lassen Sie bei leichter Verschmutzung

▲ **Sauber und sicher** Eine Paste aus Soda und Wasser, zu gleichen Teilen gemischt, bringt rostfreien Edelstahl zum Glänzen, ohne ihn zu zerkratzen oder ätzende Dämpfe zu entwickeln.

¼ l Wasser in der Mikrowelle fünf Minuten lang kochen. Wischen Sie anschließend mit einem Tuch nach.

- **Entfetten** Stärkere Reinigungskraft als reines Wasser entfaltet eine 1:1-Lösung aus Wasser und Zitronensaft oder Essig. Die Säure löst hartnäckiges Fett. Außerdem neutralisieren Essig und Zitronensaft schlechte Gerüche.
- **Bei starker Verschmutzung** durch eingetrocknete Reste schafft Sodapaste (*siehe S. 110*) Abhilfe. Üben Sie beim Abwischen der Paste nur leichten Druck aus, damit Sie die Wände der Mikrowelle nicht zerkratzen.

Spüle und Unterschrank

Es stellt eine große Herausforderung dar, die Spüle und ihren Unterschrank ständig hygienisch sauber zu halten. Feuchtigkeit, Essensabfälle und die Flüssigkeiten, die bei der Zubereitung von Geflügel, Fisch und Fleisch anfallen, können diesen

ESSEN 113

▲ **Schneidebretter** und alle Flächen, auf denen Lebensmittel zerkleinert und vorbereitet werden, erfordern besondere Putzstrategien. Desinfizieren Sie sie mit einer Mischung aus Chlor und Wasser.

Bereich schnell in einen Brutplatz für Bakterien verwandeln. Abflussrohre und Abfallzerkleinerer, liebste Tummelplätze der Keime, neigen dazu, zu riechen. Feuchtigkeit bewirkt, dass sich in den Wandöffnungen für Wasser- und Abflussrohre Schimmelpilze ansiedeln. Deshalb sollten Sie diesen Bereich genau beobachten und energisch putzen.
■ **Sprühen und wischen** Reinigen Sie Spüle, Rand und Abtropfbereich regelmäßig mit einem desinfizierenden Universalreiniger. Schrubben Sie außerdem Spüle und Rand mit einem Topfreiniger.
■ **Gehen Sie aufs Ganze** Bekämpfen Sie hartnäckigen Schmutz in einer Keramikspüle mit einem Scheuermittel, aber behandeln Sie nur das Becken damit, denn Edelstahlflächen werden durch Scheuermittel zerkratzt.
■ **Bringen Sie es zum Glänzen** Verwenden Sie für Spülen aus rostfreiem Edelstahl eine Paste aus Soda und Wasser, die

▲ **Arbeitsflächenpflege** Entfernen Sie Speisereste, eingetrocknete Flüssigkeiten und sonstigen Schmutz mit einem Universal-Reiniger zum Sprühen, den Sie einige Minuten einwirken lassen.

Sie mit einem Baumwollputzlappen auftragen (*siehe S. 110*).
■ **Weg mit dem Fleck** Entfernen Sie Flecken mit Essig. Gießen Sie etwas Essig auf den Fleck, lassen Sie ihn einwirken und schrubben Sie mit einem Spülschwamm nach.
■ **Sauber und frisch** Wischen Sie Wände und Türen des Unterschranks mit desinfizierendem Universalreiniger aus und trocknen Sie mit Putzlappen nach. Lassen Sie die Schranktüren anschließend zwei Stunden zum Lüften offen.

Arbeitsflächen

Alle Arbeitsflächen in Restaurantküchen, die mit Lebensmitteln in Berührung kommen, müssen regelmäßig mit heißem Seifenwasser abgewaschen werden. Führen Sie diese Vorschrift der Gesundheitspolizei auch in Ihrer Küche ein. Spülen Sie mit klarem Wasser nach und desinfizieren Sie mit einer Lösung aus 1 EL Chlorbleiche auf 1 l Wasser.

Abtauen und aufräumen
im Kühlschrank

Er ist groß, er ist weiß und er spuckt Eis und Wasser: Moby Dick, der große, weiße Kühlschrank! Wenn sein Inneres so voll ist, dass er zu ersticken droht, wissen Sie, was zu tun ist! Stapeln sich in ihm Vorratsdosen mit längst vergessenem Inhalt? Verbergen sich in den hinteren Ecken welker Salat und runzeliges Obst? Es wird Zeit, dass Sie ihn aufräumen und organisieren.

Ein Kühlschrank ist nicht einfach nur ein Küchengerät, sondern ein Mittelpunkt unseres Lebens. Beim Aufräumen finden Sie in ihm zuverlässige Hinweise auf Ihre Werte (Gastfreundschaft), Träume (Abnehmen!), Beschlüsse (Sparsamer sein!) und auch Schwächen (Sahnepudding, Trüffelleberpastete ...). Eine konzentrierte Aufräumaktion schafft nicht nur wieder Platz im Kühlschrank, sondern verrät Ihnen auch viel über Ihren Haushalt und über sich selbst.

Gehen Sie nach den im Kasten »Nie mehr Kühlschrank-Chaos« auf S. 115 beschriebenen Schritten vor. Bevor Sie beginnen, sollten Sie den Kühlschrank ausschalten und auch den Stecker ziehen.

Der Augenblick der Wahrheit

Sie stehen in Ihrer Küche vor einem sauberen, leeren Kühlschrank. Der Mülleimer ist voll mit verdorbenen Lebensmitteln, in dem mit Seifenwasser gefüllten Spülbecken schwimmen die Plastikbehälter, die Sie eingeweicht haben und auf dem Tisch stehen die wenigen Überlebenden der Aufräumaktion.

Dies ist ein wichtiger Moment. Rufen Sie sich ins Gedächtnis zurück, was sich im Inneren Ihres Kühlschranks verbarg und denken Sie darüber nach. Kann es sein, dass sich Ihre Familie verändert hat, Ihre Einkaufsgewohnheiten aber die gleichen geblieben sind? An dem Tag, an dem ich vier Gläser mit eingetrockneter Erdnussbutter wegwarf, wurde mir klar, dass meine Kinder eine höhere kulinarische Entwicklungsstufe erreicht hatten und die Tage der Erdnussbutterbrote nun vorbei waren.

Natürlich bleiben Ihnen Ihre eigenen dunklen Seiten nun auch nicht mehr länger verborgen. Geht es Ihnen vielleicht so wie mir? Beim Einkaufen bin ich unglaublich gesundheitsbewusst, doch dann verrotten die Bio-Möhren, die herzschonende Margarine und viele andere Garanten eines gesunden und langen Lebens unbeachtet in den Tiefen des Kühlschranks.

▶ **Cool bleiben** fällt leichter, wenn der Kühlschrank gut organisiert ist. Ein überschaubarer, aufgeräumter Kühlschrank spart beim Kochen Zeit und verbraucht weniger Energie.

Halten Sie Ihre Entdeckungen und Ihre guten Vorsätze schriftlich fest. Würden Sie gerne weniger Fett essen? Dann werfen Sie Butter und Margarine weg und ersetzen sie durch Produkte mit reduziertem Fettgehalt.

Sie wollen sparen? Dann untersuchen Sie Ihren Müll. Kaufen Sie Obst nur, um es Wochen später fortzuwerfen? Verdirbt immer wieder Milch, Käse oder Fleisch, weil Sie zu viel besorgen? Wenn Sie sie heute entsorgen mussten, dann kaufen Sie nächstes Mal weniger oder nichts davon. Ist der kistenweise Kauf von Limonaden für Ihre Familie zur Regel geworden? Ersetzen Sie die teuren Softdrinks durch billigere und gesündere Fruchtsäfte. Kaufen Sie aber weiterhin den Sahnepudding und die Trüffelleberpastete, denn ein bisschen Luxus muss sein.

»Eine Aufräumaktion schafft nicht nur Platz im Kühlschrank, sondern verrät Ihnen auch viel über sich selbst.«

Die gute Organisation beibehalten
Nachdem Sie geputzt, sortiert, weggeworfen und ersetzt haben, soll der Kühlschrank organisiert bleiben. Das hilft:

- **Schaffen Sie Zentren** Brote schmieren geht schneller, wenn Sie Margarine, Senf, Käse und Wurst in Dosen aus Kunststoff zusammen in einem Plastikkorb aufbewahren, und Butter, Fruchtaufstrich und Konfitüren in einem zweiten Korb.
- **Machen Sie Reste sichtbar** Verstecken Sie sie nicht in undurchsichtigen Behältern, sondern nehmen Sie dafür durchsichtige Dosen oder Gefrierbeutel. Wenn man sie sieht, vergisst man sie nicht so leicht.
- **Behalten Sie den Kühlschrank im Auge** Eine regelmäßige, allwöchentliche Durchsicht des Kühlschranks, z. B. bevor Sie sich hinsetzen, um den Menüplan der kommenden Woche zu entwerfen hilft, den weißen Riesen unter Kontrolle zu halten. Werfen Sie alles weg, dessen Haltbarkeitsdatum überschritten ist und wischen Sie Fächer und Ablagen sauber.

Nie mehr Kühlschrank-Chaos

Stellen Sie Ihr Werkzeug bereit: Einen Mülleimer, Fettlöser, Glasreiniger und Putzlappen.

1 Sortieren und wegwerfen
Beginnen Sie oben. Räumen Sie das oberste Fach aus. Behalten Sie, was noch genießbar ist und werfen Sie alles Übrige in den Müll. Arbeiten Sie sich unerschrocken nach unten hin durch und öffnen Sie dann die Gemüseschublade. Ist es nicht erstaunlich, dass sich Tomaten und Lauch, die beim Einkaufen so scheu und unschuldig wirkten, in Grauen erregende Faulmonster verwandeln können? Werfen Sie Gemüse, das sie nicht innerhalb der letzten Woche erstanden haben, weg. Nehmen Sie sich anschließend die Ablagen in der Tür vor.

2 Putzen
Spülen Sie die ausgeleerten Plastikbehälter aus und stellen Sie sie in die Spülmaschine. Lassen Sie die herausnehmbaren Ablagefächer in heißem Seifenwasser einweichen. Sprühen Sie Wände und Tür des Kühlschranks mit Fettlöser ein. Spülen Sie die Ablagen ab, trocknen Sie sie und hängen Sie sie wieder ein. Entfernen Sie mithilfe von Glasreiniger Fingerabdrücke und anderen Schmutz von Chrombeschlägen und durchsichtigem Plastik. Wischen Sie anschließend die äußeren Flächen ab.

3 Aufräumen
Nun wird es Zeit, das, was die Razzia überstanden hat, in den Kühlschrank zurückzustellen. Wenn Sie alles richtig gemacht haben, ist der Kühlschrank jetzt ziemlich leer – und das ist gut so! Wenn die Luft zirkulieren kann, nutzt der Kühlschrank die Energie optimal.

Abtauen und aufräumen
im Gefrierschrank

Der Gefrierschrank ist ein kalter und einsamer Ort. Viele der in ihn verbannten Lebensmittel werden für immer vergessen. Zu überfüllten Behältern mit klaffenden Deckeln gesellen sich gerne unbeschriftete Päckchen und Beutel mit nicht mehr identifizierbarem Inhalt. Ziel der Abtau-Aktion ist es, Ungenießbares zu entsorgen und den Rest übersichtlich zu organisieren.

Abtauen oder nicht abtauen?

Viele moderne Gefrierschränke und Gefriertruhen brauchen nicht mehr abgetaut zu werden, doch für diesen Komfort müssen Sie teuer bezahlen. Geräte mit Abtauautomatik können bis zu 35 Prozent mehr Energie verbrauchen als von Hand abzutauende Modelle. Die Abtauautomatik entzieht dem Gefriergut Feuchtigkeit und kann dessen Qualität beeinträchtigen. Wenn Sie in Eigenregie abtauen, sollten Sie es dann tun, wenn das Eis im Gerät halbfingerdick ist.

Abtauen – gewusst wie:

- **Ausschalten** Schalten Sie das Gerät ab und ziehen Sie den Stecker raus.
- **Leeren** Nehmen Sie das gesamte Gefriergut heraus und lagern Sie es in Kühlboxen, während Sie das Gerät abtauen und putzen.
- **Das Eis zum Schmelzen bringen** Entweder Sie lassen nur die Tür bzw. den Deckel offen (nachdem Sie den Fußboden vor dem Gerät zum Schutz vor ausfließendem Wasser und herausfallendem Eis mit Zeitungen abgedeckt haben) oder Sie beschleunigen den Prozess, indem Sie Schüsseln mit heißem Wasser in das Gerät stellen oder mit dem Haarföhn heiße Luft hineinblasen (*siehe auch »Lieber sicher« auf S. 117*). Fangen Sie das Schmelzwasser mit Schwämmen oder Tüchern auf.
- **Reinigen** Schrubben Sie das Innere des eisfreien Geräts mit einer Paste aus Wasser und Soda und trocknen Sie die Flächen anschließend mit einem frischen Tuch. Das Soda neutralisiert hartnäckige Gerüche und entfernt Lebensmittelreste. Waschen Sie gegebenenfalls Ablagen in heißem Seifenwasser und trocknen Sie sie anschließend gut ab.
- **Einschalten** Schließen Sie Tür oder Deckel, nehmen Sie das Gerät wieder in Betrieb und lassen Sie es mindestens 15 Minuten lang laufen, bevor Sie das Gefriergut wieder einräumen, damit der Gefrierschrank kalt werden kann.

◄ **Gefangen im Eis** Gefriergeräte bewahren Gefriergut auf, aber manchmal möchten sie es gar nicht mehr hergeben. Damit es nicht so weit kommt, sollten Sie Ihr Gerät regelmäßig abtauen.

Abtauen – so nicht:

- **Keine Gewalt** Versuchen Sie niemals, das Eis mit Messern oder anderen scharfen Gegenständen von den Wänden des Geräts zu entfernen.
- **Lieber sicher** Wenn Sie zum Enteisen einen Haarföhn einsetzen, sollten Sie darauf achten, dass Sie dabei nicht in einer Wasserpfütze stehen und dass der Föhn nicht mit Wasser in Berührung kommt.
- **Keine Seife** Waschen Sie das Gerät innen nicht mit Seifenwasser aus. Seife lässt sich nur schwer wieder abspülen und eventuelle Rückstände können den Geschmack der gefrorenen Lebensmittel beeinträchtigen.

Den Gefrierschrank organisieren

Anders als Kühlschränke, die besser kühlen, wenn die Luft in ihnen frei zirkulieren kann, funktionieren Gefrierschränke und -truhen besser, wenn sie richtig voll sind. Allerdings besteht bei einem vollen Gefrierschrank ein größeres Risiko, dass Lebensmittel übersehen werden, bis sie nicht länger genießbar sind. Deswegen ist gute Organisation hier besonders wichtig.

- **Etiketten, Etiketten** Das Etikettieren des Gefriergutes ist der Schlüssel zur guten Organisation des Geräts. Versehen Sie jedes Stück – ob bereits gefroren gekauft oder aus eigener Produktion – mit einem Etikett. Vermerken Sie darauf den Namen des Produkts oder Gerichts, die Menge oder Anzahl der Portionen und das Datum des Einfrierens bzw. des Einkaufs.
- **Datieren Sie alles** Um Ihr Gefriergut effizient verwalten zu können, müssen Sie wissen, wie frisch es ist. Versehen Sie alles, was Sie in das Gefriergerät tun, mit einem Datum und räumen Sie regelmäßig so ein und um, dass die Neuzugänge stets hinter und unter den »Alteingesessenen« liegen oder stehen.
- **Bilden Sie in einem großen Gerät Abteilungen** Alle Eintöpfe kommen in einen Bereich, alle rohen Fleischstücke in einen anderen. Gefrorenes Geflügel sollten Sie im untersten Bereich aufbewahren, wo Sie leicht herankommen.
- **Verwenden Sie Körbe** Gemüse und anderes Gefriergut in Plastikbeuteln ist in Körben gut aufgehoben. Füllen Sie einen Korb mit Gemüse, einen anderen mit Fertigpizza, Brötchen und Brot. Wenn Ihr Gefriergerät keine Körbe enthält, können Sie diese im Fachhandel nachkaufen.

Nie mehr Gefrier-Chaos

Legen Sie sich zurecht, was Sie brauchen: Einen Mülleimer mit festem Müllbeutel, Kühltaschen für Gefriergut, das Sie behalten wollen, einen Eimer mit heißem Wasser, Soda und Putzlappen.

1 Sortieren

Schalten Sie das Gerät aus und ziehen Sie den Stecker. Fangen Sie oben an. Nehmen Sie die Lebensmittel Stück für Stück heraus und entscheiden Sie, was Sie behalten und was Sie entsorgen möchten. Die Entscheidung sollte Ihnen leicht fallen: Was gut verschlossen, etikettiert und verwendbar ist, bleibt, was alt, in einem geöffneten Behälter ist oder bereits Gefrierbrand hat, wandert in den Mülleimer.

2 Wegwerfen

Geöffnete Packungen, Fleisch mit Gefrierbrand und alles, von dem Sie nicht mehr genau wissen, woher es stammt und wie alt es ist, wird entsorgt. Befindet sich das, was Sie wegwerfen wollen, in einem wiederverwendbaren Behälter, so halten Sie diesen unter heißes Wasser, damit sich das Eis löst. Entsorgen Sie den Inhalt und weichen Sie den Behälter in der Spüle ein. Legen Sie alles, was Sie noch verwenden können, in die Kühltaschen.

3 Putzen und aufräumen

Putzen Sie das abgetaute Gerät mit einer Paste aus Soda und Wasser, reinigen Sie Ablagen, Schalen usw. in heißem Seifenwasser und trocknen Sie alles gut ab. Reinigen Sie auch Tür und Deckel innen und außen gründlich und reiben Sie sie trocken. Schalten Sie das Gerät wieder ein und lassen Sie es 15 Minuten laufen, damit es wieder kalt ist, bevor Sie es einräumen.

■ **Quadratisch und praktisch** Frieren Sie selbst gekochte Suppen, Eintöpfe, Soßen, Fleischgerichte, Obstzubereitungen oder Teig in quadratischen oder rechteckigen Behältern ein, denn eckige Dosen kann man besser stapeln und sie nehmen insgesamt weniger Platz ein als runde.

■ **Rotationsprinzip** Wenn Sie neue Einkäufe verstauen, sollten Sie sie hinter oder unter Behälter und Tüten stellen oder legen, die schon länger im Gefrierschrank lagern. Auf diese Weise haben Sie, ohne viel herumwühlen und die Tür lange offen stehen lassen zu müssen, schnell jene Gerichte und Zutaten zur Hand, die zuerst verbraucht werden sollten.

Gefrier-Inventarliste

Produkt

Brotteig	✓ ✓ ✗ ✗
Brötchen	✓ ✓ ✗ ✗
Hühnereintopf	✓ ✓ ✓ ✗
Hackfleisch, roh	✓ ✓
Bratwürste	✓ ✗ ✗
Eiscreme (Schoko)	✓ ✗ ✗ ✗
Suppe, Hühner-	✓ ✗
Suppe, Linsen-	✓ ✗

Machen Sie für jedes Stück Gefriergut auf der Liste einen Strich und einen zweiten, wenn Sie das jeweilige Produkt verbraucht oder weggeworfen haben.

✓ **gelagert**   ✗ **verbraucht**

▲ **Behalten Sie den Inhalt** Ihres Gefriergeräts mithilfe einer Inventarliste im Auge. Sie können dafür eine abwischbare Tafel oder den Vordruck auf S. 245 verwenden.

Gefrier-Inventarliste

Aus den Augen, aus dem Sinn – in Zusammenhang mit der Gefriertruhe ist diese alte Redensart durchaus zutreffend. Viele Lebensmittel werden nie gegessen, weil man vergisst, dass man sie eingefroren zu Hause hat.

Abhilfe schafft eine Gefrier-Inventarliste (*siehe hier links und S. 245*). Befestigen Sie die Liste an der Tür oder auf dem Deckel des Gefriergeräts und berücksichtigen Sie sie, wenn Sie Menüpläne entwerfen. Am preiswertesten sind diejenigen Lebensmittel, die man bereits zu Hause hat.

Kauf eines Kühl- oder Gefrierschranks

Kühlschränke und Gefriergeräte sind nicht einfach nur Aufbewahrungsmöglichkeiten für Lebensmittel, sondern größere Investitionen und gleichzeitig Geräte, die viel Strom verbrauchen. Bei einer Neuanschaffung sollten Sie folgende Punkte berücksichtigen:

Fassungsvermögen Das Fassungsvermögen des Geräts sollte unbedingt auf die Größe Ihrer Familie abgestimmt sein. Die falsche Größe verursacht unnötige Kosten – sowohl bei der Anschaffung als auch im Betrieb. Ein allzu großer Kühlschrank verschwendet Energie, weil er leeren Raum kühlt, während ein überfüllter, weil zu kleiner Kühlschrank auf Hochtouren laufen muss, um den Inhalt ohne gute Luftzirkulation zu kühlen.

Die Hersteller geben das Fassungsvermögen in Liter an. Das für Ihren Haushalt optimale Fassungsvermögen können Sie folgendermaßen berechnen: Der Kühlschrank für einen Zwei-Personen-Haushalt sollte ein Fassungsvermögen von 250–300 l haben und für jede weitere Person 30–60 l mehr.

Größe Die maximale Größe des Geräts richtet sich nach dem verfügbaren Platz. Messen Sie ihn aus und nehmen Sie das Maßband zum Einkaufen mit. Was nützt der schönste Gefrierschrank, wenn er nicht in Ihre Küche passt?

Auch die Tiefe des Gefrierschranks ist von Bedeutung. Es muss so viel Platz sein, dass Sie die Tür ganz öffnen können. Beachten Sie, zu welcher Seite die Tür aufgeht; bei manchen Modellen ist das wählbar. Bei der Berechnung der maximalen möglichen Tiefe müssen Sie berücksichtigen, dass das Gerät stets in 10 bis 15 cm Abstand von der Wand stehen sollte.

RICHTLINIEN FÜR DIE LAGERUNG IM GEFRIERSCHRANK

Produkt	Haltbarkeit bei −18 °C	Aufbewahrung
BACKWAREN		
Brot, gebacken	12 Monate	
Brotteig, (mit Treibmittel, roh)	2 Wochen	
Vorgebackenes Brot und Brötchen	3 Monate	Wickeln Sie Brot oder Brötchen fest in Frischhaltefolie und packen Sie sie dann in einen Gefrierbeutel, um Feuchtigkeitsverlust zu vermeiden.
Brötchen, roh	2 Wochen	
Brötchen, gebacken	12–15 Monate	
Muffins, Törtchen	3 Monate	
Pfannkuchen, Waffeln	6 Monate	
MILCHPRODUKTE		
Butter, gesalzen	3 Monate	Der »salzige« Geschmack gesalzener Butter kann durch das Einfrieren stärker werden, lagern Sie ungeöffnete Päckchen in verschlossenen Gefrierbeuteln.
Butter, ungesalzen	6–9 Monate	
Margarine	12 Monate	
Käse (Gouda, Emmentaler)	4 Monate	Im Kühlschrank auftauen.
Hüttenkäse	3 Monate	Im Kühlschrank auftauen.
Käse (Roquefort, Schimmelkäse)	3 Monate	Wird durch das Einfrieren krümelig.
Sahne (verschiedene Fettgehalte)	2 Monate	Lässt sich nach dem Auftauen nicht steif schlagen.
Eier (roh und ohne Schale)	6–12 Monate	Frieren Sie Eier nie in der Schale ein, Einfrieren verändert die Beschaffenheit. Frieren Sie sie in verschließbaren Dosen ein.
Eiscreme	2 Monate	
Milch	1 Monat	Im Gefrierbehälter muss Platz sein, weil die Milch sich ausdehnt, Beschaffenheit und Geschmack verändern sich.
FLEISCH, GEFLÜGEL UND FISCH		
Rinderhack, roh	3–4 Monate	
Rinderbraten	6–12 Monate	
Rindersteaks	6–12 Monate	
Rindswurst	1–2 Monate	
Rindfleischgerichte, gek.	2–3 Monate	
Schweinehack, roh	3–4 Monate	
Schweinekoteletts	4–6 Monate	
Schweinebraten	4–6 Monate	
Schweinswürste, frisch	1–2 Monate	
Schw.würste, geräuchert	1–2 Monate	
Schinken, gekocht	1–2 Monate	Frieren Sie Schinken nicht in Scheiben oder in der Dose ein, das verändert Struktur und Geschmack.
Kasserolle m. Schinken	1 Monat	
Frühstücksspeck	1 Monat	
Hühnchen, ganz	12 Monate	Wenn es länger als zwei Monate aufbewahrt werden soll, in der Originalverpackung in einen Gefrierbeutel stecken.
Hühnchenteile, roh	9 Monate	
Hühnchenteile, gekocht	4 Monate	
Pute, ganz	12 Monate	
Kasserolle mit Geflügel	2–3 Monate	
Fisch, frisch (ganz, Filets oder Steaks)	6 Monate	Frieren Sie frischen Fisch in verschließbaren Dosen oder Beuteln ein, damit er nicht austrocknet.
Fisch, gekocht	3 Monate	
VERSCHIEDENES		
Nudeln, gekocht	3–4 Monate	
Reis, gekocht	3–4 Monate	
Suppen und Eintöpfe (Gemüse und/oder Fleisch)	2–3 Monate	

So füllt man einen **Vorratsschrank**

Es gibt keine gut organisierte Küche ohne einen funktionalen, durchdacht eingeräumten Vorratsschrank. In ihm lagern jene Vorräte, die einem helfen, Zeit und Geld zu sparen. Dieses Lager von Produkten, die täglich ge- und verbraucht werden, muss nicht unbedingt in der Küche stehen. Einen Vorratsschrank zu haben, ist keine Frage des Platzes, es ist eine Frage der Einstellung.

Warum man einen Vorratsschrank einrichten und regelmäßig auffüllen sollte? Weil es erstens bequemer ist, bestimmte Dinge stets »auf Lager« zu haben und weil man dadurch zweitens besser für unvorhergesehene Situationen gerüstet ist. Der Vorratsschrank ist nicht nur dafür da, dass Ihrer Familie nie das Toilettenpapier ausgeht. Er dient auch als eiserne Reserve für den Fall, dass einmal kein Geld zum Einkaufen da ist, der in der Familie fürs Einkaufen Zuständige krank wird oder die Geschäfte aus irgendeinem Grund doch einmal zu bleiben.

Anfänger, Mittelklasse, Fortgeschrittene

Der Vorratsschrank für Anfänger bietet in erster Linie Ersatz für alle lagerfähigen Produkte, die im Haushalt Verwendung finden. Das Prinzip ist einfach: Zu jeder geöffneten Verpackung steht im Vorratsschrank eine nagelneue zweite. Sie könnten Ihren Vorratsschrank z. B. so bestücken, dass er eine Drei-Tages-Reserve an allen im Haushalt gebräuchlichen Grundnahrungsmitteln und Hygieneprodukten für die gesamte Familie plus eine zusätzliche Person enthält.

Der Mittelklasse-Vorratsschrank enthält zusätzlich einen Lebensmittelvorrat, von dem die Familie zwei bis vier Wochen leben kann. Frische Nahrungsmittel werden dabei durch lagerfähige Varianten vertreten, z. B. Frischmilch durch Milchpulver.

Am umfangreichsten sind jene Vorratsschränke, die Reserven für sechs Monate bis ein Jahr enthalten. Für die langfristige Vorratshaltung sollte man nur lange haltbare Lebensmittel einkaufen, z. B. ganze Getreidekörner anstelle von Mehl, Obst und Gemüse im Glas und in der Dose sowie Trockenfrüchte.

Einräumen des Vorratsschranks

Es liegt in Ihrem Ermessen, was in den Vorratsschrank kommt. Ob es nun Markenravioli aus dem Angebot oder aber Gourmetsuppen in Dosen sind – Sie sollten sich beim Einkaufen stets nach den Vorlieben der Familie, dem Budget und dem zur Verfügung stehenden Lagerraum richten.

Bei Familien mit kleinen Kindern wird ein Vorratsschrank wohl vor allem Kinderbrei zum Anrühren, Einwegwindeln, Grieß und Kekse enthalten. Paare ohne Kinder und mit großem Bekanntenkreis bunkern gerne Konserven wie etwa Mixed Pickles und Getränke, mit denen man Gäste bewirten, die man aber auch als Gastgeschenk zur Party mitbringen kann. Und wer nicht gerne kocht, hat immer eine große Auswahl an Fertiggerichten zu Hause.

Ein Blick auf die Einkaufsliste ...

... verrät Ihnen, was zum täglichen Bedarf Ihres Haushalts zählt. Wenn Sie es regelmäßig kaufen und benutzen, und wenn es außerdem lagerfähig ist, ist ein Produkt ein Kandidat für den Vorratsschrank. Kaufen Sie als Vorräte unbedingt nur das, was Sie auch für den täglichen Verbrauch besorgen, sonst riskieren Sie, auf Ihren Vorräten sitzen zu bleiben.

Für eine durchdachte Vorratshaltung braucht man nicht nur einen Vorratsschrank, sondern auch Platz in Kühlschrank und Gefriertruhe. Karotten, Kartoffeln, Orangen und Äpfel, die wegen ihres günstigen Preises in größeren Mengen gekauft wurden, gehören in die Gemüseschublade des Kühlschranks, Fleisch aus dem Angebot in die Tiefkühltruhe.

Organisationstipps

Damit die Vorratshaltung funktioniert und Sie im Alltag tatsächlich entlastet, muss sie gut organisiert sein. Je mehr Sie lagern, desto effizienter sollte das System sein, nach dem Sie einkaufen und lagern.

- **Um einen Vorratsschrank** einzurichten, braucht es nicht sehr viel Organisation. Gewöhnen Sie sich einfach an, alle Artikel, die Sie täglich verwenden, in doppelter Ausführung zu kaufen und jeweils eines einzulagern. Wenn Ihnen dann der Senf ausgegangen ist, nehmen Sie das Ersatzglas aus dem Schrank und schreiben den Senf auf Ihren Einkaufszettel.
- **Im Vorratsschrank für Anfänger** stehen angebrochene und unversehrte Packungen nebeneinander. Räumen Sie sie aber so ein, dass die geöffnete Packung sichtbar und leichter zugänglich ist.
- **Rotationsprinzip** Was frisch gekauft wurde, kommt ganz nach hinten, was man schon länger hat, wird zuerst verbraucht.
- **Gute Organisation schafft Übersicht** Egal, ob Sie Ihre Vorräte in einem Schrank oder nur auf einem eigenen Regal lagern: Stellen Sie ähnliche Produkte zusammen. Nudeln oder Bohnen lassen sich in durchsichtigen Plastikdosen gut lagern.
- **Menüregale** Durchbrechen Sie die Regel »Zusammenstellen, was zusammen gehört«, um in einem Teil von Schrank oder Regal Produkte anzuordnen, die gemeinsam eine Mahlzeit ergeben, wie z. B. eine Packung Nudeln, ein Glas Pesto und ein Päckchen geriebener Parmesan.
- **Größere Vorräte** benötigen mehr Platz und können an verschiedenen Orten im Haus untergebracht werden. Zu beachten ist jedoch, dass manche Lebensmittel besondere Lagerbedingungen erfordern. Konserven halten sich überall, Äpfel und Kartoffeln aber sollte man an kühlen und trockenen Orten aufbewahren. Wenn Sie an verschiedenen Plätzen lagern, sollten Sie sich eine Liste machen.

Richtlinien für die Lagerung in der Speisekammer ▲ siehe S. 122–123.

RICHTLINIEN FÜR DIE AUFBEWAHRUNG IN DER SPEISEKAMMER

Produkt	Haltbarkeit	Aufbewahrung
Babynahrung, Pulver	12–18 Monate	
Backfett	8 Monate	ungeöffnet
	6 Monate	geöffnet
Backmischung f. Kuchen	1 Jahr	
Backmischung f. Kekse	12–18 Monate	
Backpulver	18 Monate	ungeöffnet
	6 Monate	geöffnet
Backsoda	2 Jahre	ungeöffnet
	6 Monate	geöffnet
Cracker	6 Monate	
Erdnussbutter	6–9 Monate	
Essig (Balsamico, Apfel-, Reis-, Weißwein-, Branntwein-, Rotweinessig)	unbegrenzt	Lagern Sie Essig in der Originalverpackung oder in Glasbehältern, nicht in Metalldosen.
Fleisch und Geflügel in Dosen	12–18 Monate	
Frühstücksflocken (Müslis, Cornflakes)	6–12 Monate	ungeöffnet
	2–3 Monate	geöffnet
Fruchtsaft in Dosen	1 Jahr	
Gelatine	12–18 Monate	
Gemüsekonserven	1 Jahr	
Haferflocken f. Haferbrei	1 Jahr	
Honig	1 Jahr	
Hülsenfrüchte, getrocknet	18 Monate	
Kaffee, gemahlen	2 Jahre	
Kaffee, Instant-	1 Jahr	in ungeöffneter Originalverpackung
Kakaopulver	unbegrenzt	
Kartoffeln, Instant-	18 Monate	
Kekse, Butter-	1 Jahr	
Kokosflocken	1 Jahr	in ungeöffneter Originalverpackung
Konfitüren	1 Jahr	ungeöffnet in Originalverpackung

Produkt	Haltbarkeit	Aufbewahrung
Knäckebrot	1–2 Jahre	
Kräuter und Gewürze, getrocknet	6 Monate–1 Jahr	in luftdichten Behältern. Werfen Sie Kräuter weg, wenn das Aroma nachlässt.
Limonaden, Cola usw.	3 Monate	in ungeöffneter Originalverpackung
Maismehl (Polenta)	18 Monate	
Marshmallows	3 Monate	
Mayonnaise	4 Monate	in ungeöffneter Originalverpackung
Mehl, fein	10–15 Monate	geöffnet in luftdichtem Behälter
Mehl, sehr fein	6 Monate	
Mehl, Vollkorn-	6–8 Monate	geöffnet, im Kühlschrank
Milch, gesüßte Kondens-	1 Jahr	
Milch, Kondens-	1 Jahr	
Milch, Magerm.-Pulver	6 Monate	
Mischungen f. Füllungen und Croûtons	6 Monate	
Nudeln, trocken	2 Jahre	Bewahren Sie Nudeln in luftdichten Behältern auf.
Nüsse mit Schale	8 Monate	
Obstkonserven	1 Jahr	
Öl, Oliven	9 Monate	
Öle (Maiskeim-, Sonnenblumen-)	18 Monate, 6–8 Monate	ungeöffnet geöffnet kühl lagern
Oliven	1 Jahr	
Orangensaft in Dosen	6 Monate	
Pfannkuchen-Mischung	6 Monate	
Popcorn, Maiskörner für	1–2 Jahre	
Puddingpulver	12–18 Monate	
Reis, braun	1 Jahr	

Produkt	Haltbarkeit	Aufbewahrung
Reis, gemischt	6 Monate	
Reis, weiß	2 Jahre	
Salatdressing	10 Monate	in ungeöffneter Originalverpackung
Salz	unbegrenzt	
Sauer eingelegtes Gemüse (Gurken, Zwiebeln, usw.)	1 Jahr	Industrieprodukte in ungeöffneter Originalverpackung
Schokoflocken, gesüßt	12 Monate	
Sirup	1 Jahr	
Soßen, Dressings und Chutneys	1 Jahr	ungeöffnet
Tee, Instant-	3 Jahre	
Teebeutel	18 Monate	
Teeblätter, lose	2 Jahre	
Tomatenketchup, Chilisauce, Grillsaucen	1 Jahr	
Tomatensoße, -mark	12–18 Monate	
Dunkle Schokolade	18 Monate	
Zucker, braun	4 Monate	
Zucker, Hagel-	2 Jahre	
Zucker, Puder	18 Monate	
Zuckerrübensirup	1 Jahr 6 Monate	ungeöffnet geöffnet
Zwieback	1 Jahr	

Damit Ihre Vorräte lange haltbar bleiben

Lagern Sie sie an kühlen Orten. Für Konserven und andere Lebensmittelvorräte sollte die Temperatur bei 21 °C oder darunter liegen. Schützen Sie sie vor direkter Sonneneinstrahlung. Beachten Sie das Verfallsdatum und die Lagerungshinweise des Herstellers. Ist das Datum unleserlich, so finden Sie hier Richtlinien.

Produktcodes: Was bedeuten Sie?

- **Verkauf bis ...** Dieses Datum legt fest, bis wann verderbliche Waren verkauft werden sollten, so dass man sie noch eine Weile zu Hause aufbewahren kann. Auf manchen ist auch das Datum angegeben, bis zu dem sie verbraucht werden sollten.
- **Mindestens haltbar bis ...** Das Mindesthaltbarkeitsdatum auf Packungen länger haltbarer Lebensmittel ist eine Richtlinie, kein Warnhinweis. Das Produkt bleibt auch noch eine Weile nach Ablauf essbar, die Qualität nimmt jedoch ab.
- **Verbrauchsdatum** Das meist für leicht verderbliche Lebensmittel wie Milch und Fleisch angegebene Verbrauchsdatum gibt den letzten Tag an, an dem das Produkt gegessen werden kann. Danach sollte man es wegwerfen.
- **Abgepackt am ...** Wenn Sie die Verpackungsdaten von Lebensmitteln in Dosen und anderen Konserven kennen, können Sie anhand von Richtlinien ermitteln, wie lange sie noch lagerfähig sind.

Finanzplanung für den Vorratsschrank

Investitionen in Vorräte machen sich mit der Zeit bezahlt, bringen aber zunächst größere Ausgaben mit sich. Aber auch hierfür gibt es ein paar Tricks:

- **»Vorratsgroschen«** Legen Sie regelmäßig eine Summe zurück, die einigen Prozent des Wochenbudgets entspricht.
- **Angebote nutzen** Erwerben Sie lange haltbare Produkte wie etwa Konserven dann, wenn es sie im Sonderangebot günstig zu kaufen gibt.
- **Große Menge kaufen** Wenn man Vorräte anlegt, lohnt es sich, gleich größere Mengen zu nehmen: Mit dem Kartoffelsack aus dem Großhandel oder dem Bauernladen fahren Sie günstiger als mit 2-kg-Netzen.

Kleidung
planen, kaufen, waschen, lagern

Bekleidung Für die meisten von uns sind Kleider mehr als nur Stoffstücke, mit denen wir unsere Blöße bedecken. Was wir kaufen, wann wir es tragen und wie wir es pflegen und aufbewahren, hat viel mit uns selbst zu tun. Unsere Schränke sind voll von Erinnerungen an »frühere Leben«, in denen wir dünner und jünger waren.

In vielen Haushalten bricht der Wäschekreislauf immer wieder zusammen und im Wäschebereich sammeln sich Berge an. In anderen quellen Schränke und Schubladen über, während ihre Besitzer felsenfest überzeugt davon sind, nichts zum Anziehen zu haben.

Wenn wir dem Kleidungs- und Wäschekreislauf die ihm gebührende Beachtung schenken, planen und kaufen wir so, dass der Textilienbestand der Familie nicht ins Unermessliche wächst. Wir befreien Fächer und Schubladen vom Chaos, indem wir aussortieren, was aus der Mode gekommen oder für die Jahreszeit unpassend ist. Ein neues System sorgt dafür, dass immer genügend frische und in Ordnung gebrachte Sachen verfügbar sind.

Bekleidungsplanung
für die Familie

Was ist der Unterschied zwischen Kleider-Chaos und einer funktionierenden Garderobe? Ein Bekleidungsplan. Mittels einer Bekleidungsplanung können Sie feststellen, was da ist und was die einzelnen Mitglieder Ihrer Familie brauchen, bevor Sie einkaufen gehen. Außerdem fasst ein Bekleidungsplan Stilmerkmale wie Farben und Einsatzmöglichkeiten zusammen, die Ihnen bei der Auswahl helfen.

Kinder und ihr Kleiderbedarf

Meine Großmutter Betty errechnete den Kleiderbedarf ihrer Kinder in den 1930er-Jahren nach einer einfachen Faustregel: »Eins zum Tragen, eins für die Wäsche und eins im Schrank.«

Die Zeiten haben sich geändert. Das Leben ist weniger beschaulich, Textilien sind billiger zu haben als früher, und so kaufen viele Familien und kaufen und kaufen viel zu viel. Häufig sind die Kinder aus den Sachen herausgewachsen, bevor sie verschlissen sind, oder sie ziehen sie aus verschiedenen Gründen niemals an. Ein Zuviel an Kleidung verstopft die Schränke und erschwert es dem Kind, Ordnung zu halten.

Wie viel Kleidung brauchen Ihre Kinder wirklich?
Hier leistet der Wäscheplan wertvolle Hilfe. Wenn Sie einmal pro Woche Kindersachen waschen, genügen sieben bis zehn T-Shirts und Hosen oder vergleichbare Kombinationen. Waschen Sie öfter, genügen fünf bis sechs.

An Socken und Unterwäsche brauchen Ihre Kinder die doppelte bis dreifache Menge, besonders wenn sie noch sehr klein oder im Kindergartenalter sind.

Bekleidungsplanung für Einsteiger
Legen Sie für jedes Mitglied Ihrer Familie einen einfachen Bekleidungsplan an. Nehmen Sie dafür je ein Blatt liniertes Papier.

Listen Sie Aktivitäten auf Schule oder Arbeit, Sport und Spiel, Kirchenbesuche und Vereinsmitgliedschaft. Im Mittelpunkt des Bekleidungsplans stehen die Anlässe, zu denen man seine Sachen trägt. Machen Sie für jedes Familienmitglied eine Liste der verschiedenen Aktivitäten. Fügen Sie eine weitere Rubrik für den Grundbedarf hinzu, also Socken, Unterwäsche, Nachtwäsche, Mäntel und Jacken, Regensachen.

Bekleidungsinventar Der nächste Schritt besteht darin, Inventarlisten anzulegen. Tragen Sie jedes Stück in die entsprechende Kategorie ein. Überprüfen Sie bei Kindersachen die Größen. In einem Wachstumsschub kann ein Kind in wenigen Wochen aus seinen Sachen herauswachsen.

Beim Anlegen der Listen sehen Sie ziemlich bald, wer was braucht. Sie besitzen Jeans in Hülle und Fülle, aber kaum etwas, das zu offiziellen Anlässen passt. Ihrem Sohn ist die »gute« Hose schon lange zu klein. Ihre Tochter hat viele schöne Kleider, aber keine Strumpfhosen und nicht genügend Sachen zum Herumtoben.

Machen Sie sich einen Einkaufszettel Schreiben Sie anhand der Inventarliste einen Einkaufsplan. Er wird Ihnen helfen, das anzuschaffen, was wirklich gebraucht wird, und unnötige Ausgaben zu vermeiden.

Tipps für die Bekleidungsplanung

Ein zweckmäßiger Garderobenplan gibt dem Leben Ihrer Kleidung Sinn. Nichts hängt mehr ungetragen im Schrank herum!

Farben abstimmen Legen Sie ein Farbschema fest und kaufen Sie entsprechend ein. Die rosa Bluse mag im Geschäft sehr schick aussehen, zumal die Schaufensterpuppe sie zu einem grauen Rock trägt. Wenn Sie aber vor allem braune und beige Röcke und Hosen im Schrank hängen haben, wäre diese Bluse ein Fehlkauf. Legen Sie für jedes Familienmitglied eine neutrale Grundfarbe fest und wählen Sie Schuhe, Mäntel und Jacken, Gürtel und Taschen passend dazu aus. Oberteile wie Hemden bzw. Blusen und Pullis, aber auch Strümpfe und Socken können leuchtende Farben haben, die gut zu dieser Grundfarbe passen.

Lieber vielseitig Kaufen Sie Stücke, die vielseitig einsetzbar sind wie T-Shirts, die sich in der kälteren Jahreszeit unter einem Blazer oder einer Strickjacke gut machen, oder Kleider, die Ihre Tochter auch mit Strumpfhosen und mit einem Pullover darüber tragen kann.

Klassisch passt immer Natürlich macht neue Mode Spaß, aber man kann keine brauchbare Garderobe zusammenstellen, wenn man immer nur die neuesten Trends kauft. Entscheiden Sie sich bei teureren Stücken lieber für klassische Schnitte, die zeitlos und daher länger tragbar sind.

▼ **Die richtige Note** Halten Sie beim Kauf von Hemden, T-Shirts, Schals und Pullis nach lebhafteren Farben Ausschau.

Top-Tipps für den Einkauf:
Daran erkennen Sie Qualität

Heutzutage erkennt man qualitativ hochwertige Kleidung nicht mehr am Preisschild. Teure Designerstücke können nachlässig gearbeitet sein, während preiswerte Sachen mitunter aus gutem Stoff und solide genäht sind. Qualitätskleidung zeichnet sich durch gutes Material, angemessenen Stil und sorgfältige Verarbeitung aus. Die folgenden Tipps helfen Ihnen, sie zu erkennen.

1 Lesen Sie Etiketten und Pflegehinweise
Der Stoff, aus dem hochwertige Kleidung ist, enthält mehr Naturfasern und ist meist waschbar oder lässt sich leicht reinigen

2 Der Gesamteindruck zählt
Ausgefranste, offene oder zusammengezogene Nähte deuten auf schlechte Verarbeitung hin. Reißverschlüsse sollten glatt eingenäht sein.

3 Überprüfen Sie Knöpfe und Verschlüsse
Ausgebeulte Knopflöcher sind ein schlechtes Zeichen. Verschlüsse sollten sorgfältig angebracht sein. Prüfen Sie, ob die Knöpfe fest angenäht sind.

4 Säume sichten
Wenn ein deutlich abgesetzter Saum nicht gewolltes Stilelement ist, sollte man Säume von außen nicht sehen können. Wenn sie zipfeln, wurde der Stoff schlecht geschnitten.

5 Wie sind die Nähte
Nähte sollten stets gerade und glatt verlaufen. Was neu stört, wird beim Tragen schlimmer.

◂ **Kleiden Sie sich schick!** Der Kauf hochwertiger Kleidung ist nicht nur in finanzieller Hinsicht eine gute Investition, sondern kommt auch Ihrem Selbstbewusstsein zugute.

6 Zupfen Sie an Fädchen
Klappen Sie umgebügelte Nähte und Säume auf und ziehen Sie an Fadenenden. Gute Nähte ribbeln nicht auf und großzügig berechnete Nähte und Säume machen Reparaturen und Änderungen möglich.

Sparen Sie Geld!

Ebenso wie das Essen ist auch die Kleidung ein »dehnbarer« Posten im Familienbudget. Die folgende Tipps helfen, schick zu sein und trotzdem Geld zu sparen:

1 Kaufen Sie am Ende der Saison
Gute Gelegenheiten gibt es immer dann, wenn die Geschäfte ihre Lager räumen, um Platz für die Ware der nächsten Saison zu machen. Ähnlich wie für Weihnachtsmänner und Osterhasen beginnt auch für Kleidung die Saison immer früher. Halten Sie deshalb nach Anzeigen und Hinweisen Ausschau.

2 Kaufen Sie nicht um des Kaufens willen
Shopping kann gleichzeitig Freizeitbeschäftigung, gesellschaftlicher Anlass und Therapie sein. Ignorieren Sie das und halten Sie sich lieber an Ihre Liste. Wenn Sie das, was Sie suchen, nicht finden, dann gehen Sie eben mit leeren Händen heim. Kaufen Sie nicht stattdessen noch ein Twinset, obwohl sie schon so viele davon im Schrank hängen haben.

3 Überlegen Sie, was Sie reparieren können
Kleidungsstücke mit kleinen Schäden werden oft weit unter Preis verkauft. Aber überlegen Sie genau, ob Sie im Stande sind, sie auszubessern. Ein Knopf ist schnell wieder angenäht, aber wenn Sie keine Nähmaschine haben, sollten Sie sich die Hose mit dem defekten Reißverschluss lieber doch nicht zulegen.

4 Shoppen Sie im Secondhandladen
In Secondhandläden bekommt man oft hochwertige gebrauchte Kleidung zum niedrigen Preis. Läden, die auf sich halten, nehmen minderwertige oder abgetragene Stücke gar nicht erst an.

Kaufen von Secondhandkleidung

In Secondhandläden und auf Flohmärkten kann man günstig an hochwertige Kleidungsstücke kommen. Lesen Sie die folgenden Tipps, bevor Sie auf die Jagd gehen:

- **Kaufen Sie bei seriösen Händlern** Beim Kauf gebrauchter Kleidung sollten Sie nach Äußerlichkeiten gehen. Professionelle Flohmarkthändler hängen ihre Ware anständig auf, anstatt sie in Haufen herumliegen zu lassen und gute Secondhandläden sind ansprechend eingerichtet.
- **Seien Sie vorbereitet** Weil es auf Flohmärkten kaum Umkleidekabinen gibt, sollten Sie in eng anliegenden Leggings und einem T-Shirt hingehen, wenn Sie Sachen anprobieren möchten.
- **Gehen Sie der Nase nach** Schnuppern Sie an gebrauchten Stücken. Kaufen Sie nichts, was nach dem Parfüm der Vorbesitzerin oder gar Schlimmerem riecht.
- **Fahnden Sie nach Markenware** Etiketten bewährter Marken machen gebrauchte Stücke zu sinnvollen Anschaffungen.
- **Überprüfen Sie die Verschlüsse** Abgebrochene Haken oder kaputte Reißverschlüsse und ausgerissene Knöpfe schmälern den Wert eines Stückes beträchtlich.
- **Maß nehmen** Nehmen Sie ein Maßband mit und überprüfen Sie damit Länge und Weite. Größen entsprechen nicht immer der Norm und mitunter sind die Etiketten gebrauchter Kleidungsstücke herausgeschnitten.
- **Keinen Kaufrausch bekommen** In der Hitze des Gefechts begeistert man sich leicht für ein schönes Stück, das leider gar nicht zur vorhandenen Garderobe passt. Nehmen Sie deshalb stets Ihren Einkaufszettel mit!

Aufräumen in der **Garderobe**

Hoch aufgetürmt oder dicht an dicht gehängt lauert auch im Kleiderschrank das Chaos. Wenn die Suche nach dem Abendkleid oder aber nach einer tragbaren Jeans zu lange dauert, wird es Zeit, dies zu stoppen.

Die Anti-Chaos-Regeln

Wie überhaupt im Leben gilt auch im Kleiderschrank: Weniger ist oft mehr und häufig trifft zudem die gute alte 80-20-Regel zu: In 80 Prozent der Zeit tragen wir 20 Prozent unserer Kleidung, während die übrigen 80 Prozent – Spontankäufe, farblich aus dem Rahmen fallende Blusen und all die Stücke, die uns eine Größe zu klein sind – kaum mehr als sinnlos herumhängender Ballast sind. Da hilft nur noch Aussortieren – am besten nach den folgenden Regeln.

Behalten Sie ein Stück, wenn:
- es passt, und zwar heute. Nicht »4,5 Kilos leichter« und nicht »letztes Jahr, als ich Grippe hatte und so dünn war«! Heute!
- es sauber, unbeschädigt und in gutem Zustand ist,
- Sie es im Laufe des letzten Jahres getragen haben,
- Sie es uneingeschränkt mögen.

Werfen Sie alles weg, was:
- abgetragen ist, Flecken hat, die nicht mehr rausgehen oder aber umfangreichere Ausbesserung benötigt. Zu den kleineren Reparaturen zählen herunterhängende Säume, ausgerissene Taschen und aufgeplatzte Nähte.

Bringen Sie zum Secondhandladen, was:
- Sie seit einem Jahr nicht mehr getragen haben,
- nicht mehr modern ist,
- von der Farbe her nicht zu Ihnen passt,
- nicht passt, unbequem ist oder Ihnen nicht steht.

Vor dem Aufräumen ▲

Nie mehr Chaos im Schrank

Holen Sie Ihre Helfer: den Wecker, die Kartons mit den Aufschriften »aufräumen«, »verkaufen/verschenken« und »wegräumen«, einen Müllbeutel sowie einen Extrakarton für Reparaturbedürftiges. Stellen Sie den Wecker auf 20 Minuten ein. Ich weiß, dass es Modeberater gibt, die empfehlen, vor einer Entscheidung jedes Stück mit jedem anderen auszuprobieren, auf jeden Fall alles zu reparieren und das, was man behält, in der Reihenfolge der Regenbogenfarben aufzuhängen. Dennoch lässt sich diese Arbeit in 20-Minuten-Aktionen leichter bewältigen.

1 Sortieren
Nehmen Sie sich ein Stück nach dem anderen vor und lassen Sie sich von den Anti-Chaos-Regeln bei Ihren Entscheidungen helfen. Fangen Sie klein an: ein Fach oder 30 cm Kleiderstange. Überlegen Sie bei jedem Stück, ob Sie es behalten, wegwerfen, verkaufen, reparieren oder für die ihm gemäße Jahreszeit wegräumen möchten.

2 Wegwerfen
Wenn Sie es nicht behalten wollen, legen Sie es in den entsprechenden Karton oder stecken Sie es in den Müllbeutel.

3 Organisieren
Alles, was nicht in den Kleiderschrank gehört, kommt in den »aufräumen«-Karton. Räumen Sie die übrig gebliebenen Kleidungsstücke in die Fächer oder hängen Sie sie auf.

4 Aufräumen
Das Weckerklingeln zeigt das Ende des Aufräumeinsatzes an. Entsorgen Sie den Müll und räumen Sie die Kartons und deren Inhalt auf.

Nach dem Aufräumen ▲

Organisieren des Kleiderschranks

Sie haben aus Ihrem Kleiderschrank alles entfernt, was Sie niemals tragen, was Ihnen nicht passt und nicht steht. Kümmern Sie sich nun um das, was Sie behalten haben und organisieren Sie es. Stellen Sie Gruppen von Stücken zusammen, die sich gut kombinieren lassen, um sie optimal zu nutzen.

Aufräumtipps für Chaos-Persönlichkeiten

Der Inhalt des Kleiderschranks verrät nicht nur viel über den Geschmack, sondern auch über die Persönlichkeit:

- **Hamster** Bei Hamstern und Hamsterinnen stapeln sich im Schrank neue und so gut wie neue Stücke, während die ältesten und abgenutztesten ständig in Gebrauch sind. Bekämpfen Sie Ihre Instinkte, verarbeiten Sie alte T-Shirts und Nachthemden zu Putzlappen und ziehen Sie endlich die neuen Sachen an!

  Ein Reisetipp für Hamster (und alle anderen): Sammeln Sie schon etwas ausgeleierte Unterwäsche in einem leeren Koffer und nehmen Sie sie anstatt neuer Wäsche auf Ihre nächste Reise mit, auf der Sie alles ein letztes Mal tragen und es anschließend wegwerfen.

- **Nostalgiker** Im Kleiderschrank des Nostalgikers tummeln sich Stücke aus »früheren Leben« – auf Kosten der Kleidung der Gegenwart. Etwas Altes wegwerfen ist für Sie, als müssten Sie sich Erinnerungen herausreißen. Um Platz zu gewinnen, sollten Sie ein Symbol auswählen, das Sie an alte Zeiten erinnert: Kleben Sie ein Stück aus dem Stoff des Abschlussballkleids ins Album neben die Fotos oder rahmen Sie einen Strampler ein – und befreien Sie sich von den übrigen alten Sachen.

Leitprinzip: nach Gruppen einräumen

Eine Kleider-»Gruppe« besteht aus fünf bis acht Stücken, die gut zusammenpassen, etwa aus einer gewebten Wolljacke in rot, blau und kamelbraun, einem passenden marineblauen Rock, einer schicken marineblauen Hose, dunkelblauen Jeans, einem roten T-Shirt und einer elfenbeinfarbenen Bluse. Mit Jacke, Rock und Bluse sind Sie formell und fein, mit Jacke, T-Shirt und Jeans lässig-elegant gekleidet. Mit einer Bluse über dem T-Shirt und dazu der feinen Hose angetan, machen Sie auf der Komiteesitzung eine gute Figur.

Überlegen Sie, wie Sie aus Ihrer verbliebenen Garderobe solche Gruppen bilden können. Wichtigstes Organisationsprinzip ist nicht die Saison oder der Stil, sondern die Farbe. Gruppieren Sie Stücke in ähnlichen Farben und suchen Sie nach etwas, das daraus eine Gruppe macht. Für eine hauptberufliche Mutter und Hausfrau mag eine Gruppe aus hellen Jeans, weißem T-Shirt und Jeansjacke bestehen sowie einer passenden Weste und etwas Rotem, etwa einem Pullover.

Das Denken in dieser Art von Gruppen ist beim Einkaufen eine große Hilfe. Halten Sie nicht mehr nach hübschen Einzelstücken oder Paaren Ausschau, die dann doch nur im Schrank hängen, sondern suchen Sie nach etwas, das zu einer bestimmten Gruppe passt und mit deren Elementen kombinierbar ist.

Leitprinzip: Aufbewahrung vereinfachen

Ehrlich gesagt sind viele traditionelle Aufbewahrungsmethoden nicht wirklich sinnvoll. Schubladen klemmen und quietschen und sind schnell überfüllt. An Bügeln aufgehängt, kommen lange Kleider ständig mit den Schuhen auf dem Schrankboden

in Berührung oder zerknittern. Drahtbügel verhaken sich ineinander, Schuhe purzeln über den Boden.
Die folgenden Tipps vereinfachen das Aufbewahren:

■ **Erleichtern Sie das Aufräumen** Denken Sie um. Auch für die Kleidung gilt, dass es stets leichter sein sollte, sie aufzuräumen als sie herauszunehmen. Bewahren Sie deshalb Slips und BHs lieber in einem offenen Korb in einem Fach auf als in einer kleinen Wäscheschublade. Hängen Sie Nachthemden und Morgenröcke an Haken auf, und Sie werden sie auch dann finden, wenn Sie schon sehr müde oder noch sehr verschlafen sind. Investieren Sie in ein durchdachtes Aufhängesystem, und die Kleiderbügel, auf denen Ihre feinen Blusen, Ihre Seidenröcke oder die Krawatten Ihres Mannes hängen, verhaken sich nicht mehr ineinander.

»Investieren Sie in ein durchdachtes Aufhängesystem, dann verhakt sich nichts!«

■ **Gruppendenken** Hängen Sie Ihre Kleidungsstücke nach Möglichkeit in Gruppen auf, anstatt sie nach Art (Hosen, Röcke, Blusen …) zu sortieren. Wenn die schöne bunt gestreifte Bluse von zwei alten Jeanshemden verdeckt wird, vergisst man schnell, wie gut sie zu der kittfarbenen Baumwollhose passt. Dank der Gruppen finden Sie leichter das passende Outfit.
■ **Offen bleiben** Stapeln Sie Jeans, Shorts und T-Shirts in offenen Fächern, und sie gehen Ihnen nie wieder in den dunklen Randbereichen des Schranks verloren. Socken sollten einen eigenen offenen Korb haben. Sortieren Sie Ihre Strumpfhosen nach Farben und stecken Sie sie in verschließbare Plastikbeutel.
■ **Richtig hängen** Schaffen Sie sich die richtigen Kleiderbügel für Ihre Sachen an (*siehe S. 136*) und führen Sie die Drahtbügel aus der Reinigung dem Wertstoffkreislauf zu.

▶ **Machen Sie von Schuhen,** die Sie in ihren Kartons aufbewahren, Fotos, kleben Sie sie auf die Kartons und stapeln Sie diese so, dass Sie auf einen Blick über den Inhalt informiert sind.

Tipps für organisierte Kleiderschränke
Wenn Sie es sehen können, dann können Sie es auch finden und anziehen. Probieren Sie die folgenden Tipps aus:

■ **Maximieren Sie den Stauraum** Im Kleiderschrank ist Stauraum immer knapp und doch wird in vielen Schränken der vorhandene Platz schlecht genutzt. Spezielle Aufbewahrungselemente helfen, diesen Platz tatsächlich verfügbar zu machen. Verdoppeln Sie den Platz für Hemden und Blusen durch eine zweite Kleiderstange. Einlegeböden und einhängbare Körbe helfen, allzu hohe Fächer optimal zu nutzen.
■ **Treiben Sie die Schuhe zusammen** Über die Aufbewahrung der Schuhe sind schon etliche ansonsten gut organisierte Menschen gestolpert. Der Boden des Kleiderschranks ist kein idealer Aufbewahrungsort für Schuhe. Lassen Sie sie in Schuhregalen Aufstellung nehmen oder stecken Sie sie in Beutel.

Organisationstipps für die Kommode

Vollgestopfte Schubladen führen nur allzu häufig zu Laufmaschen, hässlichen Knitterfalten und mitunter sogar zu eingeklemmten Fingern. Mithilfe der folgenden Tipps finden Sie leichteren Zugang zu der Kleidung in Ihren Schubladen:

■ **Chaos konsequent bekämpfen** Schubladen lassen sich am leichtesten bewegen, wenn darin oben etwas Luft bleibt. Vollgestopfte Schubladen beschädigen die Kleidung und erschweren die Suche. Halten Sie den Schubladeninhalt in Grenzen, indem Sie auch hier regelmäßig die Anti-Chaos-Methode und die Anti-Chaos-Regeln anwenden (*siehe S. 20–23 und 130–131*). Beseitigen Sie skrupellos einzelne Socken und zerrissene Höschen.

■ **Etiketten weisen den Weg** Etiketten verhindern, dass Schubladen vor Dingen überquellen, die gar nicht hineingehören. Kleben Sie Etiketten auf die Front der Schubladen oder auf den oberen Schubladenrand. Malen Sie für kleine Kinder entsprechende Bildchen auf die Etiketten.

■ **Strikte Trennung** Schubladentrenner sorgen dafür, dass Slips adrett nebeneinander liegen und Socken nicht durcheinanderrollen. Basteln Sie die Trenner aus schmalen Kartonstreifen oder bewahren Sie Wäsche und Socken in niedrigen Körben auf. Im Handel finden Sie eine große Auswahl an verschiedenen Trennsystemen.

■ **Säuberlich aufgerollt** Viele Sachen lassen sich aufgerollt besser aufbewahren als gefaltet. Bei Sockenpaaren sorgt das Aufrollen für eine feste Bindung, aber auch T-Shirts lassen sich einzeln aufgerollt besser aufbewahren. Aufgerollte Kleidungsstücke beanspruchen weniger Platz als gefaltete und bekommen durch das Rollen weniger Falten.

■ **Auslagern** Wenn die Kommode zu voll zu werden droht, sollten Sie sich nach Aufbewahrungsalternativen umsehen. Werfen Sie aufgerollte Strümpfe und Strumpfhosen in einen flachen Korb, den Sie unter die Frisierkommode oder das Bett schieben können. Jeans nehmen aufgehängt im Schrank weniger Platz weg. Pullover sollten nicht auf Bügel gehängt werden, da sie sonst ausbeulen und ihre Form verlieren.

◀ **Grenzen setzen** Schubladentrenner helfen, das, was Sie brauchen, schnell zu finden. In Schubladen, die häufig geöffnet werden, rutschen kleine Dinge unter die großen und werden so unsichtbar.

Aufbewahrungstipps für Chaos-Persönlichkeiten

Die folgenden Tipps sind auf verschiedene Chaos-Persönlichkeiten abgestimmt:

■ **Perfektionist** Die Perfektionistin hat den am sinnvollsten organisierten Kleiderschrank der Welt – in ihrem Kopf! Weil sich ihr Traum des farblich perfekt abgestimmten Organisationsystems so schlecht umsetzen lässt, wagt sie nicht den kleinsten Versuch und muss sich deshalb weiterhin immer, wenn sie einen Badeanzug braucht, durch die Fleecehemden wühlen.

Die Perfektionistin sollte sich klar machen, dass ein »gut genug« organisierter Schrank ihr Leben lebenswerter macht und stets an die 80-20-Regel denken.

■ **Verdränger** Auch der Verdränger träumt von einem gut organisierten Schrank, doch die dafür notwendige Anstrengung erscheint ihm so gewaltig, dass er allein schon beim Gedanken daran in Panik gerät.

Wagen Sie den ersten Schritt, schon der zweite wird Ihnen leichter fallen! Sortieren Sie eine halbe Schublade oder die Hälfte von dem, was auf einem Bügel hängt. Morgen machen Sie weiter ... usw. Viele kleine Schritte bringen Sie an Ihr Ziel: ein gut organisierter Schrank.

■ **Die Rebellin** Mami war ein Tyrann und bestand darauf, dass jedes einzelne Kleidungsstück immer sofort aufgeräumt wurde. In ihrem Erwachsenenleben führt die Rebellin den Kampf weiter und lässt einfach alles auf den Boden fallen. Doch nach einer Weile macht es keinen Spaß mehr, morgens in den vielen Haufen herumzuwühlen, um etwas Unzerknülltes zum Anziehen zu finden.

Machen Sie sich klar, dass Sie selbst bestimmen. »Ich habe mich dafür entschieden, meine Sachen so aufzubewahren, dass ich in ihnen gut aussehe.«

Winter- und Sommersachen **aufbewahren**

Im Winter trägt die ganze Familie dicke, warme Sachen, im Sommer hält sie es nur in leichterer Bekleidung aus. Was man gerade nicht braucht, nimmt im Schrank nur unnütz Platz weg und sollte daher weggeräumt und verstaut werden – und zwar so, dass es gut in Schuss bleibt und nicht beschädigt wird.

Vor dem Wegräumen
Bevor Sie Ihre Winter- oder Sommersachen wegräumen und verstauen, sollten Sie sie waschen oder reinigen lassen, auch wenn sie sauber aussehen. Etwaige verborgene Flecken werden ein paar Monate später sehr wohl sichtbar sein. Körperfett zieht Motten an und erzeugt einen Geruch, den Sie aus dem Stück nicht mehr herausbekommen, wenn Sie zu lange warten.

Nehmen Sie von frisch gereinigten Sachen die Plastikhüllen ab, denn das Plastik hält Feuchtigkeit und kann dadurch zu Pilz- oder Schimmelbildung führen. Baumwollbeutel und Hüllen aus Baumwolle schützen Kleidung vor Staub, ohne die Luftzirkulation zu behindern.

Lagern Sie die Kleidung an einem kühlen, trockenen und gut ventilierten Ort. Wintersachen sind den Sommer über auf dem Speicher nicht unbedingt gut aufgehoben, weil die Hitze Fasern beschädigt und unsichtbare Flecken sichtbar macht.

Kleiderbügel auswählen Hängen Sie Kleider niemals für längere Zeit auf Drahtbügel (*siehe S. 138*). Für Jacken und Mäntel eignen sich gepolsterte Kleiderbügel oder Anzugbügel aus Holz am besten. Hängen Sie Hosen am Bund oder am Saum gerade auf, um Faltenbildung zu vermeiden. Hängen Sie Röcke am Bund an Rockbügeln auf. Für Blusen und Hemden eignen sich Plastik- und Holzbügel. Legen Sie Schlaufen an Kleidern so um den Bügel, dass sich das Gewicht gut verteilt.

◀ **Unters Bett damit** Der Raum unter den Betten kann als Aufbewahrungsort für jahreszeitliche Kleidung dienen. Besorgen Sie sich Unterbettboxen und erhöhen Sie das Bett ggf. durch Klötze.

Geeignete Behälter Vermeiden Sie es, Kleidung in Kartons aufzubewahren. Pappe enthält Säuren und der Leim, der sie bindet, zieht Insekten an. Aufbewahrungsboxen aus Kunststoff mit Deckeln beschädigen weder die Fasern, noch locken sie krabbelnde und geflügelte Schädlinge an. Schreiben Sie mit einem Folienstift außen auf die Box, was sie enthält.

Kleidermotten Wenn es in Ihrem Haus oder Ihrer Gegend Motten gibt, können Sie Kleidung aus Naturfasern mit Mottenkugeln schützen. Da die Mottenkugeln Dämpfe freisetzen, sollten sie allerdings nur in geschlossenen Behältnissen verwendet werden. Legen Sie sie nie direkt auf Kleidungsstücke.

Weil die Dämpfe, die Mottenlarven töten, auch für den Menschen schädlich sind, sollten Sie Kleidungsstücke, die zusammen mit Mottenkugeln gelagert wurden, vor dem Tragen mindestens einen Tag lang lüften.

Wattebäusche mit Zedernöl oder Blöcke aus Zedernholz schützen ebenfalls vor Motten und sind für uns ungefährlich. Damit sie tatsächlich wirken, sollte man sie ebenfalls zusammen mit der Kleidung in einen geschlossenen Behälter legen.

Wohin mit den Sachen?

Probieren Sie die folgenden Tipps aus, um Winter- und Sommersachen außerhalb ihrer Saison zu lagern.

- **An die Stange** Kleiderständer auf Rollen, auch Garderobenständer genannt, eignen sich hervorragend für die Aufbewahrung von Mänteln, Jacken und allem, was man aufhängen kann. Für diese Art von Ständern gibt es auch Hängeregale aus Baumwolle für Pullover, T-Shirts usw. Rollen Sie den Ständer nach dem Einräumen an sein Sommer- bzw. Winterquartier und decken Sie ihn zum Schutz vor Staub mit einer Abdeckhaube oder einem Bettlaken ab.
- **Kofferlösung** Koffer sind nicht nur für den Transport, sondern auch für die Aufbewahrung von Kleidung ideal. Falten Sie alles, was gefaltet werden kann und legen Sie es in einen Koffer. Ein aufgeklebtes Etikett verrät Ihnen, was darin ist.
- **In luftiger Höhe** Wenn Sie sehr hohe Schränke besitzen, sollten Sie die obersten Fächer für die Aufbewahrung von Saisonkleidung nutzen. Optimal wäre es, wenn ganz oben noch eine Kleiderstange hineinpasst.

Das Kindersachenarchiv

Familien mit Klein- und Schulkindern haben in der Regel Aufbewahrungsprobleme. Wenn man mehrere Kinder hat, ist es sinnvoll, die Sachen, aus denen ein Kind herausgewachsen ist, für die jüngeren aufzuheben. Viele sparsame Eltern kaufen außerdem im Schlussverkauf oder auf dem Flohmarkt sehr gerne »auf Vorrat« ein.

Häufig aber sind Kinderzimmer eher knapp bemessen und ihre Schränke nicht unbedingt dazu gedacht, Kleidung für mehrere Jahreszeiten oder gar Jahre aufzunehmen. Die Lösung des Problems: Gründen Sie ein Kindersachenarchiv, in dem Sie Kinderkleidung sortieren, lagern und organisieren.

Immer etwas zur Hand

Für Ihr Kindersachenarchiv brauchen Sie acht bis zehn Container mit Deckeln. Sie sollten sauber, trocken und stapelbar sein.

Sortieren Sie die Kleidung erst nach dem Geschlecht und dann nach dem Alter der Kinder. Legen Sie die einzelnen Stapel in die Container, die etwa so etikettiert sein könnten: »Junge bis 6 Jahre«, »Mädchen bis 8 Jahre«. Stapeln Sie die Container in einem gut zugänglichen Bereich der Garage oder auf dem Speicher.

Gab es im Kaufhaus sagenhaft billige Krabbelhosen? Bewahren Sie sie im »Junge bis Kleinkind«-Container auf, bis Ihr Jüngster gelernt hat, durch die Wohnung zu rutschen. Wenn die Kleider Ihrer Tochter zu kurz geworden sind, schauen Sie im »Mädchen bis 6 Jahre«-Container nach, bevor sie einkaufen gehen und verstauen Sie alles, was zu klein, aber noch gut erhalten ist, in den entsprechenden Containern.

Bekleidung: Erhaltung und Pflege

Wenn Sie viele Lieblingsstücke haben oder einfach nicht so gerne shoppen gehen, macht es Sinn, die Kleidung sachgerecht aufzubewahren. Unsere Garderobe stellt eine beträchtliche Investition an Zeit, Geld und Energie dar. Gute Pflege verhindert, dass wir uns vor der Zeit von lieb gewonnenen Stücken trennen müssen.

Beachten Sie die folgenden Regeln, um länger Freude an Ihren Sachen zu haben:

■ **Lüften Sie Kleidung nach dem Tragen** Hängen Sie das teure Kleid oder das gute Kostüm nicht unmittelbar nach dem Tragen in den Scharnk, sondern lieber über Nacht ins Freie. An der frischen Luft hängen sich Falten aus und Feuchtigkeit und Gerüche verfliegen.

■ **Entsorgen Sie Ihre Drahtbügel** Die Drahtbügel, die einem die chemische Reinigung mit nach Hause gibt, tun den Sachen nicht gut. Sie bohren sich in die Blusenärmel und dehnen den Stoff, während die rauen Drahtenden Fäden ziehen und dadurch feine Gewebe beschädigen können. Der dünne Draht hinterlässt im Stoff Abdrücke und verbiegt sich unter der Last von Mänteln und schweren Jacken. Tipps für die Auswahl geeigneter Bügel finden Sie hier rechts neben dem Foto und auf S. 136. Viele Reinigungen nehmen Drahtbügel zurück.

■ **Erst trocknen** Deos, Lotions und Parfüms sind gut für uns, aber nicht für unsere Kleider. Die in Kosmetika enthaltenen

»An der frischen Luft hängen sich Falten aus und Gerüche und Feuchtigkeit verfliegen.«

◀ **Gut gehalten** Hängen Sie Jacken und Mäntel auf stabile, gerundete Holzkleiderbügel. An schmaleren Bügeln aus Holz oder Plastik hängen Blusen knitterfrei und einsatzbereit.

chemischen Stoffe können die Fasern angreifen. Deshalb sollten Sie nach Anwendung von Cremes und Deos und nach dem Auftragen von Parfüm warten, bis alles eingezogen bzw. angetrocknet ist, bevor Sie sich anziehen. Sprühen Sie aus diesem Grund auch nie Parfüm auf Textilien.

- **Rasch entfernen** Wenn sich Flecken erst einmal im Gewebe festgesetzt haben, lassen sie sich nur schlecht oder gar nicht mehr entfernen. Waschen Sie befleckte Sachen oder bringen Sie sie baldmöglichst in die Reinigung.

»Früh gestopft ist nie bereut.«

- **Immer schön abstauben** Staub und Schuppen verunstalten Kleidung nicht nur, sondern können sie auch beschädigen, da sie abreibend wirken. Bürsten Sie Ihre Sachen regelmäßig oder gehen Sie mit der Fusselrolle drüber.
- **Rechtzeitig ausbessern** Früh gestopft ist nie bereut: Bessern Sie geplatzte Nähte sowie kleine Risse und Löcher rasch aus, bevor der Schaden schlimmer wird.
- **Halten Sie den Schrank in Ordnung** Vollgestopfte Schränke und Schubladen erschweren nicht nur, etwas zu finden, sondern beschädigen auch die Kleidung. Fest zusammengepresst bekommen die Sachen Falten und Gerüche und Feuchtigkeit können nicht entweichen. Gönnen Sie Ihrer Garderobe Platz zum Atmen und sie wird es Ihnen danken.
- **Sorgen Sie für trockene Luft** In Gegenden mit feuchtem Klima kann das Lagern von Textilien zum Problem werden. Die in der Luft enthaltene Feuchtigkeit bleibt in der Kleidung hängen und begünstigt die Bildung von Schimmel und Stockflecken. Mangelnde Luftzirkulation verstärkt diesen Effekt. Das Ergebnis: Muffiger Geruch und buchstäblich untragbar gewordene Kleidung. Probieren Sie Entfeuchter aus. Diese Stoffbeutel oder Plastikbehälter enthalten Kristalle, die Feuchtigkeit anziehen.
- **Bekämpfen Sie Schädlinge** Kleidermotten und andere Schädlinge fühlen sich im dunklen Schrank zwischen Baumwolle und Wolle besonders wohl. Halten Sie sie mit umweltfreundlichem Zedernholz fern oder legen Sie mit Zedernöl getränkte Wattebäusche in die Schrankfächer. Frischen Sie die Zedernholzblöcke durch leichtes Aufrauen mit Sandpapier auf.

Reinigung: Wichtige Tipps

Die chemische Reinigung ist eine wertvolle Verbündete bei der Pflege von Kleidung. Ein paar Tipps helfen, diese praktische Einrichtung noch besser zu nutzen.

- **Sparsam einsetzen** Eine chemische Reinigung ist nicht nur teuer, sondern beansprucht die Fasern auch stark. Deshalb sollte sie nur erfolgen, wenn es unumgänglich ist.
- **Beide oder keines** Weil die Farbe des Stoffes sich durch die Reinigung verändern kann, sollte man stets beide Teile eines Ensembles hinbringen, also Anzugjacke und Anzughose oder Kostümjacke und -rock.
- **Zeigen Sie alles** Weisen Sie, wenn Sie die Sachen hinbringen, auf Flecken hin und erklären Sie auch, was diese verursacht hat. Dadurch weiß das Personal, was es dagegen zu unternehmen hat.
- **Keine Klammern** Bitten Sie darum, dass die Etiketts mit Sicherheitsnadeln anstatt mit Heftklammern an Ihren Sachen befestigt werden. Die Klammern beschädigen nur unnötig den Stoff.
- **Nutzen Sie Angebote** Manche Reinigungen bieten auch weitere interessante Dienstleistungen an wie z. B. Kunststopfen, Änderungen, Schuhreparaturen, Bettfedern- oder Lederreinigung. Fragen Sie einfach mal nach.
- **Runter mit dem Plastik** Entfernen Sie zu Hause sofort die Plastikhüllen. Die durch die chemische Reinigung freigesetzten Dämpfe müssen abziehen können und die Kleidung sollte möglichst immer an der trockenen Luft »atmen« dürfen.
- **Recyclingtipp:** Machen Sie unten in die Plastikhülle einen Knoten und benutzen Sie sie als Müllbeutel für Papierkörbe.

Ausbessern oder nicht ausbessern?

Als meine Großmutter noch eine junge Frau war, griff sie immer schnell zur Stopfnadel. Heute dagegen überlegt man erst einmal, ob man etwas wirklich ausbessert oder nicht. Die Globalisierung der Wirtschaft und die Auslagerung der Textilproduktion in Billiglohnländer bescherte uns preisgünstige Bekleidung, während gleichzeitig die Qualität der Textilien nachließ. Was ist es wert, geflickt zu werden?

Heutzutage ist man oft unsicher, ob es sich lohnt, Zeit und Geld in eine Reparatur zu investieren. Oft war das Stück gar nicht so teuer und außerdem lassen sich billige Textilien weniger gut ausbessern als qualitativ hochwertige. Oder man ist selbst gar nicht dazu in der Lage und müsste eine Fachfrau oder einen Fachmann damit beauftragen. Diese Fragen helfen Ihnen bei der Entscheidung:

■ **Ist das Stück in gutem Zustand?** Einen kleinen Riss in einer neuen Kinderlatzhose auszubessern, ist sinnvoll. Bei einer alten Hose, deren Stoff schon recht dünn ist, lohnt sich der Aufwand eher nicht. Bessern Sie nur aus, wenn der Stoff noch gut ist, denn in verschlissenem dünnem Stoff halten Flicken und Stiche oft nicht lange.

■ **Wie teuer würde die Reparatur werden?** Ein Saum oder eine geplatzte Naht lassen sich rasch wieder an- bzw. zunähen, das Ersetzen eines kaputten Reißverschlusses dagegen ist eine aufwändige Angelegenheit. Nur bei teuren Kleidungsstücken lohnen sich Reparaturen, die richtig Geld kosten.

■ **Kann ich das selbst machen?** Sogar eine einfache Flickarbeit ist aufwändig, wenn Sie sie nicht selbst ausführen können. Seien Sie ehrlich zu sich: Trauen Sie es sich wirklich zu, oder sollten Sie lieber die Finger davon lassen? Es ist keine Schande, kein Talent für Handarbeiten zu haben.

■ **Was brauche ich für die Reparatur?** Um einen Saum wieder anzunähen, benötigen Sie nur Nadel und Faden. Geht es jedoch um einen defekten Reißverschluss, so sollten Sie in der Lage sein, mit der Maschine zu nähen und dafür auch

Das 1 x 1 des Ausbesserns

Als Kind einer Hobbynäherin interessierte sich mein Sohn schon früh für Nähmaschinen. Das hatte zur Folge, dass er mit acht Jahren bereits die meisten Nähte der von ihm so heiß geliebten bunten Baumwollshorts mit der Maschine nähen konnte.

Ich förderte diese Neigung nur zu gerne, denn jedermann, egal ob männlich, weiblich, Fashionfan oder Modemuffel, sollte zumindest wissen, wie er seine Sachen ausbessern kann. Spätestens als er im Ausbildungslager der Marines war, lernte Ryan, wie wichtig es ist, seine Sachen selbst reparieren zu können.

Hier eine Liste einiger Fertigkeiten, die jeder beherrschen sollte. Für diese Arbeiten benötigt man nur das einfachste Nähzubehör, kann damit aber sehr befriedigende Ergebnisse erzielen:

- Knöpfe annähen
- eine gerade Naht ausbessern
- Löcher flicken
- einen Saum wieder annähen
- einen Riss ausbessern
- Haken, Ösen und Druckknöpfe annähen

einen Reißverschlussfuß besitzen. Oder müssten Sie erst einen kaufen? Kalkulieren Sie, ob sich die Reparatur noch lohnt, wenn Sie dafür zusätzlich etwas anschaffen müssen.

■ **Was kostet es, wenn man es machen lässt?** Erkundigen Sie sich, was ein Profi für die Ausführung der Reparatur verlangen würde. So machen Sie sich ein klareres Bild von deren Umfang. Vergleichen Sie diese Kosten mit dem Wert des Kleidungsstücks. Das sollte Ihnen helfen, sich zu entscheiden.

> »Eine einfache Flickarbeit ist aufwändig, wenn Sie sie nicht selbst ausführen können.«

Gründen Sie ein Flickzentrum

Der Flickkorb kann zu einem Schwarzen Loch werden, das jahrelang beschädigte Kleidungsstücke verschlingt und sie erst dann wieder ausspuckt, wenn sie längst aus der Mode gekommen sind oder nicht mehr passen. Erleichtern Sie sich diese Arbeit, indem Sie ein Flickzentrum gründen. Seinen Mittelpunkt bildet ein Ort, an dem Sie alles aufbewahren, was ausgebessert werden soll, sowie das dazu notwendige Werkzeug.

Zweckmäßig ist ein Flickzentrum in der Nähe des Wäscheraums oder Wäschezentrums (*siehe S. 142–143*). Schnell ein paar Stiche, bevor das Stück in die Waschmaschine kommt, und die geplatzte Naht wird keinen Ärger mehr machen. Bewahren Sie alles Reparaturbedürftige an einem Kleiderständer oder in einem Korb auf und die Nähutensilien in einem Körbchen oder einer geeigneten Tasche mit Griffen.

Eine Grundausstattung sollte Folgendes enthalten:
- Schere
- Nadeln und Faden
- Maßband
- Fingerhut
- Nahttrenner

Setzen Sie sich für aufwändigere Flickarbeiten in einen bequemen Sessel. Achten Sie darauf, bei der Arbeit genügend Licht zu haben. Radio oder Fernseher sorgen für Unterhaltung.

Flickkorb-Management

Seien wir ehrlich: Kleidung ausbessern macht nicht unbedingt Spaß und es dauert bei vielen von uns sicher lange, bis sie diesen Punkt auf ihrer Aufgabenliste abhaken können. Allerdings ist Kleidung immer auch eine Investition und – wenn sie im Flickkorb ruht – totes Kapital. Probieren Sie die folgenden Tipps aus, damit nicht allzu viel im Korb liegen bleibt.

■ **Machen Sie ernst** Missbrauchen Sie den Flickkorb nicht dazu, Entscheidungen aufzuschieben. Überlegen Sie realistisch, was ausgebessert werden muss, und wann.

■ **Erst nachschauen, dann einkaufen** Manchmal lohnt es sich, vor dem Shoppen im eigenen Schrank nachzusehen. Könnte es sein, dass die »schicke, gut sitzende schwarze Hose« von Ihrem Einkaufszettel bereits in Ihrem Flickkorb liegt? Vielleicht dauert das Kürzen der Hose weniger lange als die bevorstehende Fahrt in die Stadt.

■ **Kontrolle bei Saisonende** Manche Sachen aus dem Ausverkauf schaffen es nie in den Schrank, sondern werden wegen einer notwendigen kleinen Änderung erst einmal im Flickkorb abgelegt. Holen Sie sie spätestens zum Saisonwechsel da raus!

▲ **Die Grundausstattung** Nadeln, Fingerhut und eine Auswahl an Nähgarnen sind preiswerte Verbündete. Mit ihrer Hilfe können Sie dafür sorgen, dass Sie länger etwas von Ihrer Kleidung haben.

Wäsche-Aktivitätszentrum

Wo Leben ist, sind auch Kleider, und dort wo Kleider sind, ist auch Wäsche! Bilden sich in Ihrem Hauswirtschaftsraum oder in Ihrem Bad regelmäßig hohe, farbenfrohe Berge? Es soll ja Leute geben, die nichts lieber tun als zu waschen, aufzuhängen, abzuhängen und Laken zu falten. Für alle anderen sind die folgenden Tipps gedacht.

Erledigen Sie die Wäsche regelmäßig

Es ist eine einfache Rechnung: Wenn man Kleidung trägt, muss man sie auch waschen und ständig kommen außerdem Handtücher sowie Bett- und Tischwäsche dazu. Je länger man das Waschen hinausschiebt, desto höher wird der Berg und desto knapper werden in der Familie Unterwäsche, Hosen und Socken.

Liegen Kleidungsstücke lange Zeit übereinander im Wäschekorb, prägen sich die Falten stärker in den Stoff ein und sind schwieriger herauszubekommen. In der Maschine sich selbst überlassene nasse Wäsche kann schimmeln. Bleibt die Wäsche zu lange im Trockner liegen, entstehen ebenfalls Falten.

Die Lösung: Planen Sie regelmäßig die Erledigung von Wäsche ein. Wie oft Sie waschen, hängt von den Bedürfnissen Ihrer Familie ab. Bei Familien mit kleinen Kindern fallen gewöhnlich täglich mehrere Waschladungen an, leben im Haushalt nur Erwachsene, steht die Maschine oft tagelang still.

Legen Sie ein Wäschezentrum an

In einem Wäsche-Aktivitätszentrum ist all das versammelt, was man benötigt, um die Arbeit schnell und effizient zu erledigen. Suchen Sie sich einen Ort, an dem Sie alles sortieren, waschen, trocknen und falten können.

■ **Der ideale Ort** Am besten passt das Wäschezentrum in die Umgebung der Waschmaschine (wenn Sie eine haben). Sorgen Sie für viel Platz, denn zum Wäschefalten werden Sie ihn brauchen. Gut, wenn es hier auch ein Waschbecken und eine Badewanne gibt, in denen Sie Flecken vorbehandeln und stark verschmutzte Wäsche einweichen können.

■ **Gute Sicht** Um genau zu sehen, wie schmutzig etwas ist, brauchen Sie viel Licht. Ergänzen Sie daher natürliche Lichtquellen durch geeignete Lampen, und prüfen Sie dann, ob Sie genug Licht haben, um die Schrift auf den verschiedenen Wäsche-Etiketten zu erkennen.

■ **Hoch damit** Bewahren Sie Wasch- und andere Pflegemittel für Textilien auf Regalbrettern über der Maschine auf. In Haushalten mit kleinen Kindern ist es besonders wichtig, dass diese Produkte außerhalb der Reichweite des Nachwuchses stehen. Teenager dagegen sollten leichten Zugang zu den Waschmitteln haben – denn dann haben sie keine Ausrede dafür, ihre Wäsche nicht selbst zu waschen.

■ **Hängen lassen** Montieren Sie im Wäschezentrum eine Kleiderstange, um dort bügelfreie Kleidungsstücke an Bügeln aufzuhängen. Eine ausziehbare Stange für Duschvorhänge eignet sich gut für diesen Zweck.

■ **Nur bei Bedarf** Ergänzen Sie das Zentrum, wenn der Platz es zulässt, durch eine einziehbare Wäscheleine oder einen Wäscheständer. Auch wenn Sie über einen Trockner verfügen, gibt es doch immer etwas, das aufzuhängen ist.

■ **Farbabstimmung** Übergeben Sie jedem Familienmitglied einen Wäschekorb und stellen Sie die Körbe in die Schlaf- und Badezimmer. An Waschtagen kann jedes Familienmitglied seinen Korb ins Wäschezentrum bringen und sich am Abend seine saubere Kleidung darin wieder abholen.

▶ **Bunte Wäschekörbe** aus Kunststoff helfen beim Wäschesortieren: Ist der Korb mit der weißen 60°-Wäsche oder der mit der bunten Feinwäsche voll genug, geht's ab damit in die Maschine.

Wäsche-Basics

Unsere Großmütter wuschen die Wäsche noch mit der Hand und würden uns um unsere Waschmaschinen, Trockner und die vielen heute erhältlichen Waschmittel beneiden. Verglichen mit früher geht Wäsche waschen, trocknen und einräumen heute wirklich im Handumdrehen – und mit den folgenden Tipps noch schneller.

Sortieren und vorbereiten

Wie wichtig das vorherige Sortieren ist, weiß man spätestens nachdem man mit den weißen Unterhosen aus Versehen eine rote Strickjacke mitgewaschen hat und alles rosa geworden ist.

Sortieren Sie die Wäsche zunächst nach Farbe. Trennen Sie weiße, helle, bunte und dunkle Wäsche, damit alles seine Farbe behalten kann. Waschen Sie auch Weißes und Helles getrennt.

Synthetik (Polyester, Nylon, Acryl) und Naturfasern sollten ebenfalls getrennt gewaschen werden, da die synthetischen Stoffe sonst wie Farbmagneten wirken und die von stark gefärbten Naturfasern abgegebene Farbe aufsaugen.

Haben Sie Fusselprobleme? Waschen Sie Fussel-Produzenten wie Sweatshirts, Handtücher, Waschlappen und Flanellstoffe nicht zusammen mit Fussel-Magneten (Nylon, Mikrofaser) in der Waschmaschine.

Sortieren Sie vorsichtshalber auch nach dem Grad der Verschmutzung. Jeans, die Sie bei der Gartenarbeit anhatten und die deshalb voller Erde sind, eignen sich nicht als Waschpartner für leicht verschmutzte Blusen. Berücksichtigen Sie auch Stoffdicke und andere Besonderheiten: Jeans mit Nieten und schweren Knöpfen könnten zarte Blusen beschädigen.

Vorbehandeln oder ausbessern

Sehen Sie sich die einzelnen Stücke genau an, bevor Sie sie in die Maschine stecken. Schließen Sie Reißverschlüsse, entfernen Sie Gürtel und Anhänger und durchsuchen Sie die Taschen.

Halten Sie nach Flecken Ausschau und behandeln Sie diese vor (*siehe S. 150–151*). Reparieren Sie Risse und geplatzte Nähte (*siehe S. 140–141*). Wenn das Flickzentrum in der Nähe des Wäschezentrums liegt, sparen Sie Zeit.

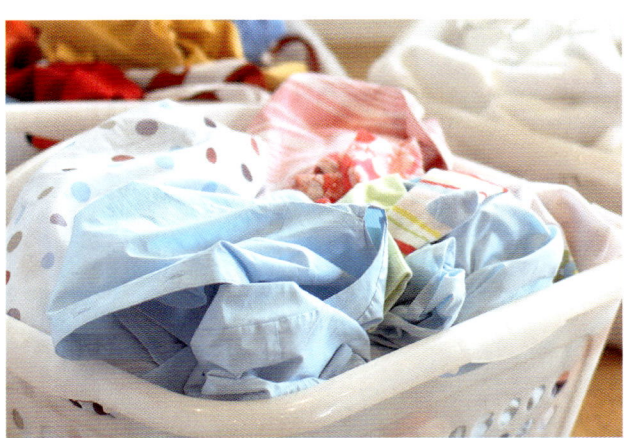

Sortieren und vorbereiten ▲

Vorbehandeln oder ausbessern ▲

Waschen

Sie wären jetzt soweit – aber wie gut kennen Sie eigentlich Ihre Waschmaschine? In der Betriebsanleitung steht nämlich viel darüber, wie man Wäsche effizient sauber bekommt. Diese Empfehlungen sind von Modell zu Modell verschieden. Viele moderne Maschinen stimmen den Wasserbedarf auf die jeweilige Füllmenge ab, stellen sich also selbst ein, waschen aber sauberer, wenn sie gut gefüllt sind. Ältere Modelle darf man mitunter nicht zu stark beladen.

Informieren Sie sich auch über den tatsächlichen Waschmittelverbrauch Ihrer Maschine, denn der variiert ebenfalls

> »Wie wichtig das Sortieren ist weiß man, nachdem man mit der Unterwäsche eine rote Jacke mitgewaschen hat.«

stark. Das richtige Maß finden Sie, wenn Sie zuerst in den Empfehlungen des Waschmaschinenherstellers und sodann auf der Waschmittelverpackung nachlesen. Messen Sie mit dem Messbecher die genaue Menge ab. Vielleicht müssen Sie etwas mehr zugeben, wenn die Maschine sehr voll, die Wäsche stark verschmutzt oder das Wasser in Ihrer Gegend hart ist. Bei weichem Wasser nimmt man etwas weniger Waschmittel.

Fügen Sie Pflegemittel oder Weichspüler hinzu. Verwenden Sie Bleichmittel mit oder ohne Chlor oder Farbauffrischer nur nach genauer Lektüre der Herstellerhinweise. Ein Teil dieser Produkte ist gefährlich und sollte daher nur mit großer Vorsicht gehandhabt werden.

Wählen Sie die richtige Temperatur (*siehe S. 148–149*) und schalten Sie die Maschine ein.

Trocknen

Nach dem Waschen kommt das Trocknen. Geben Sie die Wäsche in den Trockner und stellen Sie ihn richtig ein. Schütteln Sie alles, was sich in der Waschmaschine verdreht und verknotet hat, kräftig aus, damit es glatt und faltenfrei trocknen kann. Hängen Sie Textilien, die den Trockner nicht vertragen, auf Bügeln auf einer Kleiderstange oder auf einem Wäscheständer auf. (*Weitere Informationen über das Trocknen finden Sie auf S. 148–149 und 151.*)

Falten und einräumen

Die aus dem Trockner entnommene Wäsche sollte rasch gefaltet oder aufgehängt werden, da die noch darin verbliebene Wärme hilft, Knitterfalten zu glätten und so das Bügeln überflüssig macht. Vorsicht! Metallteile heizen sich im Trockner stark auf.

Jeder bekommt seinen Korb: Legen Sie die gefaltete Wäsche in die Körbe Ihrer Lieben. Wenn jeder am Abend nur seinen Korb abholen und dessen Inhalt einräumen muss, geht es schneller und die Arbeit fällt allen leichter.

Waschen und trocknen ▲

Falten und einräumen ▲

Vergebliche Mühe

Früher, als Kleidung teuer war und man noch keine modernen Waschmaschinen hatte, wurde nur gewaschen, wenn es unumgänglich war. Heute geht man mit der Wäsche vergleichsweise ziemlich sorglos um.

Die folgende typische Szene hat sich so oder ähnlich vielleicht auch bei Ihnen zu Hause abgespielt: Frische Wäsche wird in einem Zimmer abgeliefert, dort aber nicht weiter beachtet. Sie fällt auf den Boden und ein oder zwei Tage später merkt man nicht mehr, dass sie sauber war. Nachdem er sich schon nicht die Mühe gemacht hat, sie einzuräumen, wirft der Zimmerbewohner sie einfach wieder in den Wäschekorb.

Wäsche unnötig oft zu waschen, ist eine Verschwendung von Wasser, Waschmittel und Zeit. Stellen Sie eine Regel auf: Wer frische Wäsche nicht einräumt, muss ganz vorne an die Front und ist am nächsten Waschtag für das Füllen und Ausräumen der Waschmaschine und des Trockners zuständig.

Unterschiedliche Stoffe **sachgerecht pflegen**

Dem technischen Fortschritt in der Textilindustrie verdanken wir Stoffe, die funktioneller sind als je zuvor, die aber an die Pflege sehr spezielle Anforderungen stellen. Die Etiketten in der Kleidung konfrontieren uns mit einer verwirrenden Vielfalt von Symbolen. Lesen Sie sie ruhig ... und halten Sie sich dann an die folgenden Tipps.

Azetat

Azetat ist eine künstliche Faser, die häufig mit anderen Fasern zu schön fallenden Stoffen kombiniert wird. Kleidung aus Azetat und Azetatmischungen lässt sich leicht sauberhalten, nimmt aber gerne Farben anderer Stücke an. Lesen Sie das Etikett und waschen Sie Kleidung aus Azetat in kaltem Wasser.

Die Faser selbst ist sehr empfindlich und kann durch Wringen, Verziehen oder Hitze beschädigt werden. Waschen Sie Azetatsachen mit der Hand oder im Feinwäsche-Programm.

Bügeln sollte man Kleidung aus Azetat auf niedriger Stufe und auf links. Verwenden Sie ein Bügeltuch, um glänzende Stellen zu vermeiden und die Schönheit des Stoffs zu erhalten.

Baumwolle

Baumwolle ist der weltweite Favorit für bequeme, vielseitige Kleidung, für T-Shirts wie für die Abendgarderobe.

Wenn die Baumwolle nicht besonders vorbehandelt wurde, kann der Stoff beim Waschen einlaufen. Deshalb unbedingt das Etikett beachten. »Nur kalt waschen« kann bedeuten, dass aus Ihrer Caprihose schnell Bermudas werden können, wenn Sie nicht aufpassen.

Vorgewaschene Baumwollkleidung kann je nach Farbe und den Empfehlungen auf dem Etkett kalt, warm oder heiß gewaschen werden.

Wenn die Waschempfehlungen dies gestatten, können Sie Waschladungen weißer Baumwollwäsche Bleichmittel zugeben. Für bunte Baumwollsachen sind viele geeignete Waschmittel auf dem Markt. Lau- oder handwarmes Wasser greift die Farben nicht an, so dass Jeans dunkel und Blusen bunt bleiben.

Den Wäschetrockner sollte man für Baumwollwäsche nicht zu heiß einstellen, da sie sonst einläuft. Nehmen Sie die Sachen heraus, wenn sie noch relativ warm sind.

> *»Nur kalt waschen* bedeutet, dass aus Ihrer Caprihose Bermudas werden, wenn Sie sie zu heiß waschen.«

Leinen

Leinen wird aus Flachs hergestellt, den Fasern der Leinpflanze. Sehen Sie auf dem Etikett nach, ob das Stück chemisch gereinigt werden muss. Halten Sie sich bei maschinewaschbaren Stücken an die Pflegeanleitung. Weil Leinen mehr Wasser aufnimmt als andere Fasern, wenn man es wäscht, sollte man Waschmaschine und Trockner nicht zu voll laden. Bügeln Sie Leinen auf hoher Stufe mit Dampf und auf links.

Polyester

Aus der »Wunderfaser« des 20. Jahrhunderts wird farbenfrohe, pflegeleichte Kleidung hergestellt. Die meisten Sachen sind maschinenwaschbar, doch lesen Sie auf jeden Fall die Etiketten.

Trocknen sollte man Kleidung aus Polyester nur auf niedriger Stufe. Nehmen Sie sie heraus, wenn sie noch leicht feucht ist, um Knitterfalten und das Aufladen mit statischer Elektrizität zu vermeiden. Niemals heiß bügeln!

Seide

Diese Naturfaser, deren Weichheit, Stärke und Glanz sprichwörtlich sind, zählt zu den ältesten Textilmaterialen. Während die Faser an sich gut waschbar ist, machen bestimmte Webarten die Stoffe empfindlich. Dunkel gefärbte Seide ist nicht immer farbecht.

Halten Sie sich bei der Pflege von Seidenkleidung unbedingt an die Etiketten. »Nur chemisch Reinigen« heißt, dass der Stoff oder das Kleidungsstück insgesamt eine Hand- oder Maschinenwäsche nicht unbeschadet überstehen wird. Verwenden Sie für waschbare Stücke Spezialwaschmittel oder aber Babyshampoo, denn es reinigt und pflegt die Faser.

Für Seidensachen ist der Wäschetrockner tabu. Rollen Sie das Stück stattdessen in ein Handtuch ein und hängen Sie es anschließend zum Trocknen auf. Auf mittlerer Stufe bügeln.

Elasthan

Elastische Kleidung ist bequemer. Deswegen mischt man heute vielen Fasern einen kleinen Anteil Elasthan bei. Elasthan verträgt zwar Hand- und Maschinenwäsche, doch darf das Wasser nicht allzu heiß sein und keine Bleichmittel enthalten, denn beides würde diese synthetische Faser beschädigen. Wenn auf dem Etikett nicht anders angegeben, sollte man Sachen mit Elasthananteil zum Trocknen aufhängen und nicht in den Wäschetrockner stecken.

In der Hitze des Trockners können sich bestimmte Elasthanmischungen verziehen. Bügeln Sie Kleidung mit Elasthananteil rasch auf mittlerer Stufe.

Wolle

Viele von uns lieben die weiche, warme Faser aus Schafsvlies. Sie isoliert gut, lässt sich leicht färben und vielseitig verarbeiten, zu robustem Tweed ebenso wie zu weichen Stoffen.

In naturbelassenem Zustand ist Wolle waschbar, doch bei manchen Stücken verträgt die Verarbeitung weder Hand- noch Maschinenwäsche. Verwenden Sie für alles andere ein spezielles Wollwaschmittel.

Ein heißer Tipp von altehrwürdigen schottischen Strickerinnen: Waschen und spülen Sie Wolle in lauwarmem Wasser. In kaltem Wasser gespülte Wolle kann einlaufen.

RICHTLINIEN FÜR DAS WASCHEN UND TROCKNEN

Stoffart	WASCHEN				TROCKNEN			
	Hand	kalt	warm	Kochwäsche	Hängend trocknen	Trockner kalt	Trockner warm	Trockner heiß
Azetat	•				•			
Baumwolle				•			•	
Leinen		•			•	•		
Polyester		•			•	•	•	
Reyon			•		•			
Seide	•	•			•	•		
Nylon				•	•	•		
Elasthan	•				•			
Wolle	•				•			

Flecken **fachgerecht entfernen!**

Das Leben ist wie ein Eis in der Waffel: Es ist angenehm und süß, aber es geht immer ein bisschen was daneben. Wenn es auf Ihre Kleidung tropft, wissen Sie dann, was zu tun ist? Rasche und kompetente Fleckenbeseitigung erhöht die Lebenserwartung Ihrer Textilien, falsche Behandlung kann für sie das Todesurteil bedeuten.

Gewöhnen Sie sich an, Wäsche bei Bedarf vorzubehandeln, denn das ist immer noch die beste und einfachste Methode, Flecken zu entfernen. Hat der Fleck erst einmal einen Durchgang in Waschmaschine und Trockner überstanden, werden Sie ihn nicht mehr los.

Unterschiedliche Flecken erfordern unterschiedliche Vorgehensweisen. Hier einige der am häufigsten auftretenden Flecken und bewährte Beseitigungsmethoden:

■ **Fettflecken** Salatsoße, Lippenstift und Schmierfett hinterlassen ebenso hartnäckige Flecken wie Hautfett am Hemdkragen. Vergilbte Kragen und Fettflecken bekämpft man, indem man auf die betroffenen Stellen Flüssigwaschmittel aufträgt. Lassen Sie das Mittel 15 Minuten einwirken, bevor Sie den Waschgang starten. Das Waschmittel löst den Fleck auf, so dass das Wasser ihn fortspülen kann.

■ **Eiweißflecken** Wenn das Baby Ihnen auf die Schulter gespuckt hat, gibt das einen Eiweißfleck. Blut, Milch und Milchprodukte sowie die meisten Körperfette und -flüssigkeiten enthalten organische Materie, die an der Luft oder in heißem Wasser hart wird und sich festsetzt. Weichen Sie Eiweißflecken vor dem Waschen mindestens 30 Minuten lang in kaltem Wasser ein. Und noch ein Tipp von einer Krankenschwester: Eingetrocknetes Blut kann mit einer dreiprozentigen Wasserstoffperoxydlösung (in der Apotheke als Desinfektionsmittel erhältlich) beseitigt werden. Vorher aber an einer unauffälligen Stelle des Kleidungsstücks die Farbechtheit testen.

■ **Tanninflecken** Tannin macht den Tee herb – und hartnäckige Flecken, wenn Sie Tee verschütten. Auch Wein, Kaffee,

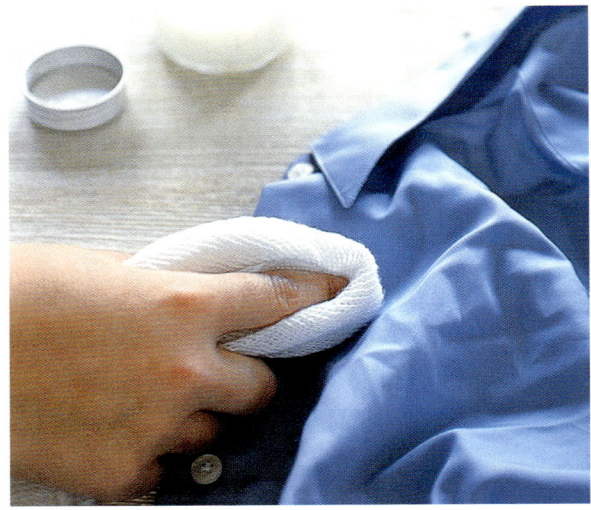

▲ **Sanft und zart** Bei der Fleckenbehandlung sollte man sehr behutsam vorgehen. Reiben und Schrubben beschädigt nur die Fasern oder lässt Farben verblassen. Tupfen ist viel wirksamer.

Softdrinks und Fruchtsäfte verursachen Tanninflecken. Weichen Sie das Stück in kaltem Wasser ein und waschen Sie es anschließend so heiß wie möglich.

■ **Farbflecken** Grasflecken stellen bleibende Erinnerungen an schöne Nachmittage auf der Wiese dar, aber auch viele Früchte verewigen sich gerne auf heller Sommerkleidung. Ähnlich problematisch sind Abriebflecken von Leder oder dunklen Stoffen. Tragen Sie auf die betroffenen Stellen Flüssigwaschmittel auf und waschen Sie das Kleidungsstück anschließend so heiß, wie die Pflegeanleitung es zulässt.

Energie sparen – Tipps und Tricks

Die Familie sauber zu halten verbraucht außer Kraft auch große Mengen an Energie und natürlichen Ressourcen. Mit den folgenden Strategien bleiben Sie alternativ sauber.

Bei der Benutzung der Waschmaschine

Die Waschmaschine zählt zu den größten Energieverbrauchern im Haushalt. Mit den folgenden Tipps nutzen Sie Wasser und Strom am effektivsten:

- **Abkühlen** Die Heißwasserbereitung für den Haushalt ist ein kostspieliges Unternehmen. Stellen Sie das entsprechende Thermostat deshalb so ein, dass das Wasser nur noch auf 49 °C erwärmt wird. Für den Haushaltsbedarf reicht das vollkommen aus und die Gefahr von Verbrennungen durch allzu heißes Leitungswasser ist damit auch gleich gebannt. So wird Ihre Handwäsche gleich viel ökologischer.
- **Kühl bleiben** Waschen Sie, wann immer es möglich ist, mit kaltem Wasser. Neu entwickelte Waschmittel für kaltes Wasser lösen sich gut auf und bewirken auch bei niedrigen Temperaturen, dass die Wäsche sauber wird. Wenn starke Verschmutzung das Waschen mit heißem Wasser notwendig macht, spart das Spülen mit kaltem Wasser Energie. Außerdem erhält Waschen mit kaltem Wasser die Farben.
- **Voll machen** Wenn Sie die Maschine immer gut beladen, verbrauchen Sie weniger Strom und Wasser, als für mehrere »kleine« Wäschen.
- **Gut programmieren** Auch durch die kluge Wahl der Waschprogramme lässt sich Energie sparen. Feinwäscheprogramme sind kürzer und bewegen die Wäsche weniger. Nutzen Sie sie für leicht verschmutzte Wäsche.
- **Knapp bemessen** Bei Waschmitteln ist heutzutage weniger oft mehr. Wenn Sie übermäßig dosieren, wird die Wäsche davon nicht sauberer und aller Wahrscheinlichkeit nach wird sie Waschmittelrückstände aufweisen. Im Übermaß eingesetzte Bleichmittel fressen die Fasern förmlich auf und üppig zugegebener Weichspüler hinterlässt Flecken und macht einen zweiten Waschgang erforderlich.
- **Alternativ sauber** Ein »grüner« Tipp: Verwenden Sie statt Weichspüler Essig, z. B. Obstessig. Er löst Waschmittelrückstände, macht Textilien weicher, neutralisiert Gerüche und kostet wesentlich weniger.

Beim Trocknen der Wäsche

Auch beim maschinellen Trocknen lassen sich Kosten senken. Probieren Sie folgendes aus:

- **Sonnenbad** Sonnenlicht und frische Luft trocknen die Wäsche gratis und der frische Duft von in der Sonne getrockneter Wäsche ist unnachahmlich. Hängen Sie die Wäsche wann immer es geht draußen zum Trocknen auf. Weiße Wäsche wird zudem natürlich von der Sonne gebleicht.
- **Nicht zu viel** Machen Sie den Wäschetrockner nicht zu voll. Er muss sich dann zu sehr anstrengen und die Wäsche verknittert und muss doch noch gebügelt werden.
- **Genug ist genug** Lassen Sie den Trockner nicht zu stark trocknen. Automatische Einstellungen berücksichtigen Feuchtigkeitsgrad und Temperatur in der Trommel und sollten deshalb nach Möglichkeit benutzt werden. Zu hohe Einstellungen können das Einlaufen der Kleidungsstücke bewirken und Schäden am Stoff verursachen.
- **Filter säubern** Reinigen Sie nach jedem Durchgang den Filter Ihres Trockners. Ein verstopfter Filter behindert die Luftzirkulation und bewirkt, dass der Trockner länger arbeitet und heißer wird.
- **Sorgen Sie für Luftzug** Überprüfen Sie regelmäßig, ob der Abluftschlauch Ihres Ablufttrockners frei oder aber durch Flusen verstopft ist und ob die Ventilationsklappen störungsfrei funktionieren.

FLECKENBEHANDLUNG

Fleck	Gegenmittel	Methode
Blut und Körperflüssigkeiten	Vorwaschmittel auf Enzymbasis; Chlor, Bleichmittel auf Chlor- oder Sauerstoffbasis; Wasserstoffperoxyd (dreiprozentige Lösung aus der Apotheke)	Lassen Sie frische Flecken 30 Minuten lang oder bis das Blut verschwunden ist in kaltem Wasser einweichen. Weichen Sie Stücke mit alten Flecken in einer Lösung von Vorwaschmittel auf Enzymbasis und Wasser ein und waschen Sie sie anschließend. Ist der Fleck immer noch drin, so wenden Sie eines der genannten Bleichmittel an. Probieren Sie zuerst an einer »unsichtbaren« Stelle (Saum usw.) aus, ob es die Farbe beeinträchtigt. Um Flecken aus farbfesten Textilien zu entfernen, trägt man Wasserstoffperoxyd mit einer Pipette auf. Wiederholen Sie den Vorgang, bis sich der Fleck aufgelöst hat und spülen Sie das Stück aus, bevor Sie es waschen.
Eier	Vorwaschmittel auf Enzymbasis	30 Minuten bis mehrere Stunden lang einweichen und dann wie gewohnt waschen.
Fette, Öle	Fleckenmittel für die Vorwäsche oder Flüssigwaschmittel	Flecken- oder Vorwaschmittel auf den Fleck auftragen. 15 Minuten einwirken lassen und anschließend so heiß wie möglich waschen.
Gras	Vorwaschmittel auf Enzymbasis	30 Minuten bis mehrere Stunden lang in Vorwaschmittel auf Enzymbasis einweichen und wie gewohnt waschen.
Kaffee, Tee, Softdrinks	Fleckenmittel für die Vorwäsche oder Vorwaschmittel, chlorfreies Bleichmittel	Wenden Sie Fleckenmittel oder Flüssigseife an und spülen Sie Kleidung mit frischen Flecken in kaltem Wasser, bevor Sie sie in die Waschmaschine stecken; tragen Sie auf alte Flecken ein Fleckenmittel oder ein Flüssigwaschmittel auf und lassen Sie es vor dem Waschen 15 Minuten einwirken. Wenn die Stoffart es zulässt, können Sie das Stück auch mit chlorfreiem Bleichmittel waschen.
Kerzenwachs, Wachsmalstifte	Küchenpapier und Bügeleisen, Chlor- oder chlorfreies Bleichmittel	Lassen Sie den Fleck im Eisfach hart werden und entfernen Sie so viel Wachs wie möglich mit einem stumpfen Messer. Legen Sie die Stelle mit dem Fleck zwischen zwei Lagen Küchenpapier und bügeln Sie mit dem warmen Eisen darüber, um das Wachs zu entfernen. Waschen Sie anschließend mit Bleichmittel, sofern die Stoffart es erlaubt.
Klebeband, Kaugummi	Fleckenmittel für die Vorwäsche	Halten Sie Eis an die klebrigen Rückstände, damit sie hart werden und kratzen Sie möglichst viel davon mit einem stumpfen Messer ab. Behandeln Sie die Stelle dann mit Fleckentferner vor und spülen Sie sie gut aus.
Milch und Milchprodukte	Vorwaschmittel auf Enzymbasis	30 Minuten bis mehrere Stunden lang in Lauge aus Wasser und Vorwaschmittel einweichen, dann wie gewohnt waschen.
Obst und Fruchtsäfte	Fleckenmittel für die Vorwäsche, Flüssigwaschmittel, Chlor- oder chlorfreies Bleichmittel	Frische Flecken vor dem Waschen in kaltem Wasser einweichen. Auf alte Flecken Flecken- oder Flüssigwaschmittel auftragen und 5 Minuten einwirken lassen. Wenn möglich, anschließend mit Bleichmittel waschen.

Fleck	Gegenmittel	Methode
Parfüm	Fleckenmittel für die Vorwäsche oder Flüssigwaschmittel	Flecken- oder Vorwaschmittel direkt auf den Fleck auftragen. 15 Minuten einwirken lassen und anschließend wie gewohnt waschen.
Rost- und Eisenflecken	Handelsübliche Rostentferner	Behandeln Sie Rost- und Eisenflecken mit einem handelsüblichen Mittel gemäß der Packungsanweisung. Versuchen Sie nicht, die Flecken mit Bleichmittel zu entfernen, da sie sich sonst festsetzen.
Säuglingsnahrung	Vorwaschmittel auf Enzymbasis	Weichen Sie die betroffenen Textilien 30 Minuten bis mehrere Stunden lang in Lauge aus Wasser und Vorwaschmittel ein.
Schimmel, Stockflecken	Chlor- oder chlorfreies Bleichmittel	Das betroffene Stück so heiß wie möglich mit einem für den Stofftyp geeigneten Bleichmittel waschen. Mitunter gehen Stockflecken trotzdem nicht mehr raus.
Schokolade	Vorwaschmittel auf Enzymbasis	In einer Lauge aus Vorwaschmittel auf Enzymbasis einweichen, dann wie gewohnt waschen.
Senf	Fleckenmittel für die Vorwäsche	Senfflecken mit Fleckenmittel vorbehandeln, dann wie gewohnt waschen.
Tabak	Vorwaschmittel auf Enzymbasis	Weichen Sie das betroffene Stück in einer Lauge aus Vorwaschmittel und Wasser ein und waschen Sie es dann wie gewohnt.
Tomatensaucen (Ketchup, Grillsaucen, usw.)	Fleckenmittel für die Vorwäsche oder Flüssigwaschmittel; Chlor- oder chlorfreies Bleichmittel	Tragen Sie Flecken- oder Waschmittel direkt auf den Fleck auf. Lassen Sie es 15 Minuten lang einwirken und waschen Sie dann wie gewohnt. Wenn der Stofftyp es zulässt, waschen Sie das betroffene Stück mit Bleichmittel.
Verfärbung	Entfärber (Waschmittelzusatz)	Verwenden Sie kommerzielle Entfärber gemäß den Packungsanweisungen.

Fleckenbehandlung unterwegs

In einer perfekten Welt würde man sich nur dann bekleckern, wenn man sich in der Nähe des Waschzentrums befindet. In Wirklichkeit aber passiert es uns überall anderswo, z. B. im Restaurant oder auf Reisen. Die folgenden Tipps helfen auch in diesen Situationen:

- **Vermeiden** Ganz einfach: Vermeiden Sie, dass Flecken entstehen. Setzen Sie sich nach Möglichkeit zum Essen hin, anstatt im Laufen oder beim Autofahren hastig abzubeißen. Stecken Sie Ihren Kindern im Restaurant eine Stoffserviette in den Halsausschnitt.
- **Führen Sie eine Notfallausrüstung mit** Pendler oder Reisende sollten eine Ausrüstung für Fleckennotfälle im Auto haben. Legen Sie ein paar Blätter Küchenpapier in einen sauberen Plastikbeutel für Lebensmittel. Mit ihnen können Sie Flüssigkeiten aufsaugen oder frische Flecken mit Wasser ausreiben. Fügen Sie ein Plastikmesser hinzu, das feste Rückstände zu entfernen hilft. Eine ideale Ergänzung ist ein Fleckenstift.
- **Rechnen Sie auch im Urlaub mit Flecken** Füllen Sie ein sauberes Fläschchen mit Flüssigwaschmittel, um Flecken bei Bedarf sofort entfernen zu können. Fettflecken kann man mit etwas Talkumpuder zu Leibe rücken. Decken Sie den Fleck mit einer Lage Puder ab und warten Sie eine halbe Stunde, bis der Puder das Fett aufgesaugt hat. Bürsten Sie den Puder mit einem sauberen, trockenen Waschlappen ab. Wenn der Fleck immer noch sichtbar ist, wiederholen Sie diesen Vorgang so oft, bis er vollkommen verschwunden ist.

Heiße Tipps
für leichtes Bügeln

Das Werkzeug: Bügeleisen, Bügelbrett, Sprühflasche und Stärke. Die Aufgabe: Falten entfernen. Das Ziel: diese Aufgabe so schnell und effektiv wie möglich zu erledigen. Das Problem: Irgendwann geht hinter dem Bügelbrett die Motivation verloren. Erleichtern Sie sich die Arbeit mithilfe der folgenden Tipps.

1 Ich bügle, also bin ich
Passen Sie den Arbeitsplatz ergonomisch an Ihre Bedürfnisse an, und schon bügelt es sich leichter. Stellen Sie das Bügelbrett auf Hüfthöhe. Der Arm, der das Bügeleisen führt, sollte bei frei beweglicher Schulter im Ellenbogen um 90° gebeugt sein.

2 Sorgen Sie für freie Fahrt
Bevor Sie das Bügeleisen einstecken, sollten Sie sich seine Sohle ansehen. Entfernen Sie Rückstände, die Sie beim Bügel buchstäblich bremsen und auf die Kleidung übergehen können.

3 Studieren Sie die Etiketten
Schauen Sie sich die Etiketten der einzelnen Stücke an und stellen Sie das Eisen entsprechend ein. Im Zweifelsfall immer auf niedriger Stufe bügeln.

4 Nur Sauberes bügeln
Bügeln Sie niemals Textilien, die fleckig oder schmutzig sind. Die Hitze des Eisens brennt Flecken und Schweiß förmlich in den Stoff ein und führt dazu, dass Gerüche stärker haften bleiben. Deshalb immer nur Gewaschenes oder Gereinigtes bügeln!

◀ **Das richtige Bügeleisen** Wenn Sie Ihr altes Eisen ersetzen müssen, wählen Sie eines, das sicher und praktisch ist. Wichtig sind klare Beschriftungen, ein großer Wasserspeicher und Sprühdüsen.

5 Benebelt
Stellen Sie sich eine Sprühflasche mit Wasser in Reichweite. Ein schneller Spritzer hilft, Falten mühelos auszubügeln und spart Kraft und Zeit. Wenn die Wäsche besonders gut duften soll, können Sie dem Sprühwasser noch etwas parfümiertes Bügelwasser hinzufügen (Drogeriemärkte, Badboutiquen).

6 Nicht gegen den Strich
Führen Sie das Eisen immer in Richtung des Fadenverlaufs. Das Bügeln gegen den Strich dehnt und verzieht das Gewebe.

7 Ein kleiner Freund
Das Bügeltuch, ein Rechteck aus dicht gewebter Baumwolle, ist ein nützlicher kleiner Helfer, der beim Bügeln von Woll- und anderen empfindlichen Stoffen unerwünschten Glanz verhindert.

8 Beweglich und locker
Halten Sie das Eisen in Bewegung, ohne stark aufzudrücken. Wenn Sie es zu fest auf den Stoff pressen, drücken Sie die Fasern platt und bewirken, dass sich verstärkte Stellen wie etwa Taschennähte stärker abzeichnen. Lässt man das Eisen zu lange auf einer Stelle, riskiert man, den Stoff zu versengen.

9 Gegen Faltenbildung
Hängen Sie jedes Kleidungsstück sofort nach dem Bügeln auf, denn in den ersten Stunden nach dem Bügeln verknittern die Sachen besonders leicht. Lassen Sie alles vollständig abkühlen und trocknen, bevor Sie es in den Schrank hängen bzw. einräumen.

Wie man das Bügeln vermeidet

Ein überquellender Bügelkorb ist immer ein abschreckender Anblick. Hier ein paar Vorschläge, die den Bügelberg klein halten:

- **Clever einkaufen** Entscheiden Sie sich beim Kleiderkauf für bügelfreie Sachen, die den Bügelkorb nie von innen sehen werden.
- **Lassen Sie sich von Ihrer Waschmaschine helfen** Neue Modelle haben spezielle Programme für bügelfreie Wäsche. Nutzen Sie sie!
- **Rütteln und schütteln** Schütteln Sie jedes Stück aus, bevor Sie es in die Waschmaschine stecken. Glätten Sie verdrehte Hosenbeine und aufgerollte Hemdsärmel.
- **Nicht zu heiß** Stellt man den Trockner zu heiß ein und lässt die Sachen darin zu lange trocknen, dann ziehen sich die Nähte zusammen und die Kleidungsstücke sehen irgendwie verknittert aus. Nehmen Sie die Wäsche heraus, wenn sie einigermaßen trocken und noch nicht zu heiß ist. Wenn der Stoff noch ein bisschen feucht ist, werden Falten durch Aushängen von alleine glatt.
- **Bleiben Sie bei ihr** Nehmen Sie die Wäsche sofort nach Programmende aus dem Trockner und hängen Sie sie auf. Streichen Sie beim Herausnehmen Kragen und Manschetten glatt und ziehen Sie Nähte gerade.

RICHTLINIEN FÜR TEMPERATUREN

Stoffarten	Azetat	Acryl	Baumwolle	Leinen	Nylon	Polyester	Reyon	Seide	Wolle
Einstellung	Niedrig	Niedrig	Mittel bis hoch mit Dampf	Mittel bis hoch mit Dampf	Niedrig	Niedrig bis Mittel	Niedrig bis Mittel (auf links)	niedrig (auf links)	Mittel mit Dampf

Oberflächen und Systeme auswählen, warten, pflegen

Unsere modernen Wohnungen sind ein Fest für die Sinne. Auf glänzenden Fußböden liegen weiche Teppiche, in blitzenden Chromarmaturen spiegeln sich die satten Farben der Fliesen. Flauschige Kissen räkeln sich auf geschmeidigen Ledersofas, die warmen Töne der Holzmöbel schmeicheln dem Auge.

Unter der Oberfläche verbergen sich die Versorgungssysteme, die uns im Winter wärmen und uns Wasser und Strom liefern.

In diesem Abschnitt geht es um die Reinigung, die Pflege und die Wartung der Systeme, die dafür sorgen, dass wir uns zu Hause wohl fühlen. Wände und Fenster, Fußböden und Decken sind oft leichter zu putzen und in gutem Zustand zu erhalten, als man denkt. Ausgefeilte Strategien verlängern die Lebensdauer von Möbeln und Armaturen und erhalten Systeme.

Auch mit der Sicherheit werden wir uns hier befassen. Wir verbessern die Sicherheit von Haus oder Wohnung und machen einen Katastrophenplan für unsere Lieben.

So bleiben Wände und Tapeten sauber

Weiß oder bunt gestrichene, einfarbig oder gemustert tapezierte Wände geben unserem Zuhause den persönlichen Rahmen, doch leider geht der Alltag an ihnen nicht spurlos vorbei. Flecken, Schmierer und Fingerabdrücke und oft auch die ersten Malversuche kleiner Kinder beeinträchtigen bald ihre makellose Schönheit. Mit den folgenden Tipps können Sie sie ihnen zurückgeben.

Das Reinigen gestrichener Wände

An die Flecken, fertig, los! Das Säubern gestrichener Wände ist eine aufwändige Angelegenheit. Schieben Sie die Möbel in die Mitte des Raums und legen Sie den Fußboden zum Schutz vor Seifenwasserspritzern mit alten Laken aus. Plastikplanen eignen sich dafür nicht, denn sie nehmen kein Wasser auf und sind in nassem Zustand rutschig. Zum Schutz Ihrer Hände und damit Sie wissen, wo die Bilder nachher wieder hingehören, sollten Sie die Nägel, an denen sie hängen, mit kleinen Haushaltsschwammstücken abdecken.

Stellten Sie Ihre Arbeitsgeräte zusammen: einen Staubschlucker aus Lammfell, weiße Putzlappen, einen ungefärbten Naturschwamm und zwei Eimer. Füllen Sie einen Eimer mit Reinigungslösung (*siehe unten*) und den anderen mit klarem Wasser zum Nachspülen. Schützen Sie Ihre Hände eventuell mit Gummihandschuhen. Eine Haushaltsleiter hilft, höhere Sphären zu erreichen.

Jetzt kann geputzt werden In einem Eimer bereiten Sie eine Reinigungslösung zu. Bei normaler Verschmutzung kann sie mild sein und besteht dann aus:

- 4 l warmem Wasser, in das Sie
- einen großzügigen Spritzer Spülmittel mischen.

◂ **Nicht zu fest** Beim Reinigen von Wänden und Leisten sollte man sanft vorgehen. Scharfe Putzmittel, Scheuersand oder zu viel Kraft beschädigen gestrichene Flächen und Tapeten nur.

Für schmutzigere Wände benötigen Sie eine stärkere alkalische Lösung, die Sie jedoch an einer unauffälligen Stelle ausprobieren sollten, um sicherzugehen, dass sie die Farbe nicht ablöst oder ausbleicht. Mischen Sie die Reinigungslösung wie folgt:

- 4 l warmes Wasser
- 250 ml Salmiakgeist
- 250 ml Essig (oder 50 ml Essigessenz)
- 250 g Waschsoda (Natriumcarbonat)

Der zweite Eimer enthält wieder Wasser zum Nachspülen. Wechseln Sie das Wasser aus, wenn es schmutzig ist.

Zuerst der Staub Staub lässt sich immer leichter entfernen als fester Schmutz. Befassen Sie sich daher mit dem Staub, bevor Sie anfangen, mit Wasser zu arbeiten. Stauben Sie mit dem Staubschlucker die Wände von oben nach unten ab. Gehen Sie zwischendurch mit dem Staubschlucker raus und drehen Sie ihn zwischen den Handflächen, um den Staub loszuwerden. Alternativ können Sie Wände, Panele und Leisten auch mit der Polsterdüse des Staubsaugers absaugen.

Umgekehrt Beim Waschen von Wänden bilden sich Tropfen und Rinnsale, die selbst wieder Flecken verursachen können. Waschen Sie die Wände deshalb von unten nach oben. Dann tropft es zwar in bereits gewaschene Bereiche, doch Sie können das Wasser schnell mit dem Schwamm auffangen. Tauchen Sie den Schwamm in den Eimer mit der Reinigungslösung und reiben Sie die Wand nur ganz leicht ab, um die Farbe nicht zu entfernen. Bearbeiten Sie immer nur kleine Flächen, die Sie zuerst mit Schwammm und Lösung abwaschen und dann mit klarem Wasser nachspülen. Tupfen Sie anschließend überschüssige Feuchtigkeit mit den weißen Putzlappen ab.

Gehen Sie aufs Ganze Waschen Sie jeweils immer die ganze Wand von unten bis oben und von einer Ecke zur anderen ab. Legen Sie zwischen einer Wand und der nächsten eine Pause ein, aber nie, während Sie an einer Wand zugange sind. Wenn Sie vorher aufhören, können an der Wand »Waschränder« entstehen. Damit das nicht passiert, sollte die Lösung für eine Wand auch immer die gleiche Zusammensetzung haben.

Tapeten reinigen: Tipps und Tricks

Die bunten Farben und Muster von Tapeten bringen Leben in ein Zimmer, können aber beim Reinigen der Wände Probleme bereiten. Mit den folgende Tipps werden Tapeten sauber, ohne Schaden zu nehmen.

- **Halten Sie sich an Herstellerhinweise** Da Tapeten unterschiedliche Bestandteile und Beschichtungen haben, sollten Sie die Hinweise des Herstellers sorgfältig beachten.
- **Behutsam abstauben** Verwenden Sie dafür einen Staubschlucker aus Lammfell oder bespannen Sie einen Besen mit einem großen Staubtuch oder mit einem Putzlappen.
- **Ältere Tapeten ohne Beschichtung** Verwenden Sie einen trockenen Spezialschwamm aus Naturgummi, um Staub und Schmutz ohne Einsatz von Wasser zu entfernen. Streichen Sie behutsam über die Tapete.
- **Abwaschbare Tapeten** Befeuchten Sie einen Naturschwamm mit einer Lösung aus warmem Wasser und einer kleinen Menge Spülmittel. Probieren Sie die Lösung vorher an einer unauffälligen Stelle aus. Drücken Sie beim Wischen nicht zu fest auf und lassen Sie die Tapete nicht zu nass werden. Saugen Sie überschüssige Feuchtigkeit anschließend mit sauberen Putzlappen auf.
- **Fingerabdrücke und Schmierer** Entfernen Sie sie behutsam mit einem Radiergummi, ohne die Tapete zu beschädigen. Für diesen Zweck sind auch spezielle Reinigungsmittel im Handel erhältlich.
- **Keine scharfen Sachen** Reinigen Sie Tapeten niemals mit Scheuermitteln, denn die darin enthaltenen Putzkörper würden die Oberfläche aufrauen oder sogar zerkratzen.

Die Pflege **besonderer Oberflächen**

Marmorböden, gefliese Arbeitsflächen, Kamineinfassungen aus Ziegelsteinen oder Granitoberflächen verleihen einem Heim eine charakteristische Note, erfordern aber besondere Pflege- und Reinigungsmaßnahmen.

Marmor

Marmor ist weich, porös und verhältnismäßig brüchig. Wischt man Flüssigkeiten nicht sofort ab, ziehen sie ein und hinterlassen Flecken. Marmor zerkratzt leicht und muss vorsichtig behandelt werden. Regelmäßiges Abwischen mit einem feuchten Tuch erhält den Glanz.

Für eine gründlichere Reinigung gießt man etwas Salmiakgeist auf einen Lappen, wischt damit die Oberfläche ab und trocknet sie mit einem zweiten Tuch. Anschließend mit einem im Handel erhältlichen Poliermittel für Marmor nachpolieren.

Marmor darf nicht mit Scheuermitteln behandelt werden und auch nicht mit Mitteln, die Säuren enthalten. Tiefere Kratzer kann nur ein Fachmann ausbessern.

Spezielle industriell hergestellte Mittel versiegeln die Oberfläche und schützen sie vor Abnutzung und kleineren Kratzern. Bitten Sie den Hersteller, Ihnen eines zu empfehlen.

Keramikfliesen

Man unterscheidet zwischen glasierten und unglasierten Fliesen. Die Glasierten sind robust, aber brüchiger und zerkratzen leicht, während die Oberfläche der Unglasierten Reinigungsmittel aufsaugen kann. Die Fugen zwischen den Fliesen sind porös, speichern Feuchtigkeit und können schimmeln.

Verwenden Sie für die Pflege glasierter Keramikfliesen – jene glänzenden Fliesen, die man in den meisten Badezimmern und Küchen sieht – einen Sprühreiniger, der nicht scheuert. Glasreiniger gibt sanften Glanz, während die im Handel erhältlichen gefärbten Reinigungsmittel die Fugen verfärben können.

Bei stark verschmutzten Keramikfliesen muss man stärkere Geschütze auffahren: Scheuermilch oder -pulver. Sind die Fliesen der Dusche oder aber der Fliesenspiegel in der Küche stark verschmutzt, trägt man am besten eine Paste aus Wasser und einem Bleichmittel enthaltenden Reiniger auf und lässt sie 15 Minuten bis mehrere Stunden lang einwirken. Anschließend abwischen, gründlich mit Wasser nachspülen und trocknen.

Unglasierte Keramikfliesen reinigt man mit einem Naturschwamm, der mit Wasser und einem seifenfreien Reiniger oder einem handelsüblichen Fliesenreiniger befeuchtet ist.

Putzen Sie Fliesen nie mit Säure enthaltenden Mitteln und auch nicht mit Essig. Säure greift die Fugen an, so dass sie bröckeln können. Auch Stahlwolle oder Topfkratzer eignen sich nicht, da sie die Oberflächen zerkratzen.

Ziegelsteine

Weil die aus Ton hergestellten Ziegel porös sind, setzen sich Staub und Schmutz leicht an der Oberfläche fest. Saugen Sie Ziegelwände mit einer Polsterdüse mit langen Borsten ab.

Granit

Granit ist robust und haltbar, erfordert aber sorgfältige Pflege. Bei Arbeitsflächen aus Granit ist Vorbeugen besser als putzen. Wischen Sie verschüttete Flüssigkeiten sofort auf, bevor sie einsickern. Stellen Sie Gläser stets auf Untersetzer, denn die in Fruchtsäften und Softdrinks enthaltenen Säuren können die Oberfläche ätzen. Reinigen Sie Granit mit einer Lösung aus warmem Wasser und ein paar Tropfen Spülmittel und wischen Sie mit einem mit klarem Wasser getränkten Tuch nach. Für das Desinfizieren von Arbeitsflächen werden spezielle Granitreiniger angeboten. Mittel, die Säuren enthalten, sollten für Granit nicht verwendet werden.

OBERFLÄCHEN UND SYSTEME 161

Gekonnt Fenster putzen

Das geeigneteste Werkzeug zum Fensterputzen ist der Fensterreiniger, der auch von Profis eingesetzt wird. Sie benötigen außerdem einen Überzug für den Fensterreiniger (bestehend aus einem Putzlappen und zwei Gummibändern), Glasreiniger und einen großen Eimer Wasser.

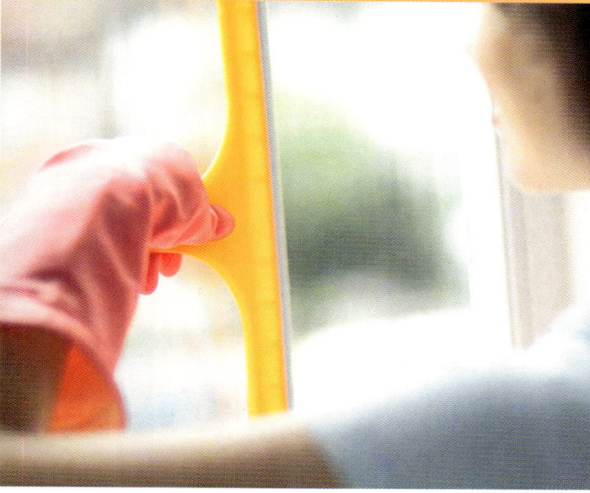

1 Tauchen Sie den mit dem Putzlappen überzogenen Fensterreiniger in den Eimer ein, nachdem Sie dem Wasser Glasreiniger zugefügt haben. Putzen Sie die Scheibe damit. Machen Sie sich wegen Spritzern keine Sorgen, die werden Sie später auffangen.

2 Entfernen Sie den Putzlappen und ziehen Sie nun das Fenster mit dem Fensterreiniger ab. Arbeiten Sie quer und von oben nach unten und beschreiben Sie mit dem Fensterreiniger am Ende des Strichs einen abwärts gerichteten Bogen.

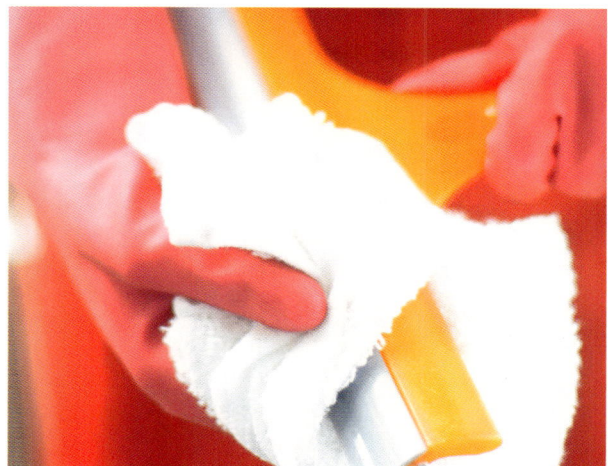

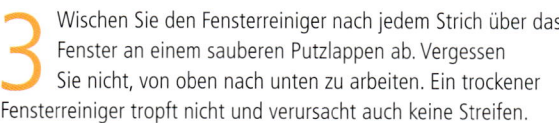

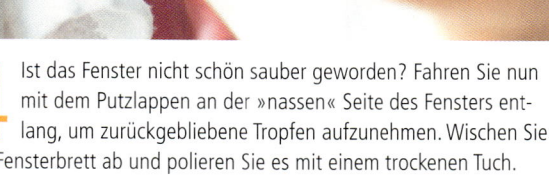

3 Wischen Sie den Fensterreiniger nach jedem Strich über das Fenster an einem sauberen Putzlappen ab. Vergessen Sie nicht, von oben nach unten zu arbeiten. Ein trockener Fensterreiniger tropft nicht und verursacht auch keine Streifen.

4 Ist das Fenster nicht schön sauber geworden? Fahren Sie nun mit dem Putzlappen an der »nassen« Seite des Fensters entlang, um zurückgebliebene Tropfen aufzunehmen. Wischen Sie das Fensterbrett ab und polieren Sie es mit einem trockenen Tuch.

Anti-Arbeit-Taktiken

Bodenpflege ist wie Unkraut jäten Wenn man immer wieder ein bisschen macht, wächst einem die Arbeit nicht über den Kopf. Entfernen Sie täglich Staub und Schmutz, damit sie sich nicht eintreten. Auch passiver Widerstand hilft. Probieren Sie die folgenden Tipps aus.

■ **Matten helfen** Vor und hinter die Haustür gelegt, fangen Matten 80 bis 85 Prozent des Schmutzes auf, der ins Haus getragen wird. Kaufen Sie Matten mit fester, gerillter Oberfläche. Achten Sie auf rutschfeste Unterseiten.

■ **Schuhe ausziehen, Socken anlassen** Auf der Straße oder in Wald und Feld getragene Schuhe nehmen kleine Schmutzteilchen, Sand und Steinchen auf, die bei jedem Schritt die Fußbodenbeläge zerkratzen. Schmale Absätze hinterlassen auf Holz, Vinyl und Teppichböden bleibende Spuren. Nackte Füße geben Hautfett und Schweiß ab, an denen Schmutz kleben bleibt. Ziehen Sie deshalb die Schuhe aus und lassen Sie die Socken an.

Saubere Grundlage:
Fußböden pflegen

Schmutz auf dem Fußboden ist nicht nur hässlich, sondern trägt auch zur raschen Abnutzung des Bodenbelags bei. Staub und Sand rauen glatte Lackierungen auf, schmirgeln das Wachs ab und zerreiben Teppichfasern und Teppichrückseite. Die Lösung: Tägliche Routinereinigung erspart aufwändige Pflegemaßnahmen.

Teppiche reinigen

Die drei Grundregeln für den Umgang mit Teppichen lauten: Regelmäßig saugen, Flecken und Verschüttetes sofort entfernen und einmal im Jahr die Teppiche shampoonieren. Saugen Sie Ihre Teppiche regelmäßig, auch wenn sie gar nicht schmutzig aussehen. Bürstsauger wirken doppelt: Zum einen wird Staub entfernt, zum anderen werden die Fasern gebürstet, so dass sie sich wieder aufrichten und von festem Schmutz befreit werden. Bereiche, in denen reger »Fußgängerverkehr« herrscht, sollten einmal täglich gesaugt werden, während weniger stark genutzte Bereiche wie etwa Gästezimmer nur einmal pro Woche oder alle zwei Wochen Besuch vom Staubsauger bekommen müssen.

- **Erst schauen, dann saugen** Entfernen Sie kleine Gegenstände, die aufgesaugt werden könnten.
- **Kontrollieren Sie den Staubsauger** Glätten Sie den Schlauch, falls er verdreht ist und leeren oder wechsen Sie bei Bedarf den Beutel.
- **Gekonnt saugen** Schonen Sie Ihren Rücken, indem Sie in kurzen, überlappenden »Strichen« saugen.
- **Wechseln Sie die Richtung** Gründlich saugt man, indem man sich erst immer in eine Richtung bewegt und sich anschließend um 90° dreht, um die Fläche abermals zu saugen.
- **Zuletzt die Ränder und Ecken** Saugen Sie mit einer Fugendüse entlang der Bodenleisten, in Ritzen und Ecken.

◂ **Teppichböden** können sauber aussehen und trotzdem voller Staub, Erdpartikel, Hautschuppen und Tierhaare sein. Deshalb sollte man sie regelmäßig saugen.

So behandelt man Flecken

Schnelligkeit ist eine wichtige Waffe gegen Flecken. Je länger Verschüttetes und Verkleckertes einwirken kann, desto wahrscheinlicher ist, dass es sich in Teppichfasern und Teppichrückseite festsetzt.

Verschüttete Flüssigkeiten:
- **Tupfen Sie so viel wie möglich auf** Verwenden Sie dazu Küchenpapier oder saubere Putzlappen, die den Teppich nicht verfärben. Tupfen Sie, bis keine Flüssigkeit mehr übrig ist.
- **Nicht schrubben** oder ausbürsten
- **Verwenden Sie einen speziellen Fleckentferner für Teppiche** Probieren Sie das Produkt vorher an einer unauffälligen Stelle aus.

Feste oder halbfeste Malheure:
- **Kratzen Sie festen Schmutz** mit einem Löffel oder Spatel ab. Ein Messer (auch ein stumpfes) könnte die Fasern beschädigen.
- **Lassen Sie den Fleck trocknen** und bürsten Sie ihn dann behutsam ab, um möglichst viel von der Substanz zu entfernen.
- **Behandeln Sie** einen zurückgebliebenen Fleck mit einem Fleckentferner für Teppiche.

Tiefenreinigung Teppiche bleiben länger schön, wenn sie mindestens einmal im Jahr gründlich gereinigt werden. Es lohnt sich, dafür einen Profi ins Haus zu holen. Natürlich kann man es auch selbst machen, aber es ist eine aufwändige und anstrengende Arbeit, die mit den im Durchschnittshaushalt vorhandenen Mitteln nicht so effizient zu bewältigen ist wie mit den Maschinen, die Profis zur Verfügung stehen. Sollten Sie sich dennoch daran wagen, beachten Sie bitte die folgenden Vorsichtsmaßnahmen:

- **Lernen Sie Ihren Teppich kennen** Wenden Sie nur die vom Hersteller empfohlene Reinigungsart an.
- **Dampf statt Shampoo** Wenn Sie ein Gerät kaufen oder mieten, entscheiden Sie sich für einen Dampfreiniger anstatt für ein Shampooniergerät. Ältere Shampooniergeräte arbeiten die Seifenlösung mit Rotationsbürsten in den Teppich ein und können ihn zu nass machen. Seifenrückstände führen dazu, dass der Teppich rasch wieder verschmutzt.
- **Erst saugen** Schmutz plus Wasser ergibt so etwas wie Schlamm, den man so gut wie nicht mehr herausbekommt. Saugen Sie den Teppich vor der Reinigung deshalb gründlich.
- **Das richtige Mittel wählen** Halten Sie sich an Produkte, die eigens für die Reinigung von Teppichböden entwickelt wurden und befolgen Sie die Packungsanweisungen.
- **Vorbehandeln** Behandeln Sie stark beanspruchte oder verschmutzte Stellen mit einem geeigneten Spray vor.
- **Trocken halten** Mit Seifenwasser getränkte Teppichböden sind nicht sauberer, sondern nur nasser. Saugen Sie die eingearbeitete Lauge anschließend nicht in einem, sondern in zwei Durchgängen ab. Betreten Sie frisch gereinigte Bereiche erst, wenn sie wieder trocken sind.

Hartböden

Auch Hartböden tut eine regelmäßige Reinigung gut. Tägliches Kehren, Saugen oder Wischen mit einem Trockenmopp entfernt schmirgelnden Sand und Staub. Fußmatten und Straßenschuhverbot im Haus helfen, den Schmutz draußen zu halten.

Putzen Sie mit leichter Hand. Hartböden sehen sauber am besten aus, doch der Einsatz von Reinigungsmitteln kann zur Bildung eines Films führen, der den Glanz nimmt und den Staub bindet. Probieren Sie daher die folgenden Tipps aus:

Vinyl- und Linoleumböden Diese Böden sollten täglich mit Besen, Staubsauger oder Trockenmopp routinemäßig von Staub befreit werden. Wischen Sie sie mit klarem Wasser, um Flecken zu entfernen und sie wieder zum Glänzen zu bringen. Stärker verschmutzte Böden werden zuerst abgesaugt und dann mit einer Lösung aus 1 bis 2 EL Bodenreiniger auf 4 l Wasser gewischt. Wischen Sie den Boden mit klarem Wasser nach und trocknen Sie ihn mit weißen Putzlappen.

Lösen Sie den Schmutz tiefer liegender Bereiche wie z. B. Fugen mit einem Haushaltsschwamm, bevor Sie mit klarem Wasser nachwischen.

Holzböden zerkratzen leicht und vertragen allzu viel Feuchtigkeit ebenso wenig wie falsche Putzmethoden.

Stattdessen kann man Holzböden auch saugen, sollte dazu aber die Klopfbürste abstellen, um sie nicht zu zerkratzen. Bei Bedarf wischt man sie mit klarem Wasser und nur leicht angefeuchtetem Mopp. Hartnäckigem Schmutz rückt man mit einer Lösung aus Wasser und Essig zu Leibe.

Intensivere Reinigung sollte nur mit den entsprechenden Spezialprodukten erfolgen.

Fliesenböden Tägliches Saugen oder Kehren bekommt Fliesenböden ausgezeichnet. Allerdings sollten Sie nicht mit der Klopfbürste des Klopfsaugers bearbeitet werden.

Wischen Sie sie ungefähr einmal pro Woche feucht mit einer Lösung aus 2 EL Bodenreiniger auf 4 l warmen Wassers. Bearbeiten Sie Flecken und schmutzige Fugen mit der Putzzahnbürste und wischen Sie mit klarem Wasser nach. Trocknen Sie die Fliesen mit einem sauberen, trockenen Handtuch, um Wasserflecken zu entfernen. Keramikfliesen sollten nie gewachst werden, denn das Wachs lässt sich schlecht wieder entfernen und verhindert ein späteres erneutes Versiegeln des Mörtels. Außerdem kann man böse darauf ausrutschen.

Reinigen Sie verschmutzte Fugen nicht mit Bleichmitteln oder Reinigern, die Bleichmittel enthalten. Ebenfalls sollten Sie Mittel vermeiden, die Farbstoffe enthalten. Tipps zur Reinigung von Fugen finden Sie auf S. 192–193.

▶ **Fliesenböden** sind hart im Nehmen und durch tägliches Kehren und wöchentliches Wischen leicht sauber zu halten.

Glänzend bis flauschig: Möbel richtig pflegen

Stilmöbel sind oft wertvoll und können bei guter Pflege von Generation zu Generation weitergegeben werden. Polstermöbel sind bequem und bringen Farbe ins Wohnzimmer. Wenn man richtig mit ihnen umgeht, hat man an ihnen lange Freude.

Stilmöbel

So verlängern Sie das Leben Ihrer Stilmöbel:

- **Hitze und Licht meiden** Holz hat im Naturzustand einen überraschend hohen Wasseranteil. Der Erhalt eines angemessenen Feuchtigkeitsgehalts ist der Schlüssel für gepflegte, edle Holzmöbel. Stellen Sie sie deshalb fern von Heizkörpern und offenen Kaminen auf. Lagern Sie Stilmöbel nie auf dem Speicher, wo es im Tages- und Jahresverlauf zu hohen Temperaturschwankungen kommt. Außerdem sollten diese Möbel auch nie in der prallen Sonne stehen, da sie sonst ausbleichen. Vorhänge oder Fensterfolien schützen vor zu viel Licht.
- **Vor Beschädigung schützen** Edle Stilmöbel verkraften den Alltag mitunter nur schlecht. Gläser und heiße Schüsseln hinterlassen Ränder und auch Kratzer sind schnell passiert. Stellen Sie Gläser und Gefäße mit heißen oder kalten Speisen stets auf geeigneten Untersetzern ab. Sets und dicke Unterlagen unter der Tischdecke schützen Holz und Lack oder Firnis vor dem Kontakt mit Besteck, rauen Geschirrunterseiten und verschütteten Soßen und anderen Flüssigkeiten.
- **Behutsam putzen** Wischen Sie häufig Staub (*siehe S. 171*). Gelegentlich wird auch eine gründlichere Reinigung notwendig. Fettflecken oder den durch Zigarettenrauch entstandenen Belag entfernt man mit einer für das Holz geeigneten Möbelpolitur. Geben Sie etwas davon auf ein sauberes, weiches Baumwolltuch und reiben Sie damit die Möbel in Richtung der Holzfasern ein, um den Schmutz zu lösen. Ölige Politurrückstände entfernen Sie mit einem frischen Putzlappen.

Wenn das Holz in schlechtem Zustand oder das Stück antik ist, sollten Sie sich von einem Experten beraten lassen.

Pflege von Ledermöbeln

Ledersessel und -sofas können bei sachgerechter Pflege sehr lange halten. Probieren Sie die folgenden Tipps aus:

- **Von Licht und Wärme fern halten** Leder reagiert empfindlich auf Wärme und Sonne. Stellen Sie diese Möbel nicht in Fensternähe und fern von Wärmequellen wie z. B. offenen Kaminen oder Heizkörpern auf.
- **Unbeschichtetes Leder** Ledermöbel ohne diese Oberflächenversiegelung müssen regelmäßig von Staub befreit werden. Mit einem weichen Radiergummi lassen sich Flecken und Ablagerungen entfernen. Verwenden Sie für diese Möbel weder Ledercreme noch Sattelseife, da sie Farbe und Struktur des Leders verändern könnten.
- **Beschichtetes Leder** Halten Sie sich an die Pflegehinweise des Herstellers. Saugen Sie die Möbel regelmäßig ab und reinigen Sie sie ein- bis zweimal im Jahr mit geeigneten Spezialprodukten, die Sie zuvor an einer unauffälligen Stelle ausprobiert haben.
- **Meiden Sie ungeeignete Produkte** Benutzen Sie bei der Pflege Ihrer Ledermöbel niemals Öl, Möbelpolitur, Staub bindende Sprays oder Fleckentferner für Stoffe.

Politur oder Wachs Sowohl Wachs als auch Politur werden zum Schutz der Oberflächen aufgetragen, aber Sie müssen sich für eines entscheiden, denn wenn Sie sie kombinieren, bilden sie eine klebrige Masse. Vergewissern Sie sich, dass das ausgewählte Produkt für Ihre Möbel geeignet ist.

Was soll man nehmen? Wachs ist eine halbfeste Masse und das Auftragen erfordert Krafteinsatz, dafür bildet es aber eine lange wirksame Schutzschicht. Möbelpolitur lässt sich leichter auftragen. Sie besteht aus Petroleumdistillat (einem Lösungsmittel) und verdunstet rasch. Die meisten Leute nehmen zu viel Politur, so dass sich auf den Möbeln ein dicker, matter und klebriger Film bildet. Wenden Sie sie lieber sparsam an.

Das Gleiche gilt für Möbelsprays. Sie enthalten Silikonöl, das anders als Politur nicht flüchtig ist und deshalb nicht verdunstet. Verwenden Sie sie ebenfalls sparsam und polieren Sie die behandelten Stellen mit einem trockenen Tuch.

Tragen Sie Wachs oder Politur ungefähr alle sechs Monate auf und behandeln Sie bei Bedarf mit Holzbalsam vor. Befolgen Sie die Packungsanleitung des Produkts und halten Sie reichlich saubere, weiße Putzlappen bereit.

Nicht nur wegen der Reinigung, sondern auch wegen der Pflege stark mitgenommener oder wertvoller antiker Holzmöbel sollten Sie Rat von Fachleuten einholen.

Polstermöbel

Staub und Schmutz wirken auf Holz oder Stoff wie Schmirgelpapier und sollten deshalb regelmäßig entfernt werden. Saugen Sie Polstermöbel einmal wöchentlich und entfernen Sie davor Kissen, um auch an verborgenen Stellen Krümel zu beseitigen. Mithilfe der folgenden Tipps bleiben Ihre Polstermöbel lange Zeit wie neu:

■ **Unauffällig umstellen** Das dem Menschen angeborene Revierverhalten wird häufig an den Polstermöbeln sichtbar: Jeder hat seinen Lieblingssessel oder Lieblingsplatz auf dem Sofa, der entsprechend rasch durchgesessen ist. Tauschen Sie lose Kissen regelmäßig gegeneinander aus und stellen Sie ein- bis zweimal im Jahr die Stühle und Sessel um.

■ **Schondeckchen** Dort, wo Armlehnen, Rückenlehnen und Sitze mit Haut oder Haaren in Kontakt kommen, entstehen rasch abgenutzte oder stärker verschmutzte Stellen. Schützen

▲ **Wachs gibt Glanz** und bietet optimalen Schutz vor Kratzern und anderen kleinen Schäden. Es bleibt länger auf der Oberfläche haften als Politur und muss daher seltener aufgetragen werden.

Sie diese Problemzonen Ihrer Polstermöbel mit passend angefertigten Schonern. Wenn Sie aus dem gleichen Bezugsstoff genäht sind, werden sie optisch kaum auffallen.

■ **Stretch-Hussen** Besonders in der heißen Zeit des Jahres sind waschbare Stretch-Hussen sehr praktisch. Sie schützen Sessel und Sofas vor Schweiß, Sonnenöl und anderen Gefahren, die der Sommer für Möbel mit sich bringt.

■ **Imprägniermittel** Aufsprühbare Imprägniermittel schützen die Fasern vor Flecken. Manche Stoffe werden bereits in der Fabrik mit Fleckenschutz ausgerüstet. Falls Ihre Möbel diesen Schutz nicht aufweisen, können Sie geeignete Produkte kaufen und die Imprägnierung selbst durchführen. Lesen Sie die Herstellerhinweise gründlich durch, bevor Sie zur Tat schreiten.

Möbel abstauben

Staub ist überall Eine Staubschicht macht Holzmöbel nicht gerade schöner. Halten Sie Ihre guten Stücke mit folgenden Tipps staubfrei:

- **Behutsam putzen** Stauben Sie Stil- und andere Holzmöbel regelmäßig mit einem Staubschlucker aus Lammwolle oder einem leicht angefeuchteten Baumwolltuch ab. Auch Staub anziehende Mikrofasertücher eignen sich gut. Verwenden Sie keine Staubwedel aus Federn, die Kiele können das Holz zerkratzen.
- **Feucht putzen** Weil auch ein trockenes Tuch Oberflächen zerkratzen kann, sollten Sie das Tuch mit Wasser oder mit einem Pflegemittel besprühen. Sprühen Sie das Mittel aber nie auf die Möbelstücke, da es einen hartnäckigen Belag hinterlassen könnte. Wischen Sie immer in Faserrichtung.
- **Häufig putzen** Wenn Sie häufig Staub wischen, kann er sich nicht festsetzen. Außerdem verhindern Sie dadurch, dass sich auf dem Holz Beläge bilden.

Die Pflege von Betten und Matratzen

Gut schlafen kann man nur in einem guten Bett. Wie gut ist Ihres? Da wir ein Drittel unseres Lebens zwischen Matratze und Zudecke verbringen, brauchen sie regelmäßige Pflege. Ganz gleich, ob sie geräumig, weich und üppig oder schmal, hart und spartanisch sind – mit den folgenden Tipps halten Sie Ihre Betten in Form.

Schlafen wie die Prinzessin auf der Erbse
Zwar soll uns »Die Prinzessin auf der Erbse« vor Augen führen, wie zart Prinzessinen sind, tatsächlich aber erzählt uns diese Geschichte viel über den Umgang ihrer zukünftigen Schwiegermutter mit Betten. Hier wichtige Hinweise:

- **Richtig rahmen** Die Matratze stützt unseren Körper und der Rahmen die Matratze. Kaufen Sie Matratze und Rahmen zusammen, um sicherzugehen, dass sie gut zusammenpassen. Überbreite Matratzen – etwa für französische oder für Doppelbetten – benötigen einen in der Mitte verstärkten Rahmen.
- **Viermal umdrehen** Wenn vom Hersteller nicht anders angegeben, sollte man Matratzen jeweils zum Wechsel der Jahreszeit umdrehen, also viermal im Jahr. Dadurch verhindert man die Bildung von Liegekuhlen. Man dreht sie, indem man das Kopfende über das Fußende biegt und die Matratze an der Seite fasst. Manchmal geht das nur zu zweit!
- **Oben statt unten** Manche Matratzen, die nicht in bestimmte Liegezonen eingeteilt sind, sollen außerdem immer mal wieder andersherum ins Bett gelegt werden, d. h. das Kopfende wird zum Fußende. Erkundigen Sie sich beim Hersteller, ob das bei Ihrem Modell möglich ist.
- **Keine Saltos** Kinder hüpfen gerne auf dem Bett herum, während die armen Matratzen das gar nicht gerne haben. Halten Sie Ihre Kinder von dieser Art von Akrobatik ab. Das Hüpfen kann Matratze und Bett beschädigen und der Rahmen kann dabei brechen.
- **Schützen Sie sie** Ein kleines Malheur ist schnell passiert. Schützen Sie Ihre Matratzen durch Auflagen. Diese nehmen Flüssigkeiten und Verschüttetes auf, so dass sie nicht in die Matratze eindringen können.
- **Absaugen** Durch regelmäßiges Saugen halten Sie Matratzen sauber und frisch. Entfernen Sie Bettzeug und Auflagen und saugen Sie dann die Oberfläche der Matratze mit der Polsterdüse gründlich ab. Dadurch entfernen Sie Staub, Hautschuppen und die Milben, die sich von unseren Hautschuppen ernähren. Ein guter Zeitpunkt für das Absaugen ist der Tag, an dem Sie die Matratze umdrehen.
- **Flecken gründlich entfernen** Entfernen Sie Flecken mit einem Spray für Polstermöbel, beachten Sie sorgfältig die Anleitung auf der Packung. Oder aber Sie stellen selbst einen Matratzenreiniger her, der übrigens auch von Matratzenherstellern empfohlen und »Trockenschaum« genannt wird. Sie erhalten ihn, indem Sie 125 ml (ca. 1/2 Tasse) Geschirrspülmittel in

> »Vermeiden Sie die Bildung von Kuhlen, indem Sie die Matratzen umdrehen.«

einen Mixer geben. Schalten Sie den Mixer ein und fügen Sie nacheinander einige Teelöffel Wasser hinzu. Nehmen Sie die oberste Schicht des Schaums ab und reiben Sie den Fleck behutsam mit dem Schaum ein. Verwenden Sie dazu einen Schwamm oder eine weiche Bürste. Achten Sie darauf, dass die Polsterung unter dem Überzug nicht feucht wird. Lassen Sie die Stelle gut trocknen, bevor Sie die Matratze beziehen.

Allergenbekämpfung im Schlafzimmer

Wir, unsere Haustiere und unsere geliebten Teddybären sind nicht die einzigen Bewohner unserer Schlafzimmer. Teppichboden, Brücken, Vorhänge und Gardinen, aber auch Matratzen nehmen Staub auf und werden schnell zum Lebensraum von Hausstaubmilben. Hausstaubmilben, die überall dort vorkommen, wo es Menschen, Feuchtigkeit und warme Temperaturen gibt, können Allergien auslösen. Genauer gesagt sind ihr Kot und Teile toter Milben die gefürchteten Allergene. Ihre Nahrungsquelle sind wir. Hausstaubmilben ernähren sich von Hautschuppen, und die gibt es im Schlafzimmer reichlich.

Mit der Zeit vermehren sich die Milben immer rascher. Es heißt, dass das Gewicht einer zehn Jahre alten Matratze zur Hälfte aus Hausstaubmilben und ihren Hinterlassenschaften besteht. Wenn Ihre Lieben morgens niesend und mit verschwollenen Augen aufwachen, sollten Sie handeln. Mit den folgenden Tipps halten Sie diese Tierchen fern und bekämpfen Staub, Hautschuppen und Pollen:

- **Matratzen abdecken** Spezielle Auflagen bilden eine Barriere zwischen Mensch und Milbe.
- **Keine Daunen** Kissen und Bettdecken sollten mit Synthetikfasern gefüllt sein. Im Fachhandel sind spezielle Bezüge erhältlich, die Hautschuppen und Milbenkot nicht durchlassen.
- **Gut und häufig putzen** Regelmäßiges Saugen ist der beste Schutz gegen Milben und andere Allergene.
- **Schicken Sie den Hund raus** Hunde und andere Haustiere sollten nicht bei Allergikern im Zimmer schlafen. Viele Menschen sind auf Haare und Hautschuppen von Tieren allergisch, die abgesehen davon ebenfalls den Milben als Futter dienen. Stellen Sie das Körbchen in einen anderen Raum und entschädigen Sie Ihren Hund mit einem schönen, langen Morgenspaziergang – nach geruhsamer Nachtruhe.
- **Für niedrige Luftfeuchtigkeit sorgen** Trockene Luft tötet Milben. Stellen Sie evtl. einen Luftentfeuchter auf.
- **Kühl bleiben** Milben haben es gerne warm. Senken Sie deshalb die Temperaturen im Schlafzimmer.

▶ **Frisch und frei** Durch Laken und Auflagen rieselt eine beträchtliche Menge Schmutz und Staub auf die Matratze. Regelmäßiges Saugen entfernt Staub und Allergene.

- **Mit Frühjahrsputz bekämpfen** Weil Milben bei warmem und feuchtem Wetter am besten gedeihen, sollten Sie die Wohnung früh im Frühjahr einmal gründlich durchputzen. So werden Sie die Milben los, die den Winter überstanden haben, bevor sie sich im Frühling kräftig vermehren.
- **Teddy schläft draußen** Viele Kinder schlafen gerne mit einem Stofftier im Arm ein, doch auch in deren Innerem wimmelt es von Milben. Lassen Sie Teddy auf dem Sofa schlafen und kaufen Sie Ihrem Kind eine Plastikpuppe.
- **Bettzeug häufig heiß waschen** Hausstaubmilben überstehen Waschgänge mit lauwarmem Wasser, doch Temperaturen ab 60 °C bringen sie um. Waschen Sie die Bettwäsche jede Woche, Kissen und Decken alle vier bis sechs Wochen.
- **Siedeln Sie Topfpflanzen um** Sie schmücken das Schlafzimmer, ziehen jedoch Insekten, Staub und Keime an und geben an ihre Umgebung Pollen ab. Stellen Sie Topfpflanzen in andere Räume, und Sie werden besser schlafen.

Schön warm, schön frisch: Heiz- und Kühlsysteme

Gasthermen und Ölheizungen, Wärmepumpen und Klimaanlagen sorgen dafür, dass wir uns zu Hause wohl und sicher fühlen. Damit sie zuverlässig ihren Dienst tun, muss man sie gut behandeln. Regelmäßige Wartung und sachgerechter Umgang tragen zu angenehmem Raumklima und bezahlbaren Rechnungen bei.

Sicherheitstipps für Kamine

Nicht sachgerechte Verwendung von Brennmitteln kann die Entstehung von Kreosot begünstigen, einem stark brennbaren Belag, der sich innen im Kamin bildet und zu Bränden führen kann. Mit den folgenden Tipps sind Sie auf der sicheren Seite:

- **Nur trockenes Holz** Das Verbrennen von feuchtem Holz fördert die Entstehung von Kreosot. Lassen Sie Holz vor dem Verbrennen mindestens sechs Monate ablagern.
- **Keinen Müll verbrennen** Zeitungen, Geschenkpapier, Kartons, Weihnachtsbäume und anderer Müll sollten nicht in offenen Kaminen oder in Öfen verbrannt werden.
- **Kleine, heiße Feuer** Gut aufgeschichtete Holzscheite brennen heißer und schneller als Kohle. Der von weniger heißen Feuern langsamer abgegebene Rauch bildet mehr Kreosot.
- **Für Luftzirkulation sorgen** Fest geschlossene Ofentüren verlangsamen die Abgabe von Rauch. Dadurch bildet sich mehr Kreosot.
- **Kontrollieren und reinigen** Lassen Sie den Kamin mindestens einmal im Jahr vom Kaminkehrer inspizieren.

Nehmen Sie die folgenden Punkte in Ihre Haushaltsroutine auf, um Heiz- und Kühlsysteme intakt zu halten:

- **Sicherheit, Zuverlässigkeit, Effizienz** Wer eine Gaszentralheizung besitzt, sollte wissen, wo der Haupthahn ist und wie man ihn abdreht. Wenn Sie Gas riechen oder einen Schaden an der Leitung vermuten, öffnen Sie Türen und Fenster, drehen den Haupthahn ab und rufen den Notdienst. Benutzen Sie keine Lichtschalter und andere elektrischen Einrichtungen, rauchen Sie nicht und zünden Sie kein Streichholz an.
- **Filter regelmäßig wechseln** Erfolgt die Beheizung oder Kühlung Ihres Hauses durch ein Gebläse, so sollten Sie sich regelmäßig vergewissern, dass keine Filter verstopft sind, da die Systeme sonst stärker arbeiten, sich dabei auch stärker abnutzen und mehr Energie verbrauchen. Wegwerffilter, die man jeden Monat auswechselt, sorgen für saubere, allergenfreie Luft im ganzen Haus.
- **Halten Sie Kompressoren frei** Zentrale Klimaanlagen- und Wärmepumpensysteme arbeiten mit außen angebrachten Kompressoren, die warme und kalte Luft austauschen. Diese Kompressoren müssen frei arbeiten können. Sehen Sie deshalb im Frühjahr und Herbst nach, ob etwas hineingefallen oder -gewachsen ist, beschneiden Sie umliegende Sträucher und entfernen Sie alles, was sich außen am Kompressor festgesetzt hat.
- **Vereinbaren Sie rechtzeitig die Wartung** Heiz- und Kühlsysteme müssen professionell überprüft werden. Warten Sie nicht, bis frostige Nächte oder aber die Hundstage kommen, sondern rufen Sie den Wartungsdienst an, bevor das Wetter umschlägt. Wenn die betreffende Saison noch nicht angebro-

chen ist, haben die Techniker mehr Zeit und müssen nicht ständig damit rechnen, plötzlich zu Notfällen gerufen zu werden. Gas- und Ölzentralheizungen sollten einmal jährlich von einer entsprechenden Firma gewartet werden, die Sie auch zur effizienten Benutzung des Systems und zu Energiesparmaßnahmen beraten kann. Unfachmännisch oder gar nicht in Stand gehaltene Gasheizungen fordern immer wieder Menschenleben. Deshalb sollten Sie für wirksame Entlüftungsvorrichtungen und eventuell auch Warngeräte sorgen.

■ **Fragen Sie um Rat** Fragen Sie den Techniker vom Wartungsdienst alles, was Sie schon immer über Ihr Heiz- oder Kühlsystem wissen wollten. Die meisten von ihnen reden gerne über ihre Arbeit und können nützliche Tipps geben.

■ **Feineinstellung** Wenn Ihr Haushalt über ein programmierbares Thermostat verfügt, können Sie es so einstellen, dass sich die Heizung nachts ausschaltet und die Temperatur tagsüber, wenn alle aus dem Haus sind, niedrig bleibt.

Feuer und Flamme

Ein schönes, prasselndes Feuer ist heimelig und auch gar nicht gefährlich — wenn man sich an die folgenden Tipps hält:

■ **Der richtige Umgang mit Öfen** Kamin- oder Holzöfen können frei im Raum oder in Wandnähe stehen oder in eine bestehende offene Feuerstelle integriert werden und spenden ebenso wie Kachelöfen eine angenehme Wärme. Vergewissern Sie sich, dass Ihr Ofen fachgerecht installiert wurde und betreiben Sie ihn gemäß den Anweisungen des Herstellers. Lassen Sie sich gegebenenfalls zeigen, wie Sie ihn am Besten mit Holz befüllen, wie Sie die Asche entnehmen und wie Sie ihn anschließend richtig säubern.

■ **Asche sicher entsorgen** Asche aus dem offenen Kamin oder aus dem Ofen kann mitunter aussehen, als ob sie abgekühlt wäre, wenn sie es in Wirklichkeit noch gar nicht ist. Schütten Sie sie stets in einen Metallbehälter, feuchten Sie sie

> »Richtig eingestellte Thermostate halten die Zimmer warm und helfen sparen.«

an und verschließen Sie den Behälter mit einem Metalldeckel. Geben Sie sie nie in eine Papiertüte. Kehren Sie Asche aus dem Kamin mit Handfeger und Kehrblech auf; versuchen Sie nie, sie mit dem Staubsauger aufzusaugen. Die Asche sollte mindestens vier Tage lang im verschlossenen Metallbehälter bleiben.

Laden Sie Asche niemals im Wald oder an Stellen mit Baumbestand ab. Wenn Sie damit ein Blumenbeet düngen möchten, sollten Sie vorher herabgefallenes Laub und vertrocknete Pflanzenteile davon entfernen und sich vergewissern, dass keine Holzzäune oder Holzmöbel in der Nähe sind. Wenn Sie die Asche in die oberste Erdschicht einarbeiten, haben Sie eine Garantie dafür, dass nichts passiert und Sie tun Ihren Pflanzen gleichzeitig etwas Gutes.

◀ **Lernen Sie Ihre Systeme kennen** Der Zusammenbruch des Systems ist nicht der richtige Zeitpunkt, um es kennenzulernen. Beschäftigen Sie sich rechtzeitig mit Heizung oder Klimaanlage.

Dicht und durchgängig: der Umgang mit Wasserrohren

Leitungswasser und Abwassersysteme kannten bereits die alten Römer. Heute steht uns zu jeder Tageszeit heißes und kaltes Wasser zur Verfügung. Eigentlich ist das Leitungssystem ganz einfach, denn es arbeitet mit Druck und Ventilen. Wenn diese den Dienst versagen, muss man schnell handeln. Hier erfahren Sie, wie.

Wer im Haushalt wirklich fit sein will, sollte wissen, wie er kleine Probleme mit den Wasserleitungen selbst lösen kann, bevor sie sich zu großen Problemen auswachsen.

■ **Halten Sie die Augen offen** Kleine Risse und Löcher in der Leitung können zu großen Überschwemmungen führen. Tropfende Wasserhähne, feuchte Unterschränke, wackelnde Toilettenschüsseln oder tropfende Kühlschränke signalisieren Störungen, die baldigst behoben werden sollten.

»Kleine Löcher und Risse können zu großen Überschwemmungen führen.«

■ **Schnellstens reparieren** Ein tropfender Wasserhahn geht nicht nur auf die Nerven. Das stete Tropfen erzeugt Kalkablagerungen und kann die Entstehung von Schimmel begünstigen. Unternehmen Sie etwas dagegen.
■ **Wissen, was zu tun ist** Wenn Ihr Reparaturversuch schief läuft, wissen Sie dann, wie Sie eine Überschwemmung verhindern? Sehen Sie nach, wo der Wasserhaupthahn ist. Er könnte sich einfach nur unter der Küchenspüle befinden oder aber an einem dunklen und schlecht zugänglichen Ort versteckt sein. In diesem Fall sollte immer eine Taschenlampe bereitliegen. Bei manchen Häusern ist der Haupthahn allerdings außen angebracht, am Gartenweg etwa, in oder an der Garage oder einem anderen Anbau. Sehen Sie nach!

■ **Verbindungen unterbrechen** Wissen Sie auch, wie Sie einzelne Waschbecken, Toiletten, die Waschmaschine oder andere Anschlüsse von der Wasserversorgung abschneiden? Wenn an einem Anschluss etwas kaputt ist, bedeutet das noch kein Unglück – vorausgesetzt, Sie wissen, wo der Hahn ist.
■ **Beheben Sie kleine Probleme selbst** Mithilfe einiger weniger Werkzeuge und Kenntnisse können die meisten von uns kleinere Reparaturen selbst durchführen. Wenn Sie eine Saugglocke, eine Rohrzange und eine Abflussspirale besitzen, können Sie sich selbst um verstopfte Abflüsse und Toiletten, blockierte Ventile und tropfende Wasserhähne kümmern. Ratgeberliteratur, Heimwerkermärkte und Volkshochschulkurse vermitteln wertvolles Wissen.

Frostgefahr – und wie man Rohre schützt

In kalten Wintern können eingefrorene Rohre zum Haushaltsnotstand führen. Das Eis dehnt sich aus, das Rohr platzt, und wenn es wieder wärmer wird, schießt das Wasser heraus. Und meistens passiert das, wenn kein Klempner zu haben ist. Deshalb hier ein paar Tipps:

■ **Einfrieren verhindern** Gut isolierte Rohre frieren nicht ein. Umgeben Sie frei verlaufende Rohre mit isolierendem Kunststoff. Legen Sie vor dem Frost Außenanschlüsse still.
■ **Handeln Sie, wenn es sehr kalt wird** Öffnen Sie Schranktüren und Klappen, hinter denen sich Leitungen verstecken. Die warme Raumtemperatur verhindert das Einfrieren. Drehen Sie Hähne ganz leicht auf. Wenn sie tropfen, bleibt das Wasser in Bewegung und friert nicht ein.

■ **Geraten Sie nicht in Panik** Wenn die Rohre trotz aller Vorsichtsmaßnahmen doch eingefroren sind, drehen Sie den Wasserhaupthahn ab. Dann drehen Sie einen Hahn in der Nähe der blockierten Stelle auf, um Druck abzubauen. Beim Verdacht, dass Rohre des Warmwassersystems eingefroren sein könnten, stellen Sie die Warmwasserversorgung ab, damit es nicht zur Explosion kommt. Wärmen Sie das eingefrorene Rohr mit Wärmflaschen oder einem Haarföhn (letzteres nicht, wenn sich am Boden bereits Wasser angesammelt hat). Verwenden Sie jedoch niemals eine offene Flamme. Beginnen Sie mit dem Ende des Rohrs, das dem Wasserhahn am nächsten ist. Wenn aus dem Hahn Wasser rinnt, ist das Rohr aufgetaut. Sobald die Blockierung behoben ist, prüfen Sie das Rohr auf undichte Stellen. Helfen die oben geschilderten Maßnahmen nicht, so wird es Zeit, einen Klempner zu rufen.

»Mithilfe einiger Werkzeuge und Kenntnisse können die meisten von uns kleine Reparaturen selbst durchführen.«

■ **Und wenn das Rohr doch platzt** Bewahren Sie die Ruhe und drehen Sie die Anschlüsse ab. Wenn dann immer noch Wasser fließt, drehen Sie die Kaltwasserhähne der Waschbecken auf, damit das Wasser aus dem System abfließt. Die Warmwasserhähne müssen geschlossen bleiben, die Heizung ist abzuschalten. Rufen Sie den Klempner an.

Entkalkungssysteme

In manchen Gegenden ist das Wasser sehr hart, weil es viel Kalk enthält. Anti-Kalk-Systeme fangen den Kalk ab und machen das Wasser weicher. Weiches Wasser bildet weniger Ablagerungen in Rohren und Geräten und dadurch verlängert sich deren Lebensdauer. Außerdem braucht man bei weichem Wasser weniger Seife, was wiederum dem Geldbeutel und der Umwelt zugute kommt.

Ein bewährtes Anti-Kalk-System besteht aus zwei magnetischen Halbschalen, die nebeneinander an der Hauptwasserlei-

▲ **Alles im Fluss** Die Wasserversorgung und -entsorgung eines Hauses ist ein relativ einfaches System. Deshalb sollten Sie keine Angst davor haben, kleinere Reparaturen selbst durchzuführen.

tung angebracht werden. Fließt durch das von ihnen erzeugte Magnetfeld Wasser, kristallisieren die im Wasser gelösten Kalkstrukturen und können sich infolgedessen nicht mehr an Oberflächen ablagern.

Die Montage dieses Systems, das im Fachhandel angeboten wird, ist verhältnismäßig einfach. Es verhindert Kalkablagerungen ohne Chemie und muss nach seiner Installation auch nicht mehr gewartet werden.

Die wunderbare Kraft: sicherer Umgang mit Strom

Elektrizität ist wirklich etwas Wunderbares. Strom sorgt dafür, dass alles ins rechte Licht gerückt wird und der Haushalt wie am Schnürchen läuft. Elektrizität ist allerdings auch nicht ganz ungefährlich. Achten Sie auf regelmäßige Wartung dieses Systems und halten Sie sich an die folgenden Sicherheitstipps.

Damit die Lichter anbleiben und Unfälle vermieden werden, sollten Sie ein paar einfache Regeln beherzigen:

■ **Seien Sie wachsam** Beachten Sie auch geringfügige elektrische Probleme. Flackernde Glühbirnen und verdrehte Verlängerungskabel könnten einen Kurzschluss oder sogar einen Brand verursachen. Kabel mit rissiger Ummantelung, heiße Stecker oder Steckdosen und Geräte, die Ihnen bei Berührung einen Schlag versetzen, sind Gefahrenquellen.
■ **Schnell reparieren** Wenn ein Gerät elektrische Probleme zu haben scheint, dann ziehen Sie den Stecker. Verwenden Sie es erst wieder, wenn es repariert worden ist. Geben Sie das Problem nicht weiter, indem Sie es verschenken oder verkaufen.
■ **Studieren Sie den Sicherungskasten** In den meisten Häusern und Wohnungen gibt es einen Sicherungskasten, der die Stromzufuhr zu den einzelnen Bereichen kontrolliert und an dem Sie diese unterbrechen können.
■ **Finden Sie heraus, welche Sicherung zu welchem Bereich gehört** Probieren Sie aus, was welchem Bereich entspricht und versehen Sie sie mit entsprechenden Etiketten.
■ **Investieren Sie in Überspannungsschutz-Steckdosen** Überspannungsschutz-Steckdosen sind Tischsteckdosen oder einfache Stecker, die in Wandsteckdosen eingesteckt werden und einen oder mehrere Steckplätze bieten. Sie verhindern, dass plötzlich auftretende starke Spannungsschwankungen, z. B. bei Blitzeinschlag, eingesteckte und eingeschaltete Geräte schädigen. Es ist sinnvoll, Fernseher, Computer, Waschmaschine und andere wertvolle Geräte auf diese Weise zu schützen. Alle Überspannungsschutz-Steckdosen verfügen über Signallämpchen, die anzeigen, dass die Steckdose bestimmungsgemäß funktioniert. Vor allem größere Tischsteckdosen haben außerdem einen Schalter, über den man alle angeschlossenen Geräte von der Stromzufuhr abkoppeln kann.

Sicherer Umgang mit Elektrizität

Beugen Sie mithilfe der folgenden Tipps Kurzschlüssen und Stromausfällen vor:

■ **Wasser und Elektrizität** Seien Sie vorsichtig, wenn Sie im Badezimmer Haarföhne und andere elektrische Geräte verwenden. Halten Sie alle Geräte vom Wasser fern.
■ **Umsichtig sein** Ziehen Sie den Stecker, bevor Sie ein Gerät reinigen. Halten Sie auch kleine Geräte nie am Kabel.
■ **Nicht überlasten** Stecken Sie in Tisch- und Mehrfachsteckdosen nicht zu viele Geräte ein. Stecken Sie ein Gerät sofort aus, wenn es oder sein Kabel sich heiß anfühlt.
■ **Vorsicht mit Verlängerungskabeln** Lassen Sie Verlängerungskabel nicht unter Teppichen oder über Türschwellen verlaufen. Zum einen sind sie Stolperfallen, zum anderen kann sich die Plastikummantelung abnutzen.
■ **Heizdecken warten lassen** Heizdecken verursachen oft Brände. Lassen Sie Ihre alle drei Jahre nachsehen.
■ **Steckdosenschutz** In Haushalten mit kleinen Kindern sollten alle Steckdosen mit Kindersicherungen versehen sein.
■ **Glühbirnen** Verwenden Sie für Lampen nur Glühbirnen mit erlaubter Wattstärke. Zu starke Glühbirnen können sich überhitzen und entzünden. Drehen Sie die Birnen fest ein, da lose Birnen ebenfalls zu heiß werden können.

Checkliste für Haushaltssysteme

Am schönsten ist es, wenn alles funktioniert. Die folgenden Vorsichtsmaßnahmen helfen, die Haushaltssysteme am Laufen zu halten (*siehe auch S. 174–175*):

Jeden Monat:
- Halten Sie in Küchen, Toiletten, Bade- und Hauswirtschaftszimmern nach tropfenden Wasserhähnen und Wasserschäden Ausschau.
- Wenn Sie das Haus mit einem Gebläse heizen oder kühlen, sollten Sie allmonatlich die Filter auswechseln oder nach Herstelleranweisung reinigen.
- Überprüfen Sie die Rauchmelder.
- Überprüfen Sie die Alarmanlage.

Alle drei Monate:
- Sehen Sie Ihr Erste-Hilfe-Set durch und ergänzen Sie alles, was fehlt oder dessen Haltbarkeitsdatum abgelaufen ist. Eine Liste von all dem, was darin enthalten sein sollte, finden Sie auf S. 181.
- Veranstalten Sie Feuer- und Katastrophenalarmübungen, an denen sich alle beteiligen sollten, die im Haushalt leben.
- Wechseln Sie den Filter der Dunstabzugshaube regelmäßig aus bzw. waschen Sie ihn. Die meisten Typen können in der Geschirrmaschine gewaschen und so von fettigen Rückständen befreit werden (sehen Sie in der Betriebsanleitung der Dunstabzugshaube nach). Oder besprühen Sie den Filter mit einem fettlösenden Spray und spülen Sie ihn danach aus.

Alle sechs Monate:
- Ersetzen Sie die Batterien in Rauchdetektoren.
- Überprüfen Sie, ob Feuerlöscher gewartet und einsatzbereit sind.
- Reinigen Sie den Aschebehälter des Kamins oder des Ofens.
- Überprüfen Sie Zu- und Ablaufschlauch der Waschmaschine und ersetzen Sie brüchig gewordene Schläuche.
- Saugen Sie die Kühlschrankrückseite ab.
- Überprüfen Sie mit einem Geldschein, ob die Kühlschranktür dicht schließt. Legen Sie den Geldschein zwischen Tür und Rahmen. Wenn Sie ihn leicht herausziehen können, sollten die Schrauben in den Türscharnieren nachgezogen werden.

Urlaubs-Checkliste

Nichts verdirbt einem den Urlaub so gründlich wie der Gedanke, zu Hause etwas Wichtiges zu tun vergessen zu haben, das üble Folgen nach sich ziehen könnte. Gehen Sie, bevor Sie das nächste Mal verreisen, diese Checkliste durch und verleben Sie an Ihrem Urlaubsort schöne, ungetrübte Tage.

- **Heißwasserversorgung abstellen** Da sie unter Druck stehen, stellen Heißwassertanks eine Gefahrenquelle dar. Bitten Sie den Klempner Ihnen zu zeigen, wie man sie abstellt und den Druck im Tank dadurch senkt.
- **Stellen Sie zusätzliche Wasseranschlüsse ab** Gehen Sie auf Nummer sicher, indem Sie Raumbefeuchter und Außenanschlüsse abdrehen.
- **Ziehen Sie die Stecker** Gewitter oder Unterbrechungen der Stromversorgung können Fernseher, Computer und andere wertvolle Geräte auch dann beschädigen, wenn diese an Überspannungsschutz-Steckdosen angeschlossen sind. Da das auch für Telefone gilt, sollten Sie all jene Apparate ausstecken, die nicht mit Anrufbeantwortern verbunden sind.
- **Stellen Sie Thermostate entsprechend ein** Schalten Sie nach Möglichkeit Zentralheizung und Klimaanlage ab. Sollten Sie jedoch während der heißesten oder kältesten Tage des Jahres verreisen und Ihr Haus vor extremen Temperaturen schützen müssen, dann stellen Sie die Thermostate der Zentralheizung im Winter auf 13 °C bzw. die Klimaanlage im Hochsommer auf 30 °C ein. Bei diesen Temperaturen brauchen Sie nicht zu befürchten, Ihr Haus und dessen Inhalt bei Ihrer Rückkehr in irgendeiner Weise beschädigt vorzufinden.

Der Katastrophenplan
für die ganze Familie

Im Leben kann alles Mögliche passieren – auch ein Brand, eine Überschwemmung oder ein Wirbelsturm. Und was tun Sie dann? In der Schule nehmen die Kinder an Feuerschutzübungen teil. Es wäre keine schlechte Idee, so etwas auch zu Hause zu machen. Ein Katastrophenplan informiert darüber, was im Fall der Fälle zu tun ist.

Stellen Sie einen Katastrophenplan auf

Weiß Ihre Familie, wie man sich verhalten soll, wenn es brennt oder wenn eine Unwetterkatastrophe oder eine Überschwemmung drohen? Ein Katastrophenplan zeigt an, was dann zu tun ist. Wenn Sie in einem gefährdeten Gebiet leben – z. B. in der Nähe eines Flusses, der oft über die Ufer tritt oder aber eines brandgefährdeten trockenen Walds – können Sie sich beim Technischen Hilfswerk, im Rathaus oder bei der Feuerwehr nach den empfohlenen Maßnahmen im Notfall erkundigen und sie mit Ihrer Familie besprechen.

Praktischer Rat für Notfälle

Die folgenden Richtlinien sind als Vorbereitung auf Notfälle und als Verhaltensmaßregeln in Notfällen gedacht:

Allgemeine Vorsichtsmaßnahmen:
- Führen Sie stets eine Liste der Telefonnummern von Familienmitgliedern und Freunden mit. Wählen Sie jemanden, der in einiger Entfernung von Ihrem Haus lebt, als Kontaktperson und verständigen Sie ihn, wenn etwas passiert.
- Halten Sie immer eine Notfalltasche mit diesem Inhalt bereit:
  - Wasser in Flaschen
  - Nahrungsmittel mit hohem Energiegehalt
  - Radio mit Ersatzbatterien
  - Taschenlampe mit Ersatzbatterien
  - Grundbedarf an Medikamenten
  - Erste-Hilfe-Set
- Markieren Sie die Hauptschalter und -hähne im Haus (Strom, Gas und Wasser), damit Sie sie bei Bedarf rasch finden.
- Besuchen Sie einen Erste-Hilfe-Kurs.
- Wenn Sie einen Kurs dieser Art nicht besuchen können, besorgen Sie sich eine entsprechende Videokassette oder DVD.

Wenn ein Notfall eintritt:
- Stellen Sie im Radio einen Lokalsender ein und befolgen Sie die ausgestrahlten Ratschläge.
- Achten Sie auf unmittelbare Gefahren oder deren Anzeichen wie Rauch, Wasser, instabile Gebäude.
- Denken Sie an Menschen in Ihrer Umgebung, die Hilfe brauchen könnten, z. B. weil sie alt oder krank sind oder die Radiodurchsagen nicht verstehen oder hören können.
- Helfen Sie allen, die Ihre Hilfe benötigen.
- Seien Sie darauf gefasst, Ihre Angehörigen, hilfebedürftige Nachbarn und Ihre Haustiere evakuieren zu müssen.
- Nehmen Sie, wenn das möglich ist, Ihre Notfalltasche mit.
- Melden Sie sich bei Ihrer Kontaktperson.

Sicherheits-Checkliste

Beachten Sie außerdem auch die folgende Checkliste:
- Hängen Sie in der Nähe des Telefons einen Zettel mit den Nummern von Feuerwehr, Polizei und Notarzt auf.
- Bringen Sie Ihren Kindern bei, dass und wie sie in Notfällen Hilfe herbeirufen können.
- Schauen Sie nach, ob Sie ausreichend versichert sind.
- Lassen Sie auf allen Etagen Ihres Hauses und besonders in der Nähe der Schlafzimmer Rauchmelder installieren.
- Spüren Sie zusammen mit den Mitgliedern Ihrer Familie alle Gefahrenquellen in Ihrem Haushalt auf.

- Ermitteln Sie für Ihr Haus die besten Fluchtwege.
- Finden Sie heraus, welche Räume Zuflucht bieten.

Aktualisieren Sie den Plan und üben Sie ihn ein:
- Fragen Sie Ihre Kinder alle sechs Monate, was sie tun würden, wenn etwas passiert.
- Führen Sie Evakuierungsübungen durch.
- Ersetzen Sie Wasser- und Lebensmittelvorräte alle sechs Monate (*siehe dazu auch S. 120-121*).
- Lassen Sie Ihre Feuerlöscher in den vom Hersteller angegebenen Abständen warten.
- Testen Sie Ihre Rauchmelder jeden Monat und wechseln Sie mindestens einmal im Jahr die Batterien aus.
- Aktualisieren Sie laufend die Notfallnummern auf Ihren Listen und im Speicher Ihrer Festnetztelefone und Handys.

Erste-Hilfe-Set

Diese Gegenstände sollten auf jeden Fall in Ihrem Erste-Hilfe-Set enthalten sein. Legen Sie ein Erste-Hilfe-Handbuch, eine Taschenlampe und Batterien dazu. Bewahren Sie es außer Reichweite der Kinder auf.

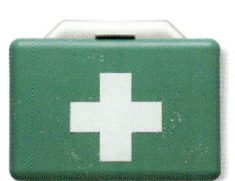

- Desinfektionstücher
- Pinzette
- Desinfizierende Salbe
- Desinfizierende Lösung
- Pflaster in verschiedenen Größen
- Verbandsmull und Verbände
- Klebeband
- Scharfe Schere
- Sicherheitsnadeln
- Latexhandschuhe
- Schmerzmittel (Paracetamol und Ibuprofen)
- Mittel gegen Durchfall
- Mückenschutzmittel
- Thermometer
- Instant-Kühlpacks

Im Katastrophenfall

Brand, Unwetter, Erdbeben – Katastrophen ereignen sich oft unerwartet. Die folgenden Punkte helfen Ihnen, inmitten der Aufregung einen klaren Kopf zu behalten.

- Bleiben Sie ruhig und geduldig. Setzen Sie Ihren Katastrophenplan um.
- Sehen Sie nach, ob jemand verletzt ist.
- Helfen Sie Verletzten.
- Schalten Sie ein batteriebetriebenes Radio ein und achten Sie auf Durchsagen.

Untersuchen Sie Ihr Haus auf Schäden
- Verwenden Sie Taschenlampen. Schalten Sie elektrisches Licht nicht ein.
- Prüfen Sie, ob Sie Gas riechen. Beginnen Sie in der Nähe der Gastherme oder des Gasboilers. Wenn Sie Schäden vermuten, drehen Sie den Haupthahn ab, öffnen Sie die Fenster und bringen alle rasch nach draußen.
- Schalten Sie auch alle anderen beschädigten Versorgungssysteme ab.
- Wischen Sie verschüttete Medikamente, Bleichmittel, Erdölprodukte und andere entzündliche Flüssigkeiten sofort auf.

Nicht vergessen
- Sorgen Sie auch für die Sicherheit der Haustiere.
- Rufen Sie Ihre Kontaktperson an. Benutzen Sie das Telefon abgesehen davon nur bei Lebensgefahr.
- Sehen Sie nach Nachbarn, besonders wenn diese alt und krank sind.
- Legen Sie einen Wasservorrat für den Fall an, dass die Versorgung unterbrochen wird.
- Halten Sie sich von abgerissenen Stromleitungen fern.

Platz zum Leben
aufräumen, putzen, organisieren

Wenn sich der Kampf gegen das Chaos von Raum zu Raum fortsetzt, kann er einem wie eine nie enden wollende Schlacht um mehr Platz vorkommen. Während die Prinzipien des Aufräumens immer die gleichen sind, stellen die einzelnen Räume doch besondere Anforderungen und erfordern spezielle Strategien.

Private Räume wie etwa Schlaf- und Badezimmer werden oft mit Funktionen überlastet. Öffentliche Räume wie das Wohnzimmer dagegen leiden daran, dass ihr Sinn und Zweck zu allgemein definiert sind und sie jeder anders nutzt. Sie können nur in Schuss gehalten werden, wenn alle, die sie benutzen, beim Aufräumen und Organisieren mithelfen.

In diesem Abschnitt gehen wir das Haus bzw. die Wohnung Raum für Raum durch, um Chaos zu bekämpfen, zu organisieren und zu putzen. Mit der Anti-Chaos-Methode machen wir klar Schiff – im Elternschlafzimmer ebenso wie in den Spielecken der Kinder, im Wohnzimmer und im Eingangsbereich. Auf diese Weise schaffen wir viel Platz – Platz für uns.

Chaos-Bekämpfung:
Wo drückt der Schuh?

Raum für Raum erobert das Chaos die Wohnung und erschwert mit der Zeit zunehmend auch die simpelsten Alltagsverrichtungen. Chaos kann auf sehr unterschiedliche Weisen entstehen. Unordentliche Stapel und Haufen zeigen an, wo Handlungsbedarf besteht. Folgen Sie den Spuren des Chaos.

Problemzonen Wenn sich auf dem Esstisch unerledigte Post und Rechnungen stapeln, wird es Zeit, ein Haushaltsbüro einzurichten (*siehe S. 226–227*).
Stapel von Rucksäcken, Schuhen, Jacken und selbst gebastelten Objekten aus dem Werkunterricht zeigen, dass die Familie eine funktionale Startrampe benötigt (*siehe S. 186–187*). Wenn sämtliche ebenen Oberflächen im Bad mit Tuben, Fläschchen, Döschen und Bürsten vollgestellt sind, herrscht offenbar dringender Organisationsbedarf.

Chaos-Magneten entrümpeln In jedem Haushalt gibt es »Chaos-Magneten«, die Unordnung schneller anziehen als eine schwarze Hose Flusen. Ein solcher Punkt ist z. B. ein Tisch im Flur, der ständig unter einer Flut von Post, Zeitungen, Schlüsseln, Spielzeug und Kleingeld zu verschwinden droht.
Weil sich Unordnung und Chaos schneller vermehren als man gucken kann, sollten Sie Chaos-Magneten schleunigst aufspüren und neutralisieren. Bauen Sie das Aufräumen dieser Punkte in Ihre tägliche Routine ein.

▲ **Putzen** Manche Räume muss man ganz einfach öfter putzen als andere. Dazu zählen die Küche und das Bad.

▲ **Aufräumen** Dort, wo sich alle aufhalten, entsteht am meisten Unordnung, denn jeder lässt etwas zurück. Da hilft nur Teamarbeit!

▲ **Organisieren** Gut aufgeräumte und organisierte Lagerräume wie Schränke, Fächer und Regale bieten mehr Platz.

Chaos-Quiz

Chaos ist immer eine Frage von Toleranzschwellen. Was der eine gemütlich findet, ist für den anderen steril und kalt. Dieses Quiz hilft Ihnen, Ihre Toleranzschwelle zu ermitteln und das für Sie richtige Organisationsniveau herauszufinden.

1 Es sind Rechnungen zu bezahlen. Wie gehen Sie die Sache an?

A Ich schiebe das Frühstücksgeschirr zur Seite, fische irgendwo die Plastiktüte mit den Rechnungen heraus und fülle die Überweisungsträger aus.

B Ich schalte den Fernseher ein, schnappe mir eine Schreibunterlage und kümmere mich in den Werbepausen um die Rechnungen. Zwischendurch suche ich sie im Haus zusammen, so habe ich auch gleich etwas Bewegung.

C Ich lege die Rechnungen in der Reihenfolge Ihrer Fälligkeit übereinander und nehme den Taschenrechner und den Kugelschreiber aus der Schublade.

2 Schlafenszeit. Wie sieht Ihre Routine aus?

A Ich hebe die Katze vom Kissen, werfe die gebrauchten Papiertaschentücher auf den Boden und sinke zwischen den Zeitschriften in die Federn.

B Ich schüttle die Betten aus (am Vormittag war einfach zu viel los) und mache auf dem Nachttisch Platz für mein Wasserglas.

C Ich schlage die wöchentlich frisch bezogene Bettdecke zurück und stelle mein Wasserglas und die Taschenlampe für Notfälle auf den Nachttisch.

3 Stellen Sie sich vor, Sie stehen auf Ihrer Schwelle und blicken in den Eingangsbereich. Auf welche Jahreszeit lassen Dekorationen, Schuhe und Kleidung schließen?

A Es muss Weihnachten sein – ehrlich gesagt, das Weihnachten vor zwei Jahren, aber ich fände es toll, wenn jeden Tag Weihnachten wäre. Es sind aber auch noch ein paar Luftschlangen von Silvester übrig und in der Ecke stehen Schwimmflossen. Es könnte also auch Sommer sein.

B Ach ja, ich habe vergessen, die Lampions vom Kindergeburtstag letzten Monat abzunehmen, danke, dass Sie mich erinnern.

C Außer an Weihnachten schmücke ich die Wohnungstür nie. Und auch dann finde ich, dass ein kleines Tannensträußchen reichen sollte.

4 Sie beginnen Ihren Tag gerne mit der Lektüre der Zeitung. Wie sieht der Tisch denn hinterher aus?

A Tisch? Wieso Tisch? Ich lese die Zeitung, wo gerade Platz ist. Ich glaube, die Beilage liegt noch im Bad und das Kreuzworträtsel könnte im Wohnzimmer sein. Vielleicht aber auch in der Küche.

B Gut, ich gebe es zu: Ich lasse alles auf dem Tisch liegen und warte irgendwie darauf, dass die Wichtelmännchen kommen und die Zeitung in die Altpapierkiste legen.

C Ich falte die Zeitung nach dem Lesen ordentlich zusammen. Aber das tut doch jeder, oder?

Wenn Sie überwiegend mit A geantwortet haben: Herzlichen Glückwunsch! Sie verfügen über eine hohe Toleranzschwelle für tägliches Chaos und können selbst inmitten der Unordnung alles erledigen, was ansteht. Sie müssen aber auch zugeben, dass Ihr Leben viel leichter wäre, wenn Sie nicht immer alles suchen müssten.

Wenn Sie überwiegend mit B geantwortet haben: Sie haben ein gutes Mittelmaß gefunden. Sie ertragen einiges an Chaos, gehen aber auch dagegen vor, wenn es überhand nimmt. Da Sie ein Zuviel an Chaos als stressig empfinden, sollten Sie sich Routinemaßnahmen angewöhnen, die mehr Ordnung in Ihr Leben bringen.

Wenn Sie überwiegend mit C geantwortet haben, dann erlauben Sie bitte die Frage, warum Sie eigentlich dieses Buch lesen? Ihre Toleranzschwelle für sichtbare Unordnung ist bemerkenswert niedrig und Sie fühlen sich am wohlsten, wenn Sie Ihre Sachen aufgeräumt und das Chaos in Ihrem Zuhause gebannt haben.

Das Aufräumen
des Eingangsbereichs

Der Eingangsbereich ist das Tor zwischen dem Zuhause und der Außenwelt. Für die Familienmitglieder stellt er jedoch auch eine Rampe dar, von der aus sie täglich in den Tag starten. Gäste und andere Besucher bekommen in dieser Zone einen ersten Eindruck vom Haus oder von der Wohnung.

Ein chaosfreier, übersichtlicher Eingangsbereich macht das Leben in jeder Hinsicht leichter. Probieren Sie die folgenden Tipps aus, um ihn zu organisieren:

- **Schmutzsperre** In den Eingangsbereich werden ständig Schmutz und Nässe hereingetragen. Legen Sie auf beiden Seiten der Eingangstür Fußmatten aus, um Dreck und Wasser gar nicht erst in den Wohnbereich vordringen zu lassen.
- **Chaos regelmäßig beseitigen** Das Kommen und Gehen der Bewohner des Haushalts bringt es mit sich, dass hier ständig Post, Papierkram, Zeitungen, Kleidungsstücke und vieles mehr abgelegt werden. Veranstalten Sie deshalb regelmäßig Anti-Chaos-Aktionen im Eingangsbereich.
- **Wände nutzen** Beziehen Sie beim Einrichten von Aufbewahrungsmöglichkeiten die Wände mit ein. An Haken sind Kleidung und Schlüssel übersichtlich untergebracht.
- **Raum nicht verschenken** Auch an der Innenseite der Tür oder an der Wand daneben lassen sich Regale anbringen. Hängeregale aus Stoff mit vielen Taschen nehmen Handschuhe, Sonnenöl und vieles mehr auf.
- **In Behältern aufbewahren** Stellen Sie im Eingangsbereich Regale, offene und geschlossene Behälter auf, die der Familie als Startrampen dienen (*siehe links*). Praktisch sind niedrige Bänke, auf die man sich zum Schuheanziehen setzen und unter die man Aufbewahrungsbehälter schieben kann.

◀ **Schleuse** Im Eingangsbereich findet der Übergang von Innen nach Außen und zurück statt. Schaffen Sie nahe der Tür Unterbringungsmöglichkeiten für Mäntel, Jacken und Schuhe.

Kontrollzentrum und Startrampe

So wie Raketen einen durchdachten Ort brauchen, von dem aus sie in den Weltraum starten können, so benötigen auch die Mitglieder einer Familie eine Startrampe. Eine Startrampe ist ein Bereich – etwa ein Regalbrett – oder ein Behälter, das oder der alles enthält, was eine bestimmte Person braucht, um das Haus verlassen zu können.

»Handtaschen, Schlüssel, zurückzugebende Videos: Sie alle sind an den Startrampen gut untergebracht.«

- **Erstes Prinzip: Behälter zuweisen** Jedes Familienmitglied erhält einen Behälter und dieser wiederum bekommt einen bestimmten Platz. Damit ersparen Sie Ihren Lieben die aufreibende, allmorgendliche Suche nach Jacke, Schirm und Schuhen.
- **Zweites Prinzip: Aufräumen einfach machen** Ihr Sohn kommt von der Schule nach Hause und stellt den Schulranzen und die Brotdose in seinen Behälter. Ihr Mann lässt nach dem Betreten des Eingangsbereichs einfach Schlüssel und Brieftasche in seinen Behälter fallen. Dort bleibt alles, bis es wieder gebraucht oder neu befüllt wird.
- **Drittes Prinzip: Kreativ sein** Eine Startrampe muss nicht unbedingt eine Box oder ein Regalbrett sein. In einer Familie hängt am Stuhl jedes Kindes ein Rucksack, in den alles kommt, was es am nächsten Tag braucht: Sportsachen, Pausenbrot …

Aufräumen im Bad

Die Szene: Das Badezimmer in einer beliebigen Wohnung. Hier finden die unterschiedlichsten individuellen Pflegerituale statt. Und hier gedeiht oft ein üppiger Dschungel von Tuben, Flaschen und Bürsten.

Das Badezimmer ist offiziell der Ort, an dem wir uns säubern und Zähne, Haut und Haare pflegen. Inoffiziell ist es aber auch ein Raum, in dem wir Träume träumen und auch versuchen, sie Wirklichkeit werden zu lassen. Dementsprechend irrational ist unsere Beziehung zum Badezimmer-Chaos:

- **Benutzen oder wegwerfen** In Badezimmerschränken sammelt sich eine Menge von Dingen an, die beim besten Willen nicht funktionieren. Die Rundbürste, aus der kaum noch die Haare herauszubekommen sind, der extra haltbare Lack, der schon nach Stunden von den Nägeln blättert. Wundermittel werden zusammen mit Hoffnungen verkauft. Wenn Sie sich von ihnen nichts mehr erhoffen, sollten Sie sie loswerden.
- **Wenn Sie es nicht wegwerfen, dann benutzen Sie es** Viele Luxusprodukte, die wir uns aus einer Laune heraus gegönnt haben, werden doch nur zu Staubfängern. Vielleicht ist es uns nie gelungen, den teuren Lidschatten so gekonnt aufzutragen wie die Kosmetikerin. Vielleicht wollten wir uns die Nerzöl-Pflegespülung für einen besonderen Anlass aufheben, zu dem es dann nie kam. Zum Wegwerfen zu teuer gewesen? Gut, aber dann brauchen Sie es auf!
- **Bestand verkleinern** Jeder Badezimmernutzer hat eine geheime Leidenschaft. Es gibt Lippenstiftfetischistinnen, Deosammler, – aber zu viel ist zu viel. Sortieren Sie aus!
- **Sag' zum Abschied leise »Servus«** Irgendwann kommt der letzte Tag des Haltbarkeitszeitraums, und auch er geht vorbei. Kosmetika und Pflegeprodukte mit abgelaufenem Verfallsdatum gehören in den Müll (*siehe auch S. 190*).

Vor dem Aufräumen ▲

Nie mehr Chaos im Bad

Ein durchschnittliches Badezimmer lässt sich in zwei bis drei Anti-Chaos-Aktionen aufräumen. Beginnen Sie im Waschbeckenbereich und machen Sie mit benachbarten Schränken und Regalen weiter. Hören Sie im Wannen-/Duschbereich auf. Sie brauchen wieder: Küchenwecker, die drei Kartons, einen Müllsack und 15 Minuten Zeit.

1 Sortieren
Beim Waschbecken beginnend, stellen Sie alles zu Gruppen zusammen, was zusammengehört. Was eigentlich woanders stehen sollte, kommt in den »aufräumen«-Karton, was eingelagert werden sollte, in den »wegräumen«-Karton. Was Sie nicht mehr brauchen, aber vielleicht anderen nützt, kommt zu »verkaufen/verschenken«.

2 Wegwerfen
Was kaputt, alt, schlecht oder nicht mehr zu benutzen ist, wie etwa fast aufgebrauchte, eingetrocknete Zahnpasta, wandert in den Müll! Halten Sie nach verstaubten Dingen Ausschau. Was Staub ansammeln konnte, wird von niemandem benutzt. Was kaputt ist, braucht auch keiner mehr. Raus damit!

3 Organisieren
Sobald der Waschbeckenbereich aufgeräumt ist, können Sie alles, was Sie behalten, organisieren und einräumen. Schalen und flache Körbe helfen, übersichtlich zu verwahren und Ordnung zu halten.

4 Wegräumen
Wenn der Wecker klingelt, beenden Sie die Aktion und ordnen alles ein, was sich im »aufräumen«-Karton eingefunden hat. Stellen Sie Wecker und Kartons weg und entsorgen Sie den Müll.

Nach dem Aufräumen ▲

Regeln für die Lagerung im Bad

Ob groß oder klein, alle Badezimmer haben etwas gemeinsam: Der Platz reicht nie. Boiler oder Therme, Dusche und Wanne beanspruchen den Löwenanteil und lassen zu wenig Raum für die Aufbewahrung von Cremes und Düften. Um diesen geringen Raum kämpfen noch dazu die Familienmitglieder. Eine echte Herausforderung!

Harte Fakten für Hamster

Das Bad eines Hamsters ist ein Kuriositätenkabinett voller Parfümflakons, Fläschchen, Töpfchen und Pröbchen. Nach jedem Besuch im Drogeriemarkt oder beim Friseur verzeichnet das Inventar einen Zuwachs. Alles, was gratis angeboten wurde, wird mitgenommen – und aufgehoben. Parfüms, Kosmetika und Pflegeartikel verderben ebenso wie Lebensmittel. Schützen Sie Ihre Gesundheit, indem Sie alles Verdorbene aussortieren.

- **Parfüm** kippt nach drei Jahren um.
- **In Flüssigkeiten** können sich Keime ansiedeln und vermehren. Kompakt- und Flüssig-Make-up ist sechs bis zwölf Monate lang haltbar, danach muss man es auf jeden Fall wegwerfen.
- **Verdorbenes Augen-Make-up** oder Mascara kann ernsthafte Augenentzündungen verursachen. Brauchen Sie geöffnete Mascara innerhalb von drei Monaten auf oder werfen Sie sie weg. Flüssiger Eyeliner hält sich etwa sechs Monate, Lidschatten in Puderform 14 Monate bis zwei Jahre.
- **Produkte auf Wachsbasis** wie Lippenstifte werden mit zunehmendem Alter hart und krümelig. Werfen Sie sie nach einem Jahr weg.

Ebenso wie für andere intensiv genutzte Räume, etwa Küchen, muss man für Badezimmer einen systematischen Lagerungsplan entwickelt. Wenn man alles einfach irgendwo hinstellt, geht das nicht lange gut. Organisieren Sie die kleinen Badbewohner gemäß den Regeln der Badezimmerlagerung, um den knappen Platz in diesem Raum optimal zu nutzen.

1 »A« steht für täglich

Die Aufbewahrungsorte der Kategorie »A« sind für das reserviert, was täglich gebraucht wird, also für Zahnbürsten, Zahnseide, Shampoo, Duschgel und Rasierzeug.

»A«-Aufbewahrungsorte sind benutzerfreundlich und stellen der suchenden Hand keine Fallen, selbst dann nicht, wenn ihr Besitzer von Seifenschaum geblendet ist oder die Kontaktlinsen noch nicht eingesetzt hat.

2 »B« steht für gelegentlich

Alles, was nur einmal in der Woche bis einmal im Monat benutzt wird, sollte in die »B«-Bereiche geräumt werden. Die Gesichts- oder Peelingmaske für samstagabends, die elastischen Frotteeringe, mit denen Sie sich mittwochs für die Yogastunde einen Pferdeschwanz machen, Pflegeartikel für die Fingernägel und der Barttrimmer sind typische Bewohner der »B«-Zonen.

Diese sind nicht allzu leicht zu erreichen. Sie müssen sich bücken oder recken, die Schublade halb herausziehen oder die Türen des Unterschranks am Waschbecken öffnen. »B« steht auch für »Box«. Kandidaten für »B« können in etikettierten Boxen unter oder hinter »A«-Objekten verwahrt werden.

3 »C« steht für selten

Als »C« eingestufte Aufbewahrungsorte erreicht man auf Zehenspitzen oder mittels gymnastischer Übungen. Hier kommt all das unter, was selten benutzt wird: Das golden glitzernde Make-up für rauschende Ballnächte, der Fußmassageroller für den Tag danach und die Epiliercreme für die Oberlippe. Wenn Sie etwas seltener als einmal im Monat, aber zweimal im Jahr verwenden, ist es der »C«-Kategorie zuzuordnen.

Persönliche Pflegezentren

Eine kreative Lösung im Umgang mit dem Badezimmerproblem besteht darin, Zentren zu schaffen, an denen die einzelnen Familienmitglieder ihre Pflegeprodukte aufbewahren. Weisen Sie jedem einen Plastikkorb in einer bestimmten Farbe zu, in den alles hineinpasst, von der Zahnbürste und Zahnpasta über Shampoo und Duschgel bis hin zu anderen häufig von ihm oder ihr benutzten Produkten. Wenn der Vater auf Geschäftsreise, die Mutter auf Fortbildung oder die Tochter auf einer Klassenfahrt ist, parkt der Badezimmerkorb im Zimmer des oder der Betreffenden.

Hängen Sie Töchtern im Teenageralter ausgeleuchtete Make-up-Spiegel ins Zimmer. Wenn jede Tochter ihr eigenes Schminkzentrum hat, gibt es morgens weniger Streit ums Bad. Den Kosmetikartikeln tut das auch gut, denn fern des feuchtheißen Badezimmerklimas halten sie sich länger.

Auch das Gesundheits- und Erste-Hilfe-Zentrum sollte in einem gut zugänglichen Bereich außerhalb des Bads untergebracht werden. Verschreibungspflichtigen und anderen Medikamenten, Vitaminpillen und allen Nahrungsergänzungsmitteln bekommen trockene Luft und gemäßigte Temperaturen besser. Es empfiehlt sich, Wärmflaschen, Artikel für die Monatshygiene und das Erste-Hilfe-Set an einem kühlen und dunklen Ort zu platzieren. Auch schmutzige Wäsche kann außerhalb des Bads aufbewahrt werden, im Wäschezentrum (*siehe S. 142–143*) oder in den einzelnen Schlafzimmern.

▼ **Duschbedarf** Es ist einfacher, sich ein Bad zu teilen, wenn man nicht ständig die Sachen der anderen aus dem Weg räumen muss. Ideal sind individuelle Körbe mit Griff.

Badezimmer putzen –
gewusst wie

Wasch- und Duschbecken, Badewannen und Toilettenschüsseln muten wir jeden Tag einiges zu. Deshalb sollten wir ihnen beim Putzen besondere Aufmerksamkeit schenken. Zum Glück sind die modernen Badezimmer so gestaltet, dass sie uns das Putzen leicht machen. Noch leichter wird's mit den folgenden Tipps.

Waschbecken

Zahnpastaspritzer, daneben gegangenes Haarspray, Seife ... Im Waschbecken lagert sich ganz schön viel ab. Erhalten Sie seinen Glanz durch regelmäßiges Reinigen.

»Wenn Sie die Reinigung aufschieben, bilden sich harte Ablagerungen und Schimmel kann sich breitmachen.«

■ **Zweckdienlich** Entfernen Sie leichten Schmutz und Beläge mit einem Universalreiniger. Bei hartnäckigeren Ablagerungen hilft ein Scheuermittel, das sich vom glasierten Porzellan leicht abspülen lässt. Bleichmittel enthaltende Reiniger beseitigen bunte Zahnpastaflecken und machen Teile von Sanitäranlagen wieder blütenweiß. Arbeiten Sie mit dem Scheuermittel aber nicht jenseits des Waschbeckenrands oder an Armaturen, denn die Putzkörper würden sie zerkratzen.
■ **Randbereiche** Reinigen Sie den Rand und die Armaturen mit einem desinfizierenden Glasreiniger oder einem Universal-Badreiniger und reiben Sie sie mit einem Tuch trocken.

Dusche und Wanne

Seifenschaum, Badeöl, Haarpflegemittel und Hautfett verbünden sich zum Angriff auf die glatten Oberflächen von Wanne und Dusche. An den Rändern und rundum die Armaturen verstecken sich Feuchtigkeit und Schimmel. Wenn Sie die gründlichere Reinigung dieser Bereiche aufschieben, werden die Kalkablagerungen hart und Schimmel macht sich breit.

■ **Sprühen und einwirken lassen** Bevor Sie das übrige Badezimmer putzen, sollten Sie Wanne und Dusche großzügig mit Badreiniger einsprühen. Lassen Sie ihn einwirken, während Sie anderweitig beschäftigt sind. In dieser Zeit löst der Badreiniger Ablagerungen auf und erspart Ihnen so viel Mühe.
■ **Schrubben** Bearbeiten Sie Wasserringe und andere Ablagerungen in Wannen mit der rauen Seite eines Haushaltsschwamms. Scheuern Sie die Fugen mit einer Bürste sauber und vergessen Sie etwaige Spalten und Ecken nicht. Mit der Zahnbürste befreien Sie den Bereich unter und rund um den Armaturen von Belägen.
■ **Abspülen** Mit einem Duschkopf an einem Brauseschlauch lässt sich die Wanne leichter und gründlicher ausspülen. Wenn der Brausekopf Ihrer Dusche fest installiert ist, sollten Sie in Ihrem Putzkorb einen großen Messbecher mitführen, der Ihnen beim Spülen hilft.

Fiberglas-Duschkabinen und Glastüren

Diese Oberflächen stellen besondere Anforderungen dar. Reinigen Sie sie mit einem nicht scheuernden Mittel, etwa einem Badreiniger oder aber Soda. Verwenden Sie für diese empfindlichen Bereiche auch keine harten, rauen Schwämme.

Duschkabinentüren mit Milchglascharakter lassen sich gut mit unverdünntem Essig oder einem handelsüblichen Entkalker sauber halten. Wenn Sie diese Produkte verwenden, sollten Sie für gute Lüftung sorgen und Ihre Haut und Ihre Kleidung vor Spritzern schützen.

Toiletten

Das Putzen des WCs gehört sicher nicht zu unseren Lieblingsbeschäftigungen, ist aber unumgänglich. Die folgenden Ratschläge helfen, es ansprechend sauber zu halten:

■ **Warten Sie es ab** Behandeln Sie die WC-Schüssel mit WC-Reiniger und lassen Sie ihn einwirken. Um Keime abzutöten und Ablagerungen aufzulösen braucht er etwas Zeit, und die sollten Sie ihm lassen.

■ **Bürsten** Eine gute Toilettenbürste ist unentbehrlich. Wenn Ihre verbogene Borsten hat, sollten Sie sie ersetzen. Gebogene Bürsten und solche mit Randreiniger können auch unter den Rand geschoben werden und dort wirken.

■ **Stein gegen Kalk** Wenn sich in der Schüssel Kalkränder gebildet haben, denen mit WC-Reiniger nicht beizukommen ist, sollten sie einen für diesen Zweck gedachten Bimsstein am Stiel einsetzen, um damit den Kalk abzurubbeln.

■ **Desinfizieren** Sprühen Sie mit einem desinfizierenden Mittel oder einem Badreiniger den Rand der WC-Schüssel, Sitz und Deckel ein sowie den Wasserkasten und das Äußere der Schüssel. Lesen Sie in der Packungsanleitung des Produkts nach, wie lange es einwirken soll. Antibakterielle Reinigungsmittel müssen eine Zeit lang feucht einwirken, um Keime zu töten. Reiben Sie anschließend alles trocken.

■ **Tröpfchen und Tropfen** Sie kommen in allen Haushalten vor, in denen Jungen (jeden Alters) leben. Wenn Urin längere Zeit nicht beseitigt wird, entstehen Gerüche und Schäden am Bodenbelag. Entfernen Sie Urin mit einem desinfizierenden Reiniger und einer Putzzahnbürste, oder besser: Beauftragen Sie einen der Herren damit.

▶ **Harte Arbeit** Die meisten im Bad verwendeten Reiniger sollten einige Zeit einwirken (oben). Warten Sie ein paar Minuten ab, bevor Sie mit dem Schrubben beginnen.

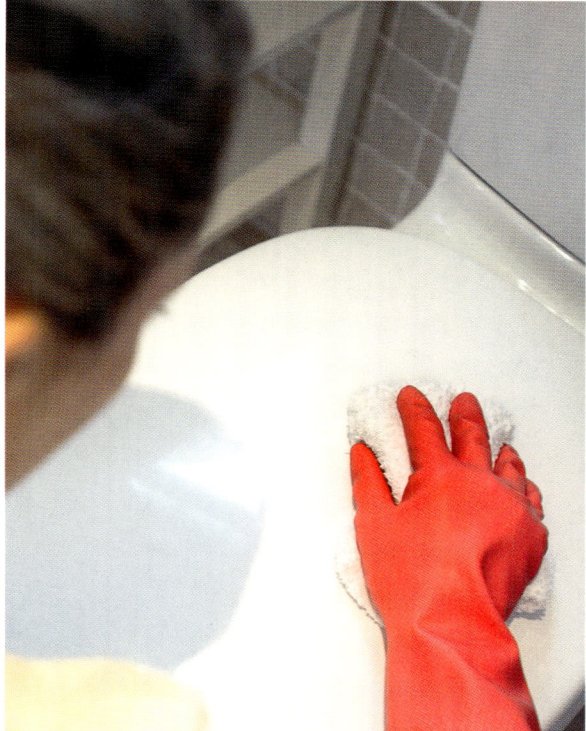

▶ **Ruhig abwarten** Auch desinfizierenden Sprays sollte man etwas Zeit lassen, damit sie Keime abtöten können (unten). Befolgen Sie die Herstelleranweisungen und reiben Sie später alles trocken.

Aufräumen im Schrank

Wie sieht es in Ihrem Wäscheschrank aus? Ist er außer mit Wäsche mit allem Möglichen vollgestopft, oder stets adrett aufgeräumt? Widerstehen Sie der Versuchung, alles Herumliegende hineinzustopfen.

Die in manchen Haushalten herrschende schlechte Angewohnheit, kaputte Kleingeräte, abgenommene Weihnachts- oder Partydekorationen und aufgelesenes Spielzeug schnell mal im Wäscheschrank zwischenzulagern und es dann darin zu vergessen, führt dazu, dass in diesen Aufbewahrungsort sauberer Wäsche Gerüche, Schmutz und Insekten eindringen. Ein gut organisierter Wäscheschrank dagegen verlängert das Leben Ihrer Bettwäsche und Handtücher. Korrekt gefaltete Wäschestücke, in einem aufgeräumten Schrank aufbewahrt, laufen auch weniger Gefahr, für die Wagenwäsche oder das Abtrocknen des nassen Hundes missbraucht zu werden.

Vorsicht, Panik-Chaos

Wäscheschränke, die ein kunterbuntes Sammelsurium von Gegenständen enthalten, finden sich auch in ansonsten sehr ordentlichen Haushalten, weil sie sich eben hervorragend dazu eignen, Panik-Chaos aufzunehmen. Panik-Chaos entsteht, wenn es unerwartet an der Tür klingelt. Um Unordnung vor den Augen des Überraschungsbesuchs zu verbergen, stopft man alles, was herumliegt, einfach schnell in den nächsten Schrank.

Rechnen Sie damit, dass das Aufräumen nach Ihrer Anti-Chaos-im Wäscheschrank-Aktion ungefähr doppelt so lange dauern wird wie sonst. Sie werden in dem Schrank viel finden, das eigentlich weggeräumt auf seine nächste Saison warten sollte – und vieles, das Sie längst verloren glaubten.

Räumen Sie eine Oberfläche in der Nähe frei oder holen Sie sich einen Klapptisch oder das Bügelbrett, denn Sie werden viele Stücke neu falten müssen.

Vor dem Aufräumen ▲

Nie mehr Chaos im Wäscheschrank

Wählen Sie einen kühlen Tag aus, um den Wäscheschrank aufzuräumen, denn wenn man sich heiß und verschwitzt fühlt, arbeitet man nicht gerne mit Laken und dicken Badetüchern.

1 Sortieren
Stellen Sie den Wecker auf 20 Minuten ein und befassen Sie sich jeweils mit einem Fach. Nehmen Sie alles heraus und legen Sie Gleiches zu Gleichem: Spielzeug zu Spielzeug, Laken zu Laken ... Falten Sie alles neu, was in den Wäscheschrank zurück soll (*Falttipps finden Sie auf den Seiten 197 und 198–199*) und legen Sie das, was nicht in den Schrank gehört, in den entsprechenden Karton (»aufräumen«, »wegräumen«, »verkaufen/verschenken«).

2 Wegwerfen
Sehen Sie die Wäsche beim Sortieren und Falten durch. Laken mit Rissen, verschlissene Handtücher und fleckige Tischdecken sollten ausrangiert oder neuen Wirkungsbereichen zugeführt werden. Z. B. kann man in dünn gewordene Kissen- und Bettbezüge an der Schmalseite ein Loch schneiden, um sie als Staubhüllen für Kleidung zu verwenden. Lappen aus alten Laken eignen sich gut zum Polieren von Chromteilen am Auto.

3 Organisieren
Besprühen Sie die ausgeräumten Fächer mit Reinigerspray und wischen Sie sie gründlich aus.

4 Aufräumen
Wenn das Fach auf Vordermann gebracht ist oder der Wecker klingelt, gehen Sie mit dem »aufräumen«-Karton durchs Haus. Verstauen Sie dann Ihre Anti-Chaos-Ausrüstung und werfen Sie den Müll weg.

Nach dem Aufräumen ▲

Top-Tipps für den Wäscheschrank

Frisch duftende Laken, flauschige Handtücher und farbenfrohe oder blütenweiße Tischdecken sind die kleinen Freuden unseres Alltags. Abgesehen davon stellt die Wäsche eine Investition dar und sollte auch deshalb sachgerecht aufbewahrt werden. Die folgenden Tipps helfen Ihnen, ihr ein langes Leben zu schenken.

▲ **Lassen Sie das Bett mitarbeiten** Legen Sie eine Wäschegarnitur zwischen Matratze und Rahmen. Das Gewicht der Matratze hält die Bezüge glatt. So sind sie auch gleich zur Hand.

1 Sauber und trocken einräumen
Halten Sie die Wäsche im Schrank frisch, indem Sie nur saubere und trockene Stücke einräumen. Auch wenn eine Tischdecke nach einmaliger Benutzung noch sauber aussieht, können nach einiger Zeit verborgene Flecken sichtbar werden. An Stoff hängender Körpergeruch verfliegt im Schrank nicht – im Gegenteil!

2 Kühl, dunkel und trocken aufbewahren
Die Grundbegriffe der korrekten Wäschelagerung lauten: kühl, dunkel, trocken. Bei hoher Luftfeuchtigkeit helfen Säckchen mit Trockengel, Schrank und Wäsche vor Feuchtigkeit zu schützen.

3 Abwechslung
Setzen Sie Ihre Wäsche nach dem Rotationsprinzip ein, damit sich alle Stücke im gleichen Rhythmus abnutzen. Legen Sie Frischgewaschenes zuunterst oder aber nehmen Sie immer von unten.

4 Neu falten
Wäsche, die längere Zeit nicht in Gebrauch ist, sollte ein- bis zweimal im Jahr neu gefaltet werden. Das verhindert, dass Falten »einwachsen« und die Fasern in diesen Bereichen Schaden nehmen.

5 Keine Kartons
Auf den ersten Blick wirken Kartons wie praktische Aufbewahrungsbehälter. Doch sie enthalten

Säuren, die auf die Stoffe übergehen und Vergilben und Faserschäden verursachen können. Der Leim, der die einzelnen Pappschichten miteinander verbindet, zieht Schädlinge an, die nach einer herzhaften Pappmahlzeit gerne Wäsche als Dessert nehmen.

6 Duftend aufbewahren
Legen Sie zwischen die Wäsche Weichspültücher und ihre Laken, Bezüge und Handtücher riechen stets wie frisch gewaschen.

7 Machen Sie Bettbündel
Wenn Sie Laken und Bezüge stets in bestimmten Kombinationen verwenden, können Sie sie zu »Bettzeugbündeln« zusammenstellen. Falten Sie Laken und Bettbezug, stecken Sie alles in den Kissenbezug und falten Sie diesen rund um das Bündel zu einem festen Päckchen.

8 Regalsystem
Manchmal hat man keine Zeit, alle Laken durchzusehen, um die richtige Größe – Wiege, Kinderbett, Doppelbett – zu finden, z. B. wenn das Bett eines kranken Kindes schnell frisch bezogen werden muss. Legen Sie die Laken einer Größe in ein Fach oder kleben Sie auf die Regalbretter Etiketten mit den Lakengrößen.

9 Farbcodierung
Das richtige Laken auf einen Blick finden Sie, wenn Sie Farbcodes eingeführt haben: weiß für die Wiege, gemustert für die Kinder, uni für die Eltern.

10 Machen Sie Badbündel
Leicht eingeräumt und sofort zur Hand sind als Bündel verstaute Handtuchsets. Falten Sie je ein Bade- oder Duschtuch, ein Handtuch und einen Wasch- oder Seifenlappen zu einem Päckchen, indem Sie den Lappen auf das gefaltete Handtuch und dieses auf das gefaltete Badetuch legen und das Ganze von der kurzen Seite her aufrollen. Räumen Sie die Bündel auf der Seite liegend und gestapelt ein.

Falttipps für die saubere Wäsche

Wenn ich das Wort »Unordnung« höre, entsteht vor meinem geistigen Auge das Bild eines Wäscheschranks, in dem jemand mitten in der Nacht nach einer warmen Decke gesucht hat. Bewahren Sie Wäsche und alles, was sonst noch in einen Wäscheschrank gehört, übersichtlich auf, indem Sie die Stücke mit Methode falten.

- **Laken und Bettbezüge** Falten Sie sie der Länge nach zusammen, dann quer und dann wieder längs. Je nach Größe des Stücks können Sie es anschließend noch ein- oder zweimal falten, so dass es ein kompaktes Päckchen oder Paket ergibt.
- **Kissenbezüge** Sie sehen am besten aus (und man liegt auf ihnen auch am besten), wenn Sie ihnen beim Zusammenlegen keine scharfe Mittelfalte verpassen. Nehmen Sie den Bezug bei den beiden oberen Ecken und schütteln Sie ihn glatt. Falten Sie ihn zweimal längs und diesen schmalen Streifen dann einmal quer.
- **Handtücher und Waschlappen** Da sie im Laufe des Tages öfters benutzt werden, macht es Sinn, Handtücher zu Vierteln zu falten. Nehmen Sie das Handtuch mit der Rückseite zu Ihnen an den beiden Ecken der Schmalseite und führen Sie Ihre beiden Hände zusammen. Drücken Sie die gefaltete Seite mit dem Kinn auf die Brust und fassen Sie das Handtuch auf der Hälfte der Länge. Lassen Sie die obere Hälfte auf die untere fallen. Hängen Sie das Handtuch so auf oder legen Sie es in den Schrank.

Spannbettlaken falten

Krankenschwestern und meine 97-jährige Großmutter beherrschen die Kunst, eine Matratze mit einem einfachen Laken glatt zu beziehen. Alle anderen aber sind froh, dass es Spannbettlaken gibt.

1 Betten beziehen mt Spannbettlaken ist leicht, ein Spannbettlaken zu falten hingegen schwer. Dabei gibt es dafür eine unfehlbare Technik. Halten Sie das Laken hoch und fassen Sie in die beiden Ecken. Die Innenseite des Lakens sollte auf Sie zeigen.

2 Legen Sie das Laken nun auf eine große, ebene Fäche, z. B. auf einen Tisch oder ein Bett und glätten Sie es. Falten Sie das Laken nun auf der Außenseite so zusammen, dass Sie die beiden oberen Ecken in die unteren Ecken schieben.

3 Falten Sie die Ränder nach innen. Die Stoffecken, die über die Matratzenecken gespannt werden, sollten bündig liegen, so dass ein großes Rechteck entsteht, dessen Ränder nach innen gelegt sind.

Badetuch falten

Am zweckmäßigsten ist es, große Handtücher zweimal quer und einmal längs zu falten und sie mittig über den Ständer zu hängen. So gefaltet trocken sie nach dem Gebrauch auch schneller.

  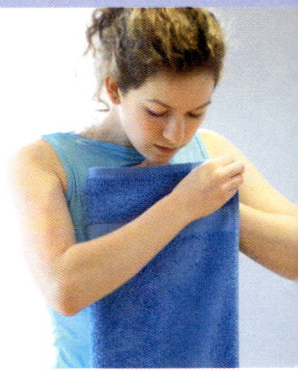

1 Halten Sie das Badetuch zum Falten mit der Vorderseite zum Körper. Nehmen Sie es an den beiden oberen Ecken, halten Sie es auf Schulterhöhe und dehnen Sie es mehrmals, um es wieder in Form zu bringen und zu glätten.

2 Legen Sie eine Ecke so in Richtung auf die andere, dass Sie etwa ein Drittel des Badetuchs auf die Mitte der übrigen zwei Drittel falten. Halten Sie es nun in dieser Position fest und klappen Sie die zweite Ecke über die erste, so dass es drei Lagen bildet.

3 Pressen Sie die Falten mit den Fingern zusammen und schütteln Sie das Badetuch behutsam aus, um es zu glätten. Klemmen Sie sich das Badetuch anschließend mit dem Kinn gegen die Brust.

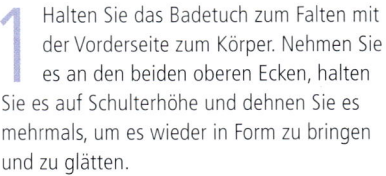

> »Wäsche, die längere Zeit nicht in Gebrauch ist, sollte regelmäßig neu gefaltet werden, sonst wachsen Falten ein.«

4 Falten Sie das Laken auf die Hälfte. Legen Sie die vier Ecken übereinander und decken Sie die gefalteten Seiten ab. Die abgerundeten Ecken werden so hineingesteckt, dass ein Rechteck entsteht.

5 Falten Sie das Laken quer, damit Sie einen schmalen Streifen erhalten. Je fester Sie die Falten glattgestrichen haben, desto geringer ist die Gefahr, dass das Laken faltig wird oder sich im Schrank zu einem Ballon aufbläht.

6 Falten Sie den Streifen quer zusammen, je nach Größe auch nochmals oder zweimal quer, damit ein kompaktes, faltenfreies Rechteck entsteht. Legen Sie das perfekt gefaltete Spannbettlaken zu seinen Artgenossen oder zu seinen Kombinationspartnern in den Schrank.

> »Verwenden Sie Handtücher nach dem Rotationsprinzip, damit sie sich gleichmäßig abnutzen.«

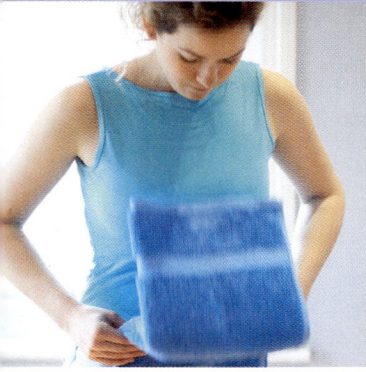

4 Fassen Sie das zusammengefaltete Badetuch auf der Hälfte der Länge und heben Sie anschließend das Kinn hoch, damit die obere Hälfte des Tuches auf die untere fällt.

5 Wenn Sie das Badetuch nicht gleich auf den Ständer hängen, legen Sie es auf einer ebenen Unterlage nochmals zusammen. Dadurch erhalten Sie ein schrankfertiges, kompaktes Päckchen, das sich prima stapeln lässt.

6 Wenn jedem Familienmitglied eine Handtuchfarbe zugewiesen wurde, ist es leicht, bei Bedarf das richtige frische Handtuch zu finden. Lassen Sie die Kinder sich ihre Farben selbst aussuchen und sie werden begeistert beim Handtuchtausch mitmachen.

Süße Träume im organisierten **Schlafzimmer**

Eheberater und Ärzte, die Schlafstörungen behandeln, sagen, dass saubere, chaosfreie Schlafzimmer häusliche Harmonie und erholsamen Schlaf begünstigen. Dennoch werden die Elternschlafzimmer von den meisten Familien als Abstellkammern und Lagerräume benutzt.

Dahinter scheint der Gedanke zu stecken, dass man die Unordnung mit geschlossenen Augen sowieso nicht bemerkt. Wäsche aus dem Trockner wurde über Fitnessgeräte gekippt, auf dem Fußboden türmen sich Bücherstapel, unter dem Bett und auf der Kommode sammeln sich benutzte Gläser an, auf dem Fernsehgerät gegenüber vom Bett liegen Rechnungen.

In einem chaotischen Schlafzimmer fühlt man sich gleichzeitig angespannt und müde. Wenn Sie von schönen (und gut organisierten) Träumen träumen, widmen Sie dem Schlafzimmer mehrere Anti-Chaos-Aktionen.

Aufräumen

Holen Sie Ihre Ausrüstung und machen Sie sich für eine Anti-Chaos-Aktion im Schlafzimmer bereit. Weil sich hier so viele Dinge aufhalten, die in diesem Zimmer nichts zu suchen haben, bzw. schnell hineingeworfen werden, weil Besuch kommt, wird der »aufräumen«-Karton bei der Entrümpelung des Schlafzimmers besonders stark beansprucht werden.

▪ **Sortieren** Stellen Sie den Wecker auf 20 Minuten ein und beginnen Sie im Bettbereich. Zerren Sie alles ans Tageslicht, was sich darunter, dahinter und auch in den Nachtkästchen verbirgt. Legen Sie jedes einzelne Stück in den entsprechenden Karton: in »aufräumen« gehören die Gegenstände, die ihr Zuhause in anderen Zimmern haben, »verkaufen/verschenken«

◂ **Eine Oase** Schlafzimmer sind die persönlichsten und privatesten Räume im Haus und sollten ausschließlich der Erholung dienen. Das können sie nur, wenn sie sauber und aufgeräumt sind.

umfasst das, was Sie nicht, andere vielleicht aber doch noch brauchen können. Der Karton »wegräumen« nimmt alles auf, was bis zu seiner nächsten Saison eingelagert werden sollte.

- **Wegwerfen** Alles, was unrettbar kaputt oder nicht mehr benötigt wird und damit Abfall ist, kommt in den großen Müllsack und wird nach der Aktion sofort entsorgt.
- **Organisieren** Finden Sie beim Aufräumen heraus, wo die Unordnung herkommt und überlegen Sie sich Mittel und Wege, die neuerliche Bildung von Chaos zu vermeiden. Oft liegt der Grund des Problems auf der Hand. Herumliegende schmutzige Wäsche zeigt an, dass an einer zugänglichen Stelle ein Wäschekorb aufgestellt werden sollte. Ansammlungen von Kleingeld und verknüllten Bus-Zehnerkarten sind in einer schönen Schale, in die man abends seine Taschen leeren kann, zweckmäßiger untergebracht. Reihen sich entlang der Wände gefüllte Umzugskartons, so sollten Sie baldigst einen Lagerungsplan für Ihren Haushalt entwerfen.
- **Aufräumen** Hören Sie auf, wenn der Wecker klingelt. Gehen Sie noch einmal mit dem »aufräumen«-Karton durchs Haus und stellen Sie dann Ihre Anti-Chaos-Utensilien weg.

Sauber halten

Wenn ein Schlafzimmer Ruhe und Frieden vermitteln soll, dann reicht das Aufräumen nicht, sondern man muss auch putzen. Berücksichtigen Sie es daher im Haushaltsputzplan.

Das allwöchentliche Staubwischen und Saugen ist im Schlafzimmer ein Muss. Vergessen Sie dabei die Umgebung der Fenster nicht. Saugen Sie die Vorhänge und wischen Sie Lampenschirme und Fußleisten ab. Wenn im Schlafzimmer ein Fernseher, ein Computer oder eine Musikanlage stehen, sollten Sie sie einmal wöchentlich mit einem elektrostatischen Tuch abwischen, da elektronische Geräte Staub besonders anziehen.

Putzen Sie die Fenster zum Jahreszeitwechsel und entfernen Sie auch von Rahmen und Simsen sorgfältig Schmutz und Staub. Mit einem Staubschlucker aus Lammfell holen Sie Staub und Spinnennetze von den Wänden. Bei Bedarf können Sie gelegentlich die Wände waschen. Bei größeren Putzaktionen sollten auch die Schirme von Deckenflutern und Schirme und Abdeckungen von Deckenstrahlern gereinigt werden. Sie werden überrascht sein, um wie viel heller es danach im Raum wird. Allergiker sollten sich die Anschaffung eines Luftreinigers überlegen.

Tipps für Schlafzimmer-Chaospersönlichkeiten

Unsere Schlafzimmer verraten mehr über unsere Persönlichkeit als die Wahl unserer Bettwäsche. Insbesondere enthüllen Sie, welche Chaospersönlichkeit wir sind. Bei der Raumgestaltung sollten wir uns ganz einbringen, die Chaospersönlichkeit dagegen zügeln.

- **Nostalgiker** Ein Besuch im Schlafzimmer des Nostalgikers ist wie eine Reise in einer Zeitkapsel. Nur zu oft enthält der Raum so viele Symbole der Vergangenheit, dass man sich kaum rühren kann. Überall Teddybären aus der Kindheit, Sportgeräte, Sportpokale, und an den Wänden legen Poster und Plakate Zeugnis von früheren Hobbys und Leidenschaften ab.

Lernen Sie, das Jetzt zu leben und zu genießen. Brechen Sie die Verbindung zu den Relikten der Vergangenheit ab, indem Sie ein Symbol auswählen und den Rest ins Vergessen entlassen. Suchen Sie aus dem Wald von Pokalen den ruhmreichsten hervor. Fotografieren Sie ihn und schreiben Sie die Erinnerungen auf, die Sie mit ihm verbinden. Kleben Sie Foto und Erlebnisbericht in ein Fotoalbum, Tagebuch oder Erinnerungsalbum ein und entsorgen Sie ihn und die übrigen Trophäen auf pietätvolle Weise.

- **Rebell** Das Schlafzimmer kann möglicherweise der letzte Zufluchtsort einer rebellischen Chaospersönlichkeit sein. Während das übrige Haus unauffällig, ja sogar ordentlich wirkt, liegen im Schlafzimmer kniehoch alte Illustrierte und schmutzige Wäsche.

Erinnern Sie sich ständig selbst daran, dass Sie jetzt groß sind. Große Kinder haben in ihren Schlafzimmern etwas Besseres zu tun, als die Machtkämpfe aus der Kindheit immer wieder neu zu inszenieren. Gestatten Sie sich, Ihre erwachsene Seite auszuleben und gönnen Sie sich eine entspannende Schlafzimmeratmosphäre.

Das Organisieren des Schlafzimmers

Wenn Sie das Chaos besiegt haben, sollten Sie das Schlafzimmer organisieren, um zu verhindern, dass das Chaos zurückkehrt. Dieses Zimmer ist unser wichtigster Zufluchtsort. Konzentrieren Sie sich auf seine Funktionen – Ruhe, Entspannung und Regeneration – und organisieren Sie Ihr Schlafzimmer entsprechend.

1 Sanfte Beleuchtung
Da wir uns im Schlafzimmer erholen und entspannen wollen, hat hartes, direktes Licht hier nichts verloren. Leselampen und indirekte Beleuchtung vermitteln ein Gefühl von Ruhe.

2 Gut möbliert
Die Einrichtung sollte optimal an die Aktivitäten angepasst sein, die hier stattfinden. Bringen Sie in der Nähe des Heimtrainers oder Laufbands Haken für Trainingssachen, Pulsmesser und Handtuch an. Machen Sie die Bett-Nachttisch-Kombination durch eine gut eingestellte Leselampe, zusätzliche Kissen, einen Korb für die Bücher und einen Untersetzer auf dem Nachttisch zu einer Leseecke. Wandeln Sie eine Kommode mithilfe von Wandhaken und Ablagekörben zu einem Kosmetikzentrum um. In diesem Bereich aufgehängte Accessoires verleihen dem Raum eine feminine Note.

3 Seien Sie nicht der Sklave Ihrer Möbel
Häufig werden Schalfzimmermöbel als komplette Garnitur gekauft, bestehend aus Bett, Schrank, Nachttischen und Kommode und auch so aufgestellt, obwohl der Raum viel zu klein dafür ist. Schaffen Sie sich Platz, indem Sie sich von der Vorstellung verabschieden, dass zusammenbleiben muss, was zusammen gekauft wurde. Vielleicht passt die Kommode besser in den Flur, wo sie ebenfalls gute Dienste leistet, ohne einen Raum bedrückend eng wirken zu lassen.

4 Nutzen Sie den Platz voll aus
Viele verschiedene Hersteller bieten inzwischen so genannte Unterbett-Kommoden an. Das sind Behälter aus Plastik und mit Deckel, die man unter das Bett schieben kann. Verstauen Sie darin Handtaschen, Winter- oder Sommersachen oder Geschenkpapier.

5 Auf Nummer sicher
Vergewissern Sie sich, dass Ihr Schlafzimmer ein sicherer Raum ist und über einen Rauchmelder in der Nähe verfügt. Bewahren Sie Taschenlampen und Ersatzbatterien griffbereit auf. Ein guter Platz dafür ist unter dem Bett, so dass Sie nicht darüber stolpern, wenn mal der Strom ausfällt. Es ist auch keine schlechte Idee, sich Morgenmantel und Hausschuhe bereitzulegen.

6 Multifunktional
Halten Sie beim Kauf nach Möbeln Ausschau, die mehrere Funktionen übernehmen. Ein Bett, in dessen Kopfbrett ein Regal eingefügt ist, eignet sich gut für Leseratten, die ihre Lektüre dann stets zur Hand haben. Mit einem großen Kissen weich gepolstert, wird eine Holztruhe zur Sitzgelegenheit. Unter einen Frisiertisch passen möglicherweise noch zwei Schubladencontainer, die sich mit einem Volant kaschieren lassen.

▶ **Verborgener Stauraum** Verstecken Sie Aufbewahrungsbehälter unter dem Bett, unter Sesseln oder funktionieren Sie sie mit einem geeigneten Brett als Ablage zu Nachtkästchen um.

Betten beziehen mit einfachen Laken

Ein heißer Tipp vom Schreiner, der Holzstücke im 45°-Winkel miteinander verbindet: Falten Sie die Ecken des Lakens im 45°-Winkel und es sitzt faltenlos und straff.

1 Legen Sie das Laken so auf die Matratze, dass die Ränder gleich breit darüber hängen und stecken Sie die schmalen Enden unter die Matratze. Fassen Sie den herabhängenden Rand in etwa 60 cm zur Ecke. Falten Sie den Stoff dann im 45°-Winkel und ziehen Sie ihn zu sich hin.

2 Ohne den Lakenrand loszulassen, ziehen Sie ihn senkrecht nach oben, so dass er ein Dreieck bildet (immer noch mit 45°-Winkel).

Eine Bettdecke beziehen

Wenn Sie diese Methode verwenden, wird die Bettdecke sich nicht im Bezug verstecken, verdrehen oder zusammenballen und Sie werden sich nicht vorkommen wie bei einem Ringkampf.

1 Diese Methode, eine Bettdecke zu beziehen, lernte ich von einem Schweizer Zimmermädchen: Halten Sie im Stehen die beiden Ecken der geschlossenen Schmalseite des Bezugs.

2 Wenden Sie den Bezug, indem Sie ihn weiterhin an den Ecken festhalten und ihn so hochwerfen, dass er sein Inneres nach außen dreht. Die oberen Ecken mit Ihren Händen darin sollten ganz umgewendet sein.

3 Fassen Sie durch den Bezug die oberen Ecken der Bettdecke, die Sie zuvor mit einer Schmalseite nach oben hingelegt haben.

> »Wählen Sie für jedes Bett bestimmte Farben aus und Sie sehen auf einen Blick, welche Wäsche Sie dafür brauchen.«

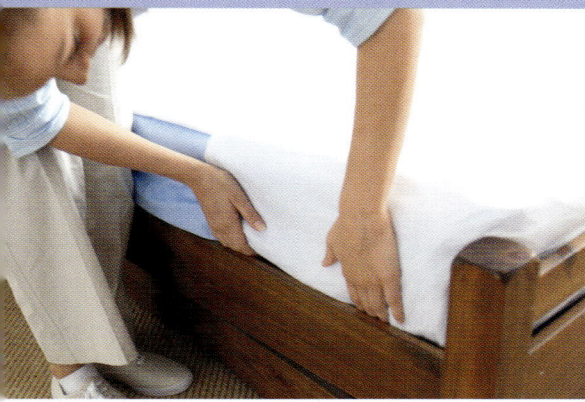

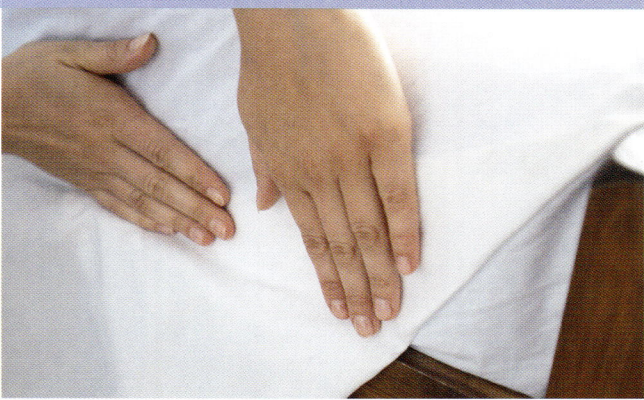

3 Legen Sie das Lakendreieck auf das Bett und streichen Sie den unteren Teil des Lakens, den Sie bereits unter die Matratze gesteckt haben, nochmals glatt.

4 Lassen Sie das Lakendreieck herunterfallen und stecken Sie sein Ende präzise im 45°-Winkel unter die Matratze, und zwar so, dass dieser Lakenrand auch jetzt glatt bleibt. Wiederholen Sie diese Arbeitsschritte auch an den anderen Ecken.

> »Legen Sie Weichspültücher zwischen die Wäsche und Ihr Bettzeug wird immer wie frisch gewaschen duften.«

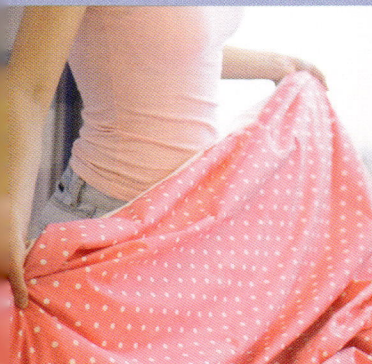

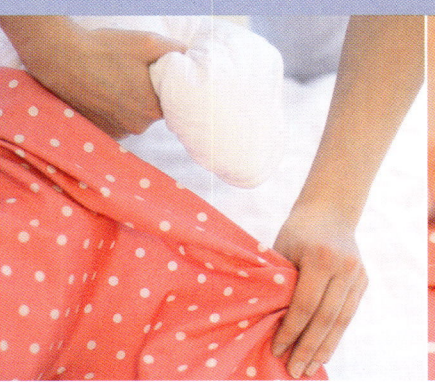

4 Halten Sie die Bezugecken und die Bettdecke gut fest und schütteln Sie. Durch das Schütteln fällt der Bezug richtig herum gewendet über die Decke.

5 Legen Sie die bezogene Bettdecke auf das Bett und wenden Sie Ihre Aufmerksamkeit den unteren Ecken des Bezugs zu. Stecken Sie die unteren Ecken der Bettdecke in den Bezug.

6 Schließen Sie den Bezug. Manche Bettdeckenbezüge haben Knöpfe und Knopflöcher, andere Druckknöpfe oder Reißverschlüsse, wieder andere einen Kuvertverschluss. Schütteln Sie die Bettdecke anschließend noch einmal aus.

Machen oder nicht?

Die große Bettendiskussion Früher wurde dieses Thema nur im engsten Familienkreis diskutiert, heute dagegen in aller Öffentlichkeit: Soll man wirklich jeden Tag die Betten machen, oder nicht? Viele Bettenmachmuffel fühlen sich durch kunstvoll ungemachte Designer-Betten bestätigt, und schließlich gibt es kein Gesetz, das einem das Bettenmachen vorschreibt. Natürlich klingt andererseits noch die mütterliche Forderung nach, es unbedingt zu machen. Tatsache ist, dass ein gemachtes Bett die Laken vor Staub schützt und den Raum gleich viel sauberer und ordentlicher wirken lässt. Außerdem ist es super angenehm, sich abends in ein gemachtes Bett zu kuscheln.

Die Rebellen unter uns sollten daran denken, dass ein Bett schnell gemacht ist: Einfach Bettdecke und Kissen ausschütteln, gerade hinlegen, fertig. Es gibt auch eine Faustregel: Wenn es länger als zwei Minuten dauert, das Bett zu machen, bedeutet das, dass es mit Kissen und Plüsch überladen ist. Rationalisieren Sie und ersparen Sie sich viel Mühe!

Aufräumen im Kinderzimmer

»Räum' endlich dein Zimmer auf!« – der Schlachtruf von Millionen von Eltern. Mit den folgenden Strategien vertreiben Sie das Chaos aus dem Kinderzimmer.

Eine besondere Herausforderung

Es ist unerklärlich. Kinderzimmer sind gewöhnlich klein und werden häufig von mehreren Kindern bewohnt. Dennoch werden sie mit Kleidung für sämtliche Jahreszeiten, Sachen, aus denen die Kinder längst herausgewachsen sind, mit Unmengen von Spielzeug und sogar mit Dingen vollgestopft, die eigentlich in andere Räume gehören, dort aber keinen Platz mehr fanden. Kinder können nicht lernen, ordentlich zu sein, wenn Schrank und Schubladen überquellen und der Fußboden mit Spielzeug bedeckt ist.

Die Lösung: Sortieren und lagern Sie die Siebensachen Ihrer Kinder mithilfe der Anti-Chaos-Methode. Aufräumaktionen in Kinderzimmern sind immer sehr anstrengend, machen aber mehr Spaß, wenn Kinder und Eltern wissen, dass sie das Chaos besiegen können.

Fürs Leben lernen

Sofern Ihr Kind nicht gerade erst im jüngsten Kleinkindalter ist, sollten Sie es an der Aktion beteiligen und die Anti-Chaos-Aktion auch als pädagogische Maßnahme ansehen. In Ihrer Rolle als Chaos-Berater oder -Beraterin analysieren Sie die Ursachen der Probleme und die Gründe Ihres Kindes, sich eine bessere Organisation zu wünschen. Wenn man sie beteiligt, verstehen Kinder die Logik besser, die hinter dem Organisieren steckt.

Es erfordert mehrere Anti-Chaos-Aktionen, ein chaotisches Kinderzimmer zu organisieren. Bleiben Sie geduldig und denken Sie daran, dass Sie nicht nur das Zimmer aufräumen, sondern auch wichtige Techniken vermitteln.

Das große Anti-Chaos-Spiel

Außer den üblichen Anti-Chaos-Utensilien benötigen Sie mehrere Container mit Deckeln weitere stapelbare Behälter sowie mehrere offene Container. Stellen Sie den Wecker ein und zeigen Sie Ihrem Kind, wie man das Anti-Chaos-Spiel spielt.

1 Sortieren

Beginnen Sie mit einem kleinen Bereich: einem Regalbrett, einem kleinen Teil des Fußbodens oder einer Schublade. Halten Sie jedes Objekt einzeln hoch und fragen Sie: Wollen wir das behalten, wegräumen, verschenken oder wegwerfen? Nein, wir können es jetzt nicht weglegen. An unseren Händen ist nämlich magischer Chaos-Kleber und wir können es erst wieder loslassen, wenn wir uns entschieden haben!

2 Organisieren

Beenden Sie diesen Abschnitt der Anti-Chaos-Aktion nach 15 Minuten und sortieren Sie dann, was behalten werden soll. Jetzt kommen die Behälter mit Deckel zum Einsatz. In den einen wandern die Legosteine, in den anderen die Puppen und Teddys und deren Kleider, in den dritten alles, was Reifen und Räder hat. »Was gehört wohin?« ist eine sehr gute Zuordnungsübung für kleine Kinder.

Erfahrungsgemäß wird es gegen das Verschenken und Wegwerfen Proteste hageln. Versuchen Sie es mit folgendem Trick. »Ja, wir behalten die Stofftiere – aber nur drei. Welche gefallen dir am besten?«

3 Wegwerfen und aufräumen

Wenn der Wecker klingelt, werfen Sie den Müll weg, bringen alles, was in andere Räume gehört, an seinen Platz zurück und verfahren mit dem Inhalt der übrigen Anti-Chaos-Kartons wie gewohnt.

PLATZ ZUM LEBEN 209

Vor dem Aufräumen ▲

Nach dem Aufräumen ▲

Top-Tipps für das Organisieren von **Kinderzimmern**

Ist das Chaos erst einmal beseitigt, wird es Zeit, Kinderzimmer und Spielecken zu organisieren. Der Trick dabei ist, diese Zonen sowie Aufbewahrungsmöglichkeiten und Gegenstände aus der Perspektive des Kindes zu sehen.

1 Denken Sie kindgerecht
Beim Organisieren eines Kinderzimmers heißt es, Lösungen zu finden, die das Kind berücksichtigen. Möbel für Erwachsene sind für Kinder zu groß, klemmende Schubladen unmöglich zu öffnen und zu schließen. In Schiebetüren zwicken sich die Kleinen die Finger ein. Diese Türen springen wiederum gerne aus der Führung, wenn man sie von unten her aufschiebt. In großen Spielzeugkisten liegt alles durcheinander.

Entfernen Sie in Zimmern kleiner Kinder die Schranktüren ganz. Hängen Sie die Kleiderstange tiefer und kaufen Sie Kinderkleiderbügel. Bewahren Sie Spielsachen in offenen Behältern und Socken und Unterwäsche in offenen Plastikboxen auf.

▼ **Je kleiner das Kind,** desto tiefer sollten Sie sich bücken. Berücksichtigen Sie beim Organisieren die Augenhöhe Ihres Sprösslings. Im Krabbelalter liegt sie knapp über dem Fußboden.

2 Schwer herauszuholen, leicht aufzuräumen

Die wichtigste Regel für das Organisieren von Kindersachen und Spielzeug? Es sollte immer leichter sein, etwas aufzuräumen, als es herauszuholen. Stellen Sie z. B. Bilderbücher aufrecht in eine Plastikbox. Um das zu finden, das er anschauen möchte, »blättert« der Nachwuchs die Bücher der Reihe nach durch, wenn er damit fertig ist, stellt er das Buch einfach vorne in die Box zurück. Bei den herkömmlichen Buchregalen fällt es den lieben Kleinen oft leichter, ein ganzes Regal zum Einsturz zu bringen, als ein Buch zurückzustellen.

3 Von unten nach oben organisieren

Entsprechend der geringen Körpergröße des Kindes sollten Sie beim Organisieren von unten beginnen und sich dann raufarbeiten. Die meistbenutzten Sachen kommen in niedrige Regalbretter oder Schubladen oder bleiben gleich auf dem Fußboden. Was weniger gefragt ist, wandert nach oben.

4 Etiketten, Etiketten ...

Gestalten Sie am Computer einfache grafische Etiketten für Kleinkinder. Bilder von Socken, Hemdchen, Puppen oder Bauklötzen erinnern daran, wo die einzelnen Dinge hingehören. Ältere Kinder üben mit Etiketten in Blockbuchstaben das Lesen. Kleben Sie überall Etiketten hin: An Schubladen, in Schubladen, an die Ränder von Regalbrettern, auf Boxen und Körbe. Das Spiel »Was gehört zu welchem Etikett?« macht einfach Spaß und das Aufräumen wird so zum Vergnügen.

5 Fördern Sie die Routine

Der normale, ständige Wechsel zwischen Ordnung und Unordnung frustriert Kinder. Ihr Zimmer ist sauber und ordentlich, dann spielen sie und plötzlich herrscht um sie herum wieder Chaos. Helfen Sie Ihren Kindern, diesen Kreislauf zu durchbrechen, indem Sie in den Tagesablauf Aufräumroutinen einbauen. Beim »Morgen-Aufräumen« wandert die Kleidung vom Vortag in die Wäschetonne. Beim »Abend-Aufräumen« kehren die Spielsachen in Container und Körbe zurück.

Aufbewahrung von Kinderkunst

Die ersten Kunstwerke entstehen im Kindergarten und von Jahr zu Jahr kommen mehr dazu. Die folgenden Tipps sorgen dafür, dass alle Werke zu angemessenen Ehren kommen, ohne dass Ihr Haushalt in Papier erstickt:

- **Kühlschrankmagneten** geben einem mit Sternchen ausgezeichneten Aufsatz oder einem bunten Bild Halt auf der Kühlschranktür, der weltweit wohl beliebtesten Ausstellungsfläche für Kinderkunst.
- **Einige Kunstwerke** sind nach allen Maßstäben hervorragend gelungen. Einfache Wechselrahmen bieten die Möglichkeit, sie bei geringem Zeit- und Kostenaufwand professionell zu präsentieren.
- **Eine dicke Fächermappe** nimmt alles auf, was im Laufe eines Schuljahrs entsteht. Füllen Sie jeden Monat ein Fach und stecken Sie auch das hinein, was vorübergehend »öffentlich« in der Wohnung hing. Wählen Sie am Ende des Jahres die besten Arbeiten des Monats aus und bewahren Sie sie bei den Haushaltsunterlagen auf.
- **Manche künstlerischen Arbeiten** können neue Funktionen übernehmen. Schreiben Sie den Dankesbrief an die Oma auf die Rückseite eines Bildes oder kleben Sie zwölf Zeichnungen in einen Bastelkalender ein. Auch als Geschenkpapier machen sich bunte Kindermalereien gut.
- **Notieren Sie** mit Bleistift auf der Rückseite Namen, Alter und Klasse des Künstlers und den Namen von Lehrer oder Lehrerin. Wenn Sie die aufbewahrten Kunstwerke Jahre später wieder anschauen, werden Sie sich über diese Informationen freuen.

Zeigen und teilen

Die ersten Bilder entstehen, wenn ein Kleinkind ein Stück Wachsmalkreide halten kann und der Stapel wächst und wächst, bis er irgendwann ungefähr so hoch ist wie sein Urheber.

Seien Sie beim Ausstellen und aufbewahren der Werke ebenso kreativ und vergessen Sie nicht, andere an Ihrer Freude über die Begabung der Sprößlinge teilhaben zu lassen. Billige, kurze Reisewäscheleinen eignen sich hervorragend, um daran die Ergebnisse einer fruchtbaren Künstlerwoche aufzuhängen. Spannen Sie eine dieser kurzen Schnüre über einen Schreibtisch und befestigen Sie die Bilder mit den mitgelieferten Wäscheklammern. Oder hängen Sie die Bilder nach dem Rotationsprinzip in Kunststoffrahmen auf.

Vergessen Sie die Omas und andere, die die Entwicklung des Kindes aus der Ferne verfolgen, nicht und verschicken Sie regelmäßig schöne Bilder. Das stärkt nicht nur Familienbande, sondern zeigt den Kindern auch, dass es Spaß macht, einander Briefe zu schicken.

Wohnzimmer **aufräumen**

Ein großer Teil des Lebens einer Familie spielt sich im Wohnzimmer ab und die vielen Dinge, die wir dort tun, führen meist dazu, dass dort das Chaos regiert.

Teile und herrsche

Unordnung ist wie Windpocken: Der geringfügigste Kontakt genügt, und sie springt von einem auf den anderen über. Wenn der eine sein Puzzle auf dem Couchtisch ausbreitet, lässt die andere auf dem Sofa ihre Handarbeit liegen, und so geht es immer weiter. Wie kann man Chaos im Wohnzimmer in den Griff bekommen?

Tipps für das Organisieren:

Probieren Sie diese Tipps aus, um den im Wohnzimmer und anderen gemeinschaftlich genutzten Räumen zur Verfügung stehenden Raum optimal zu nutzen:

- **Chaos eindämmen** Mit einer geeigneten Anti-Chaos-Politik lässt sich Unordnung unter Kontrolle bringen. Stellen Sie Zeitungsständer und Handarbeitskörbe auf.
- **»Alles zum Mitnehmen«** Legen Sie fest, dass alles, was ins Wohnzimmer hereingetragen wird – Schulsachen für das Hausaufgaben machen, Bastelsachen, Spielzeug, die Briefmarkensammlung – nach getaner Arbeit auch wieder zurück in das Zimmer wandert, in dem es seinen Stammplatz hat. Wäschekörbe aus Kunststoff, Tragetaschen oder Tabletts eignen sich als Transportmittel.
- **Räumkommando** Einmal täglich sollte die Familie im Wohnzimmer eine gemeinschaftliche Aufräumaktion durchführen, z. B. während einer Werbepause im Vorabendprogramm, denn dabei muss es schnell gehen: Der Film fängt in wenigen Minuten wieder an. Auf diese Weise lernen Kinder, effektiv aufzuräumen, ohne zu trödeln.

Nie mehr Chaos im Wohnzimmer

Holen Sie Ihre Anti-Chaos-Utensilien: Den Wecker, die Kartons und einen Müllbeutel und stellen Sie den Wecker auf 20 Minuten ein. Wenn an der Aktion mehrere Familienmitglieder beteiligt sind, brauchen Sie auch mehrere Kartons der Kategorie »aufräumen«. Die einzelne Aktion sollte tatsächlich nicht länger als 20 Minuten dauern, damit die Aktivisten keine Gelegenheit haben, sich wegen ihrer Entscheidungen zu streiten.

1 Sortieren

Teilen Sie für das Sortieren jedem Familienmitglied einen kleinen Bereich zu, etwa ein Regalbrett, einen Tisch oder eine Ecke des Zimmers und setzen Sie einen engen Zeitrahmen, damit nicht getrödelt wird. Geeignete Einsatzgebiete sind z. B. das vollgestopfte Videoregal, der Stapel alter Zeitschriften oder der mit Spielsachen übersäte Fußboden.

2 Wegwerfen

Anti-Chaos-Aktionen erzeugen reichlich Zündstoff für Konflikte. Während eine Mutter gerne einen Stapel alter Motorradmagazine wegwerfen möchte, könnte der motorradbegeisterte Sohn ganz anderer Ansicht sein. Weisen Sie die einzelnen Aufgabenbereiche nach Möglichkeit den direkt Betroffenen zu – hier wäre es der Sohn. Eine andere Strategie bestünde darin, undurchsichtige Müllsäcke zu verwenden. Wenn die anderen nicht sehen, was der eine wegwirft, kommt es gar nicht erst zu Diskussionen.

3 Organisieren und aufräumen

Wenn der Wecker klingelt, wird der Müll entsorgt und der Inhalt der »aufräumen«-Kartons dorthin zurückgebracht, wo er hingehört. Räumen Sie das, was übrig geblieben ist, in geeignete Boxen und Kästen ein, damit man es leicht finden und wieder einräumen kann.

PLATZ ZUM LEBEN 215

Vor dem Aufräumen ▲

Nach dem Aufräumen ▲

Organisation von **Büchern und Zeitschriften**

Bücher sollten in keinem Haushalt fehlen, doch in manchen Haushalten gibt es schlicht und einfach zu viele davon. Wenn sich bei Ihnen Bücher und Zeitschriften in allen Ecken stapeln, wird es Zeit, die Printmediensammlung durch eine Anti-Chaos-Aktion drastisch zu verkleinern.

Anti-Chaos-Aktion in der Bibliothek

Bei einer größeren Buchmenge müssen Sie mit zwei bis drei Anti-Chaos-Aktionen rechnen. Holen Sie Ihr Werkzeug: den Küchenwecker und den Karton mit der Aufschrift »verkaufen/verschenken« (vermutlich werden Sie hierfür mehr als einen Karton brauchen). Stellen Sie den Wecker auf 20 Minuten ein. Wenn es darum geht, Entscheidungen zu treffen, sollten Sie sich die folgenden Fragen stellen:

- Wann habe ich dieses Buch zum letzten Mal gelesen?
- Werde ich es nochmals lesen?
- Wenn es ein Nachschlagewerk ist: Ist es aktuell? Wenn ja: Habe ich es im Laufe des letzten Jahres benutzt?
- Wenn es ein Kochbuch ist: Verwende ich es? Ein Tipp: Flecken von Soßen usw. weisen auf Benutzung hin.
- Ist es ein Lehrbuch aus meiner Schulzeit?
- Ist das Buch ein Klassiker?
- Ist es ein wertvolles Buch? Handelt es sich um ein signiertes Exemplar, eine Erst- oder Sammlerausgabe?
- Ist das Buch vergriffen und/oder schwer zu ersetzen?
- Ist das ein Buch aus der Bücherei oder von einer Freundin, das ich zurückgeben muss?

Die ehrliche Beantwortung der Fragen wird Ihnen den Entschluss nahe legen. Bücher, die nie gelesen wurden, haben in einer aktiven Bibliothek nichts zu suchen, aber vielleicht liest ein anderer sie mit Begeisterung. Geben Sie auch alle Titel weiter, die man nur einmal liest; es macht keinen Spaß, einen Krimi nochmals zu lesen, wenn man genau weiß, wer der Mörder ist.

Kochbücher und alte Nachschlagewerke sind die Leichen einer Bibliothek und sollten nur behalten werden, wenn man sie tatsächlich öfters zurate zieht. Alte Schulbücher sind toter Ballast. Trennen Sie sich von ihnen.

> »Kochbücher und alte Nachschlagewerke sind die Leichen einer Bibliothek und sollten nur behalten werden, wenn man sie zurate zieht.«

Vorsicht bei den Klassikern! In nur allzu vielen Familien werden seit Generationen dekorative Sammelausgaben abgestaubt, nur weil es sich gut macht, sie im Regal stehen zu haben. Wenn Sie diese Bücher gerne lesen, dann behalten Sie sie, doch wenn sie nur im Regal herumstehen, werden sie das Bildungsniveau der Familie nicht heben. Schenken Sie Klassiker, die Ihnen nichts bedeuten, einer Schule oder einer Bücherei.

Der Wert eines Buches ist ein wichtiger, aber kein entscheidender Faktor. Das von einer Freundin verfasste und signierte Kochbuch sollte man unbedingt behalten, doch die »Erstausgabe« des in hoher Auflage erschienenen Nackenbeißers »Das Geschlechtsleben der Höhlenmenschen« muss nicht unbedingt an die Nachkommen vererbt werden. Bücher-Internetauktionen helfen Ihnen, den aktuellen Wert einzelner Titel zu ermitteln und können Ihnen so helfen, Entscheidungen zu treffen.

Die eigene Bibliothek organisieren

Auch nach dem Verkleinern sollte die Bibliothek organisiert werden, damit Sie immer finden, was Sie brauchen. Denken Sie wie ein Bibliothekar und sortieren Sie nach Sachgebieten.

Kinderbücher gehören ins Kinderzimmer oder auf untere Regalbretter, damit die kleinen Leser Zugang dazu haben (*siehe auch S. 211*). Wer viel am Computer sitzt oder zu Hause arbeitet, sollte seine Nachschlagewerke in Reichweite haben. Zwingen Sie den Benutzer nicht, sich allzu weit von der Tastatur entfernen zu müssen, wenn er im Linux-Handbuch etwas nachsehen will und stellen Sie das, was Sie bei der Arbeit benötigen in die Nähe des Schreibtisches. Kochbücher sind am besten auf einem Regal in der Küche aufgehoben.

Ebenso wie in einer öffentlichen Bücherei sollten auch zu Hause die Nachschlagewerke beieinander stehen – z. B. im Wohnzimmer, so dass die Kinder bei den Hausaufgaben oder auch die Rätselfans beim Kreuzworträtsellösen schnell etwas nachschauen können.

Wenn Sie Sachbücher und Belletristik trennen, machen Sie es sich einfacher, abends noch die passende Einschlaflektüre zu finden. Die so genannte schöne Literatur wird in Bibliotheken alphabetisch geordnet, und so sollte man sie zu Hause auch sortieren, und nicht etwa nach Farben, wie Innenarchitekten es Ihnen raten würden.

Sachbücher werden nach Themen gruppiert. Teilen Sie sie in Bücher über Geschichte, Politik, in Biografien, Reisebücher und Sprachführer ein.

> »Denken Sie wie ein Bibliothekar und ordnen Sie die Bücher nach Sachgebieten und alphabetisch.«

Wer Bücher nach Einbandfarbe oder Größe sortiert, verrät dadurch, dass sie ihm nur als Dekoration dienen. Ein ganz anderes Thema sind große Bildbände oder Atlanten, die wegen ihrer Höhe nicht ins Regal passen. Stellen Sie sie mit dem Buchrücken nach oben auf, um sie unterzubekommen.

Anti-Chaos-Tipps für Gedrucktes

Setzen Sie dem Wachstum Ihrer Bibliothek mit den folgenden Tipps Grenzen:

- **Überdenken Sie Zeitschriftenabos** Wenn Sie das Heft noch am Tag der Lieferung von vorne bis hinten lesen, dann behalten Sie das Abo bei, aber bestellen Sie alles ab, was nur herumliegt.
- **Einschränken** Wenn ein neuer Katalog ins Haus flattert, können alle älteren Werbemitteilungen dieser Firma ins Altpapier wandern. Bewahren Sie Zeitschriften in Stehordnern auf. Wenn der Ordner voll ist, entsorgen Sie die älteste Ausgabe, um Platz für die neueste zu machen. Ein großer (aber nicht zu großer Korb) nimmt aktuelle Printmedien auf. Wenn er voll ist, wird aussortiert.
- **Aufbewahren, wo es gebraucht wird** Modezeitschriften mit Schnittbögen gehören in die Nähecke, Heimwerkermagazine in den Hobbyraum.
- **Werbung stoppen** Um unerwünschte Werbung nicht mehr zu bekommen, schreibt man die betreffende Firma an. Verschiedene Verbraucherorganisationen bieten Listen an, auf die man sich eintragen kann, wenn man keine Werbung mehr erhalten will. Manchmal hilft auch ein Aufkleber auf dem Briefkasten: »Bitte keine Werbung«.
- **Ausleihen statt kaufen** Schränken Sie Ihr Buch-Chaos auf altmodische Weise ein, indem Sie sich Ihr Lesefutter aus der Stadt- oder Pfarrbücherei holen.
- **Verkaufen Sie online** Nutzen Sie Verkaufsmöglichkeiten im Internet, um sich zumindest einen Teil Ihrer Investitionen wieder zurückzuholen. Möglicherweise sucht jemand genau Ihre Titel.

Organisieren von
Unterhaltungselektronik

Der Unterhaltungselektronik-Markt ist im Lauf der letzten Jahrzehnte explodiert – und zeitgleich explodierte in den Haushalten das Unterhaltungselektronik-Chaos. Während Familien früher höchstens ein Fernsehgerät besaßen, stehen jetzt überall Videorekorder, DVD-Player und hohe Stapel von DVDs und Videokassetten herum.

Unterhaltungs-Chaos unterscheidet sich grundsätzlich von anderen Chaos-Arten, wie sie z.B. durch aufbewahrte Zeitungen oder Hamsterkäufe von Gemüsekonserven entstehen. Erstens ist es mobil: Videokassetten, CDs und DVDs wandern unkontrolliert durch das Haus und mitunter auch ins Auto.

Zweitens wächst es unaufhaltsam. Wenn man sich einen neuen DVD-Player anschafft, stellt man ihn einfach auf den alten, ohne eine Entsorgung auch nur in Erwägung zu ziehen.

Außerdem geht Unterhaltungselektronik leicht kaputt. DVDs verlieren ihre Hüllen, Fernbedienungen verstecken sich in Sofa- oder Sesselritzen.

Nie mehr Unterhaltungs-Chaos

Um der glatten, glänzenden Dinger Herr zu werden, sollten Sie die Anti-Chaos-Aktion mit einer Schatzsuche beginnen. Verteilen Sie an Ihre Lieben Körbe und Kistchen und beauftragen Sie sie, im ganzen Haus nach CDs, DVDs, Videospielen, Hüllen und allen anderen Elektronikteilen und -teilchen zu suchen.

Breiten Sie alles auf dem Teppich aus und spielen Sie das Zuordnungsspiel: Legen Sie die Disks nach Möglichkeit in ihre Hüllen und trennen Sie DVDs von Computersoftware und Audio-CDs. Arbeiten Sie die Stapel oder Haufen in 20-Minuten-Aktionen durch. Entscheidungshilfe bieten die Fragen:

- Wann haben wir das zuletzt benutzt/gehört/angeschaut?

◀ **Schützen Sie digitale Medien** Die kleinen, leichten Scheiben gehen schnell kaputt oder verloren. Schützen Sie Ihre Investitionen, indem Sie die Disks Platz sparend in Mappen aufbewahren.

- Wollen wir es nochmals benutzen/hören/anschauen?
- Haben wir das Gleiche in einem anderen Format?
- Ist es für die Familie/die Kinder nicht mehr interessant?
- Ist es in gutem Zustand?

Zu den Kandidaten für Verkauf und Verschenken zählen Filme und Hörspiele, für die die Kinder schon zu groß sind, Dubletten sowie Computerspiele, die keiner mehr spielt.

Aufgeräumt bleiben

Ordnen Sie nach abgeschlossener Anti-Chaos-Aktion die überlebenden Datenträger, damit die Familie mehr von ihnen hat:

- **Schützen** Digitale Medien sind empfindlich und schnell beschädigt. Bewahren Sie Videokassetten in den Original- oder in Ersatzhüllen auf. CDs und DVDs belässt man in ihren Hüllen oder steckt sie in spezielle Mappen oder Behälter.

  Ein Tipp für Familien mit kleinen Kindern: Bewahren Sie die DVD-Familienfilmsammlung in einem DVD-Wechsler auf. Um die DVDs anzuschauen, genügt dann ein Knopfdruck und es ist nicht nötig, sie anzufassen, um sie einzulegen.
- **Zusammenhalten** Geeignete Boxen und Mappen halten Ihre Sammlung vom Fußboden fern.
- **Sortieren** Wenn Sie die Medien ähnlich wie Bücher nach Themen ordnen, brauchen Sie nicht so lange zu suchen.
- **Zentralisieren** Finden und aufräumen geht schneller, wenn sich alle Software-CDs am selben Ort befinden.
- **Auflisten** Legen Sie ein Inventar an. Wenn Sie wissen, welche Folgen Ihrer Lieblingsserie Sie bereits besitzen, kaufen Sie sie nicht nochmals.

Chaos-Bekämpfung
im Hobbybereich

Nur wenige Kategorien von Objekten enthalten so viel Chaos-Potenzial wie das Basteln, Heimwerken und Handarbeiten. Unermüdliche Hobbyschneiderinnen bringen Schubladen, Nähkästchen und Kleiderschränke zum Überquellen. Maler, Modelleisenbahnfans und Gestalterinnen von Erinnerungsalben kaufen fleißig zu und überschwemmen den Haushalt mit Utensilien, Material und fertigen Werken.

◀ **Recycling** Beim Kreativsein entsteht weniger Chaos, wenn Sie Materialreste, anstatt sie in eine Kiste zu werfen, gleich verarbeiten – z. B. Stoffreste zu Taschen oder zu aparten Geschenkverpackungen.

Aufbewahrungslösungen

Wie kann man all die Materialien, Instrumente und Gerätschaften unterbringen, mit denen die Familienmitglieder ihre Kreativität ausleben? Die Antwort lautet: Mit Kreativität. Probieren Sie aus, ob sich die folgenden Ratschläge in Ihrem Haushalt umsetzen lassen.

An der Wand Schauen Sie einmal an den Wänden hoch, um nach Aufbewahrungsmöglichkeiten im Arbeitsbereich der Hobbykünstler zu suchen. Ober- und unterhalb der Arbeitsfläche lassen sich Werkzeuge in Reichweite verstauen – z. B. in speziellen Regalen oder Utensilos sowie an Wandhaken.

Durchblick Durchsichtige Behälter lassen sehen, was in ihnen steckt, ohne dass man sie zu öffnen braucht. Verwenden Sie mittelgroße Kunststoffcontainer mit durchsichtigen Schubladen, um Gummistempel, Farbtuben und -dosen, Klebertuben und Klebebandrollen zu verwahren.

Weil sich Container auf Rollen leicht unter den Tisch schieben lassen, ermöglichen sie nicht nur leichten Zugang zu Werkzeug und Material, sondern ziehen sich, wenn sie nicht gebraucht werden, auch diskret aus dem Blickfeld zurück.

In kleineren durchsichtigen Containern sind Druckknöpfe und Haken, Ösen und Pailetten, bunte Glasperlen, Perlonschnüre und Kettenverschlüsse sicher und leicht auffindbar untergebracht – zur großen Freude von Schneiderinnen und Schmuckbastlerinnen.

Loch an Loch Die altmodischen Lochbretter sind sehr praktisch. In Werkstätten werden sie auch heute noch verwendet, um Werkzeug übersichtlich und griffbereit aufzubewahren. Machen Sie sich Lochbretter mit 2,5 cm breiten Abstandhaltern und fassen Sie sie mit Leisten ein. Suchen Sie sich im Baumarkt passende Haken in verschiedenen Formen und Größen.

An Lochbrettern lassen sich Scheren und anderes Werkzeug, aber auch Woll- und Stickgarnknäuel oder durchsichtige Beutel mit Stoffstücken für das Quilten übersichtlich aufhängen. Mit einer Klammer können Sie daran auch eine Anleitung befestigen, so dass sie im Blickfeld, aber aus dem Weg ist.

Körbe und Behälter Für Plastikboxen gibt es im Hobbybereich zahlreiche Verwendungsmöglichkeiten. Sie können sie zu Hängeregisterboxen umfunkionieren, in denen Sie Objekte aufrecht stehend und damit leicht zugänglich aufbewahren. Nach Sachgruppen geordnete Schnittmuster lassen sich auf diese Weise im Handumdrehen finden.

Plastikboxen mit Deckeln kann man gut unter Tischen stapeln oder auch in wenig genutzten Ecken oder Abstellkammern. Verwahren Sie darin unfertige Werke.

Nutzen Sie Schränke Bastel- und Hobbymaterial lässt sich auch gut in Schränken verstauen. Bauen Sie zusätzliche Regalbretter ein oder kaufen Sie ein passendes Organisationssystem.

Kurze oder lange Stoffkupons kann man über die Kleiderstange eines Schranks legen, schmal zusammengelegte Schnittmuster oder Schnittmusterbögen hängt man an Bügeln auf.

Ist an der Kleiderstange immer noch Platz? Stecken Sie die Henkel durchsichtiger Plastikeinkaufstaschen hindurch und füllen Sie die Taschen mit Näh- und Handarbeitszubehör wie Schulterpolstern oder Strickwolle.

Legen Sie sich Plastikcontainer auf Rollen mit durchsichtigen Schubladen zu. In die Schubladen kommen die Kleinteile, z. B. Behälter mit Nadeln oder Garnrollen. Wenn Sie diese Container unten in den Schrank hineinstellen, haben Sie jeden Quadratzentimeter Platz optimal ausgenutzt.

Anti-Chaos-Fragen

Bei vielen von uns erwächst aus der Liebe zu einem Hobby das Verlangen, das dafür verwendete Material und Zubehör zu horten. Nach einiger Zeit besitzen wir so viel davon, dass es uns bei der Beschäftigung mit unserem Zeitvertreib im Weg ist. Die folgenden Fragen sollen helfen, das, was Sie nicht wirklich brauchen, loszuwerden:

■ **Ist es von hoher Qualität?** Ist ein Stoffkupon aus reiner Naturfaser, aus steifem Mischgewebe oder aus billigem Synthetik? Hat sich dieses Garn bewährt? Unsere Freizeit ist zu kostbar, um sie durch Basteln oder Handarbeiten mit minderwertigem Material zu vergeuden.

■ **Ist es unmodern?** Auch bei den Hobbys gibt es Trends. Standen in einem Jahr Stickarbeiten hoch im Kurs, kommt im nächsten das Stricken groß in Mode. Schenken Sie Bastelpackungen und Utensilien, an denen sie das Interesse verloren haben, jemandem, der diese Dinge weiterhin schätzt.

■ **Entspricht es meinem Niveau?** Sie fangen gerade erst damit an, im Kreuzstich zu sticken? Dann geben Sie die Stickpackung mit dem Vermerk »Nur für Fortgeschrittene« lieber gleich weiter. Der Versuch, sich an etwas zu wagen, das weitaus größeres Können verlangt, kann einem die Freude am Hobby gründlich verderben.

■ **Mag ich es?** Die letzte und entscheidende Frage bei einer Anti-Chaos-Aktion. Natürlich haben Sie es deswegen gekauft, weil Sie davon begeistert waren. Aber ist die Begeisterung geblieben? Entsorgen Sie alles, bei dessen Anblick es Ihnen nicht in den Fingern juckt, sofort etwas damit zu machen.

Die Regeln der
Aufbewahrung im Haushalt

In vielen Haushalten ist das Aufbewahren und Wiederfinden von Dingen alles andere als einfach. Einerseits hat die Familie das Bedürfnis, Weihnachtsschmuck oder Sommersachen dann herauszuholen, wenn sie sie braucht. Andererseits sind die Aufbewahrungsorte oft so vollgestopft, dass man an nichts herankommt.

Die meisten glauben, ein effizientes Aufbewahrungssystem im Haushalt ist nicht zu verwirklichen. Tatsächlich aber geht es mit einem Haushaltslagerplan, den man in drei Schritten umsetzt:

- **Bestandsaufnahme**
- **Verbannen oder einpacken**
- **Kontrollieren und inventarisieren**

Wenn Sie einen Plan haben, finden Sie die Sommersachen der Kinder, solange noch Sommer ist. Sie sparen Geld, weil Sie aufbewahrte Dinge tatsächlich wiederverwenden können, anstatt sie neu kaufen zu müssen, weil Sie nicht mehr wissen, wo Sie sie letztes Jahr hingetan haben. Mit dem Plan wissen Sie, was Sie besitzen, wo es ist und wie Sie herankommen.

1 Bestandsaufnahme

Schnappen Sie sich Notizblock und Stift und beginnen Sie mit Liste Eins: Aufbewahrungsmöglichkeiten. Gehen Sie vom Speicher bis zum Keller durch das Haus und notieren Sie sich jeden potenziellen Lagerraum, so klein er auch sein mag: die schwer zu erreichenden Fächer ganz oben im Kinderzimmerschrank, der Raum unter Betten, der Gartenschuppen.

Auf Liste Zwei vermerken Sie alles, was weggeräumt und aufgehoben werden soll. Dazu zählen Kleidung, die man nur zu einer bestimmten Jahreszeit trägt, Weihnachts- und Osterschmuck, Unterlagen, Foto- und Erinnerungsalben, Werkzeug und die Originalverpackungen von elektronischen Geräten, die noch Garantie haben.

Außerdem haben Sie sicher noch eine Menge von Dingen in Ihrem Besitz, die Sie besser loswerden sollten. Markieren Sie Kandidaten für die Entsorgung auf Ihrer Liste mit dicken roten Kringeln oder einem Ausrufezeichen.

Auf Liste Zwei gibt es noch eine dritte Kategorie von Gegenständen: die, die zur Diskussion stehen. Es sind gelagerte Dinge, die Sie am liebsten wegwerfen würden, die jedoch Familienmitgliedern gehören. Das könnten emotional besetzte Erinnerungsstücke, aber auch ungenutzter Hobbybedarf sein.

Diskutieren Sie mit dem Besitzer oder der Besitzerin sachlich, ob man die betreffenden Gegenstände entfernen, behalten oder aber ihren Bestand verringern kann.

2 Verbannen oder einpacken

Jetzt geht es an die Arbeit. Räumen Sie all Ihre Aufbewahrungsorte systematisch nacheinander aus. Sortieren Sie, was Sie dort vorfinden, entsorgen Sie, was Sie nicht behalten wollen und bringen Sie alles weg, was an andere Orte gehört. Abschließend räumen Sie dort genau die Dinge ein, die Sie hier lagern wollen – aber keine anderen.

3 Kontrollieren und inventarisieren

Jetzt, wo Sie Ihren Lagerungsplan weitgehend umgesetzt haben, beschaffen Sie sich Aufbewahrungsbehälter, die all das aufnehmen, was übrig geblieben ist. Der letzte Schritt? Inventarisieren Sie die eingeräumten Aufbewahrungsorte. Ebenso wie bei der Bestandsaufnahme müssen Sie dazu von oben nach unten durch das Haus laufen. Diesen Spaziergang sollten Sie als sehr befriedigend erleben, denn schließlich haben Sie das Aufbewahrungsproblem in Ihrem Haushalt endlich zufriedenstellend gelöst.

Richtlinien fürs Aufbewahren

Der Aufbewahrungsplan ist nur der Anfang. Seine Umsetzung kann ziemlich anstrengend werden. Gehen Sie Schritt für Schritt vor und erleichtern Sie sich die Arbeit mithilfe der folgenden Tipps:

- **Halten Sie sich an Ihre Liste** Vergessen Sie nie, was Sie für welchen Aufbewahrungsort vorgesehen haben. Wenn oben in den Schrank Ihrer Tochter deren Winter- bzw. Sommersachen kommen sollen, dann widerstehen Sie der Versuchung, dort doch noch unbenutztes Spielzeug einzuräumen.
- **Immer nur ein Fach** Räumen Sie nie mehr aus, als Sie im Laufe einer Anti-Chaos-Aktion wieder ein- und wegräumen können. Mit kleinen, regelmäßig unternommenen Schritten kommen Sie sicher ans Ziel. Verausgaben Sie sich, sind Sie bald erschöpft.
- **Einpacken oder verbannen** Sie befassen sich mit dem Inhalt eines Schranks, der in der Abstellkammer steht. Sie haben beschlossen, dass dort der Karton mit den Partysachen oder mit dem Weihnachtsbaumschmuck hinkommt, doch im Augenblick stehen in dem Fach noch alte Vasen, Spiele und auf Vorrat gekaufte Putzmittel. Holen Sie sich den Mülleimer und den Karton mit den Aufschriften »verkaufen/verschenken« sowie zwei bis drei weitere Kartons oder Boxen. Die Putzmittel wandern in einen Karton, und später in die Küche. Wenn die Vasen hier schon länger ungenutzt verstauben, können Sie sie verkaufen oder verschenken. Wenn der Gatte die von seiner Mutter geerbte Porzellanschäferin behalten will, dann packen Sie sie gut ein und legen Sie sie in einen Karton mit der Aufschrift »P« für Plunder. Machen Sie so weiter, bis das Fach leer ist.
- **Tragen Sie die Kartons an ihre neuen Aufbewahrungsorte** Nachdem Sie das leere Fach ausgewischt haben, bringen Sie die Kartons dorthin, wo sie von nun an laut Ihrer Liste aufbewahrt werden. Spiele kommen ins Wohnzimmerregal. Der »P«-Karton gehört auf den Speicher und wird auch noch weitere Insassen erhalten. Die »verkaufen/verschenken«-Kartons könnten Sie an einer Garagenwand aufstapeln, um sie bei Gelegenheit zur Caritas oder zum Flohmarkt zu fahren.
- **Erst planen** Ebenso wie die Anti-Chaos-Aktionen sollte auch das Aufräumen von Lagermöglichkeiten in 20-Minuten-Portionen erfolgen. Sortieren Sie die Dinge in Kartons ein, bis der Wecker klingelt und bringen Sie dann alles an seinen Platz.
- **Allein oder miteinander** Nur Sie können entscheiden, ob es besser ist, alleine zu arbeiten oder aber die anderen zur Mithilfe aufzufordern. Wenn der Gatte oder die Gattin es nicht so mit der Ordnung hat, ist es vielleicht besser, ihm oder ihr den Stress der Entscheidungen zu ersparen. Ist Ihre bessere Hälfte besonders ordnungsliebend? Spannen Sie ihn ein und lassen Sie ihn die Garage aufräumen. Wägen Sie die Arbeitserleichterung gegen die Ablenkung ab, die Teamwork mit sich bringen kann.
- **Dem Ziel langsam näher** Bleiben Sie dran! Wenn die Motivation nachlässt, schauen Sie sich einfach jene Bereiche an, die Sie schon aufgeräumt haben. Klopfen Sie sich auf die Schulter. Machen Sie einen Tag blau, aber nehmen Sie sich danach den Schrank im Flur vor. Vergessen Sie nie: Das Chaos entstand nicht über Nacht und kann deshalb auch nicht an einem Tag beseitigt werden.
- **Erwägen Sie, auszulagern** Veränderungen im Leben können dazu führen, dass sich die Menge der einzulagernden Dinge vergrößert. Vielleicht sind Ihre Kinder flügge geworden, haben aber ihre Siebensachen im Nest zurückgelassen. Die Auflösung des Haushalts älterer Verwandter, die in ein Heim ziehen, kann Ihren Haushalt mit Hausrat und Familienerbstücken überfluten. Überlegen Sie, ob Sie den Überschuss nicht vorübergehend bei einer entsprechenden Firma einlagern können.

Umgang mit Papier
Sortieren und organisieren

Wissen Sie, wo Ihre Unterlagen fürs Finanzamt sind? Vielleicht in irgendeinem Papierstapel auf dem Schreibtisch. Aber in welchem?

Jeden Tag flattern uns Unmengen von Papier ins Haus. Der Postbote bringt Briefe, Rechnungen und Kontoauszüge, die Aktentasche ist mit Fachzeitschriften, Terminkalender und Quittungen gefüllt, die Kinder bringen selbst gemalte Bilder, Rundschreiben und Elternbriefe aus dem Kindergarten und aus der Schule mit.

Papier-Chaos kostet Geld und Zeit und erzeugt Stress. Eine fehlende unterschriebene Erlaubnis hält morgens die ganze Familie auf. Verlegte Rechnungen haben Mahngebühren zur Folge. Wenn Sie den Trainingsplan Ihrer kleinen Fußballer nicht mehr finden, müssen Sie ständig herumtelefonieren, um zu erfahren, wann was ist und wer die Kinder fährt.

Ohne einen Plan für das Papiermanagement erstickt der Haushalt in der Flut der unzähligen Blätter. In diesem Abschnitt legen wir ein Zentrum für den Papierkrieg und ein Büro für Papiermanagement an, erlernen das 1x1 des Ablegens und sorgen für ein Haushaltsarchiv.

Informationszentrale: Legen Sie ein Haushaltsbüro an

Keine Firma würde von einer Sekretärin oder einem Buchhalter verlangen, ohne einen geeigneten Arbeitsplatz die Korrespondenz zu erledigen oder Abrechnungen zu machen. Genau wie in einer Firma muss es auch zu Hause einen Ort geben, an dem Briefe beantwortet und Rechnungen durchgesehen und überwiesen werden.

Die Informationszentrale ist der Ort, an dem Sie den gesamten Papierkrieg Ihres Haushalts erledigen: Überweisungsträger ausfüllen, Kostenübersichten erstellen, Einkaufszettel schreiben und die Steuerformulare ausfüllen. Wie sie im einzelnen ausgestattet ist, hängt von den Bedürfnissen Ihrer Familie ab, doch die folgenden Dinge sollten dort nicht fehlen:

- Telefon
- Haushaltsplaner (*siehe S. 84–87*)
- Adressbuch
- Kalender
- Rechenmaschine oder Taschenrechner
- Aktenschrank oder -container
- Ablagekörbe

Ideal ist ein richtiger Schreibtisch, der genügend Platz für das Haushaltsbüro bietet. Wenn Sie einen Computer besitzen, sollten Sie ihn hier oder in der Nähe aufstellen. Ein Aktenschredder wäre eine sinnvolle Ergänzung. Sie können damit alte Kontoauszüge und alles andere zerkleinern, was Informationen über Sie und Ihre Konten enthält, die missbraucht werden könnten.

Wenn Sie wenig Platz haben, kann auch eine Hälfte des Küchentisches als Informationszentrale dienen, dann kommen sämtliche Utensilien in eine Schublade und die Unterlagen in einen Container, der unter den Tisch gerollt werden kann. Wichtige Utensilien für das Haushaltsbüro sind:

- Ein Vorrat an Klarsichthüllen
- Ein Vorrat an Hängeordnern
- Hefter
- Durchsichtiges Klebeband
- Büroklammern
- Haftzettel
- Stifte
- Textmarker
- Briefpapier und Umschläge
- Post- und Glückwunschkarten
- Briefmarken
- Preislisten der Brief- und Paketdienste
- Schere

Im Haushaltsbüro erledigen Sie den gesamten privaten Papierkrieg. Von hier aus führen Sie Ihre Konten, überweisen die Rechnungen und füllen Formulare und Anträge aus, beantworten Briefe, schreiben Glückwunschkarten und frankieren Ihre Post.

Richten Sie es sich gemütlich ein. Ein rückenfreundlicher Stuhl und gute Beleuchtung machen Ihr Haushaltsbüro zu einem angenehmen Arbeitsplatz.

»Genau wie in einer Firma muss es auch zu Hause ein Büro geben.«

▶ **Was fürs Auge** Warum sollen Bürosachen eigentlich grau und langweilig sein? Wenn Ordner, Kästen und andere Utensilien schön bunt sind, kann die Arbeit sogar Spaß machen.

Top-Tipps für den Papierkrieg

Rechnungen überweisen, Steuerunterlagen richtig ablegen, Quittungen finden und Korrespondenz beantworten braucht seine Zeit. Wenn Sie die Schreiben, Zettel und Formulare aus den verschiedensten Stapeln herausfischen müssen, dauert es noch länger. Mit den folgenden Tipps bewältigen Sie den Papierkram im Nu!

1 Tun Sie es jetzt
Im Laufe eines Tages stellen sich Ihnen immer wieder Aufgaben, die in irgendeiner Form mit Papier zu tun haben. Schreiben, ausfüllen, ablegen – wenn es nur wenige Minuten in Anspruch nimmt, dann tun Sie es sofort! Das Abheften von Werbezetteln mit interessanten Sonderangeboten, eine Karte an Freunde, das Ablegen einer Quittung am richtigen Ort machen am wenigsten Arbeit, wenn sie sofort erfolgen, denn sie später zu suchen, dauert wesentlich länger.

2 Nicht verlegen, sondern ablegen
Wenn Sie in Ihrem Haushaltsbüro Ablagekörbe haben, dann benutzen Sie sie auch konsequent! Legen Sie alles, was Ihnen ins Haus flattert oder was Familienmitglieder mitbringen in den entsprechenden Korb. Auf diese Weise wissen Sie immer, wo die Rechnungen oder Quittungen liegen.

3 Müll beseitigen
Werfen Sie alles, was Sie nicht brauchen, nicht angefordert haben und nicht weiter berücksichtigen müssen, sofort weg. Je schneller Sie Kassenbons, die nicht gesammelt werden, Quittungen, die Sie nicht aufbewahren wollen, Werbeblätter, Prospekte, Spendenaufrufe und unerwünschte Kataloge wieder loswerden, desto besser. Vergessen Sie nicht, Werbebriefe für Kreditkarten und ähnliche Drucksachen, auf denen Ihr Name und Ihre Adresse eingetragen sind, in kleine Stücke zu reißen oder zu schreddern.

4 Kleben Sie etwas drauf
Wenn Briefe nicht sofort beantwortet und Formulare nicht gleich ausgefüllt werden können, wenn ein bestellter Artikel an das Versandhaus zurückgeschickt werden soll, hilft Ihnen ein aufgeklebter Post-it-Zettel, nützliche Informationen festzuhalten, die Sie später vielleicht wieder vergessen haben.

5 Schnell und richtig abheften
Steckt man alles, was aufgehoben werden soll, in den gleichen Ablagekorb oder in die gleiche Mappe, dann macht man sich nur das Leben schwer, denn irgendwann muss alles wieder auseinandersortiert werden. Heften Sie lieber gleich alles dort ab, wo es hingehört. Die paar Sekunden, die das dauert, fallen kaum ins Gewicht.

6 Versorgen Sie sich großzügig mit Büromaterial und Briefmarken
Kontrollieren Sie regelmäßig Ihre Vorräte an Papier, Briefumschlägen, Briefmarken, Klarsichthüllen, Ordnern und all dem, was Sie in Ihrem Haushaltsbüro so brauchen und verbrauchen, denn nichts ist frustrierender, als nach einer längeren Papierkriegsaktion noch zum Supermarkt oder zur Post hasten zu müssen. Kaufen Sie sich Briefmarkenheftchen und – vorausgesetzt, es ist Platz dafür vorhanden – Büromaterial in größeren Mengen. Machen Sie sich eine Liste der Artikel, die Sie regelmäßig benutzen (nach Art der Einkaufsliste von S. 94).

7 Erledigen Sie es regelmäßig
Setzen Sie sich regelmäßig an den Schreibtisch, um Überweisungsträger und Formulare auszufüllen, denn aufgeschobene Arbeit wächst rasch ins Unermessliche und vergessene oder verspätete Zahlungen von Rechnungen ziehen Mahngebühren nach sich. Richten Sie es so ein, dass Sie sich an einem Tag bald nach Jahresanfang um die Steuern kümmern.

8 Der Entsorgungskarton
Dem einen oder anderen unter uns kann ein Entsorgungskarton beim Umgang mit Gedrucktem helfen. Werfen Sie alles hinein, von dem Sie wissen, dass es eigentlich weggeworfen werden sollte, von dem Sie sich aber nicht so recht trennen mögen. Lassen Sie alles, bei dem Sie sich unsicher fühlen, ob man es tatsächlich wegwerfen kann, in den Karton fallen. Wenn Sie es nach sechs Wochen tatsächlich nicht gebraucht, gelesen oder angeschaut haben, kommt es weg.

9 Kaufen Sie sich ein Etikettiergerät
Investieren Sie in ein Etikettiergerät, mit dem sich Ordner und Mappen schnell beschriften lassen. Diese kleinen, mit einer Tastatur ausgestatteten Geräte drucken gut leserliche Etiketten aus. Sie haben sich vertippt? Kein Problem, dann drucken Sie einfach ein neues Schildchen.

10 Freunden Sie sich mit dem Abheften an
Niemand heftet gerne ab, dabei lohnt es sich wirklich, es immer sofort zu tun, wenn etwas zum Abheften da ist, denn bei Bedarf hat man die letzte Tierarztrechnung für Bello oder die Quittung für ein Geschenk, das umgetauscht werden soll, sofort zur Hand. Schließen Sie deshalb jede Papierkriegsaktion in Ihrem Haushaltsbüro mit dem Abheften herumliegender Briefe und Ausdrucke ab. Legen Sie Quittungen, Lohnabrechnungen, Rechnungen und Kontoauszüge an den entsprechenden Stellen im Ordner bzw. in ihren speziellen Ordnern ab, und zwar immer das Neue hinter das zuletzt Abgeheftete, denn das ist auf Dauer am einfachsten und am übersichtlichsten.

Papierkrieg-Tipps für Chaos-Typen

Zeit und Geld sind Themen, die uns tief im Innersten berühren und unsere verborgene Natur zum Vorschein bringen können. Diese Tipps helfen gegen das Chaos:

■ **Hamster** Wenn Sie ein Hamster sind, kann der Papierkrieg und die immer wieder anfallende Papierbeseitigung bei Ihnen Angstgefühle auslösen, denn was ist, wenn Sie einen Katalog oder das Rundschreiben vom Mieterbund eines Tages doch noch brauchen?
Ziemlich wahrscheinlich brauchen Sie es nie wieder, doch im Zweifelsfall sollten Sie sie im Entsorgungskarton ablegen (*siehe Tipp 8*). Diese Zwischenablage ist dafür gedacht, die Psyche des Hamsters zu entlasten. Das Wissen, dass Prospekte und Anschreiben darin provisorisch untergebracht sind, beruhigt vorübergehend die Ängste des Hamsters. Wenn Sie sie doch noch brauchen, sind sie zur Hand, doch weil sie ohnehin schon in einem Karton liegen, lassen Sie sich leichter entsorgen, wenn Ihre emotionale Bindung zu Ihnen nachgelassen hat.

■ **Perfektionist** Während jeder andere froh und zufrieden ist, wenn er oder sie alles abgeheftet hat, geht die Perfektionistin einen Schritt weiter: Sie will perfekt etikettierte und übersichtliche Ordner und Mappen.
Perfektionisten machen sich Gedanken darüber, ob die Ordner die gleiche Farbe haben oder ob man zwischen die alten Pappordner auch einen neuen Plastikordner stellen kann.
Auch wenn nicht alle das einsehen wollen: Ein einheitliches Aussehen ist gerade bei Ordnern äußerst wichtig (Ups! Nun wissen Sie auch, welcher Chaos-Typ die Autorin ist). Lösen Sie das Problem, indem Sie sich ein Etikettiergerät kaufen (*siehe Tipp 9*) – und machen Sie mit dem Abheften weiter.

Werden Sie aktiv

Mit dem Aktivordner machen Sie mit täglich anfallendem Papierkram kurzen Prozess. Und wenn Sie im Haushaltsbüro arbeiten, finden Sie alles zu Erledigende im Aktivordner.

- **Nehmen Sie ein Hängeregistersystem** und füllen Sie es mit Hängeregistern. Schreiben Sie auf die Schildchen »bezahlen«, »erledigen«, »ablegen«.
- **Fügen Sie eigene Hängeregister** für die Mitglieder Ihres Haushalts, für Schule, Sportarten, Vereine usw. hinzu.
- **Sortieren Sie** täglich alles, was ins Haus flattert, in die Hängeregister ein.
- **Rechnungen** kommen in »bezahlen«, Versicherungsunterlagen und andere wichtige Dokumente in »ablegen«.
- **Ordnen Sie alles,** was erledigt werden muss, z. B. zu unterschreibende Erlaubniserklärungen, Briefe, die Sie beantworten wollen oder aber Erinnerungen an fällige Zahnarztbesuche in »erledigen« ein.

Befreien Sie sich von **Papier-Chaos**

Trotz all unserer Bemühungen, sie einzudämmen, breitet sich die Papierflut im ganzen Haus aus. In den dunklen Ecken der Schubladen scheinen sich die Rechnungen von alleine zu vermehren, während der Poststapel und der Werbungsberg auf dem Wohnzimmertisch immer höher werden. Was ist zu tun?

Entschließen Sie sich, sich zu entscheiden

Welche Kräfte bewirken, dass Papierstapel höher und höher werden? Wie bei allen Chaos-Problemen ist Entscheidungsschwäche die eigentliche Ursache. Wenn man die Post zwar durchsieht, sie dann aber liegen lässt, muss man sie nochmals durchsehen und das kostet Zeit.

Beschließen Sie stattdessen bereits beim ersten Mal, wenn Sie etwas in die Hand nehmen, wie Sie damit verfahren werden. Fragen Sie sich: »Muss das bezahlt, beantwortet oder abgeheftet werden?«, und stecken Sie das betreffende Schriftstück dann in das entsprechende Register Ihres Aktivordners.

Behalten oder wegwerfen

Büroexperten zufolge gilt auch am Schreibtisch die 20/80-Regel: Im Grunde sind nur 20 Prozent der abgehefteten Unterlagen wirklich wichtig. Die übrigen 80 Prozent werden nie wieder gebraucht und folglich auch nie wieder zur Hand genommen und gelesen.

Denken Sie bei der Durchsicht Ihrer Haushaltsunterlagen stets an die 20/80-Regel. Sie hilft Ihnen, Chaos im Aktenschrank zu vermeiden. Reduzieren Sie den Inhalt Ihrer Ordner auf die wichtigen 20 Prozent und entsorgen Sie alles, was nie wieder benötigt wird.

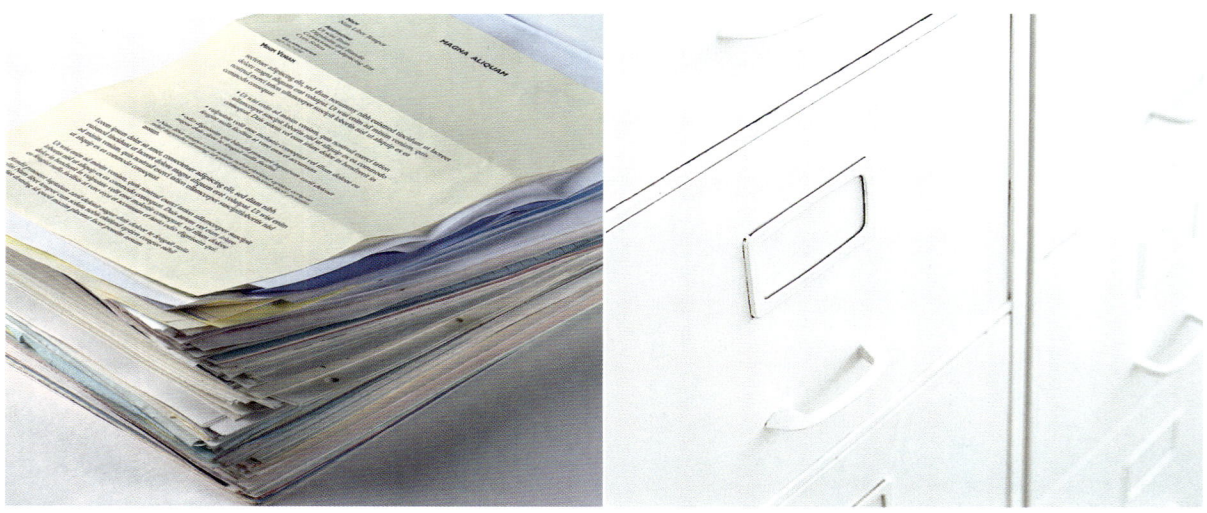

▲ **Von Tag zu Tag** Geben Sie den ins Haus flatternden Briefen und Dokumenten ein Zuhause und räumen Sie alles Anfallende täglich ein. So finden Sie immer, was Sie gerade brauchen.

▲ **Gut verwahrt** Legen Sie Dokumente, Quittungen und andere wichtige Papiere nicht einfach nur in eine Mappe für Unerledigtes. Wenn Sie immer alles einordnen, haben Sie stets alles zur Hand.

Nie Mehr Chaos-Tipps

Bekämpfen Sie das Papier-Chaos Mithilfe dieser Tipps erobern Sie sich Platz zurück:

- **Kinderkunst** Wenn Sie vor lauter Bildern von Kinderhand den Kühlschrank nicht mehr sehen können, wird es Zeit, die Kunstwerke anderweitig unterzubringen. Stecken Sie die Arbeiten des Tages in ein Hängeregister des Aktivordners (*siehe S. 231*). Jede Woche wird eines ausgewählt, das dann eine Woche lang die Kühlschranktür schmücken darf; die übrigen Werke kommen in eine mit dem Namen des Kindes versehene Mappe. Am Ende des Jahres wandern alle Bilder in einen großen Umschlag. Schreiben Sie das Jahr darauf und ordnen Sie ihn bei den klassischen Akten des Haushaltsarchivs ein.
- **Kalender, Menüpläne und Telefonlisten** Stecken Sie Menüpläne vom Pizzaservice und ähnlichen Diensten, Kalender und Listen mit Telefonnummern in Prospekthüllen und heften Sie sie im Familienplaner ab (*siehe S. 84–87*).
- **Karten und Korrespondenz** Geburtstage, Jubiläen, Hochzeiten und Geburten sind Teil unseres Lebens – aber kein Grund, jedesmal wegen einer einzigen Karte in die Stadt zu fahren. Legen Sie sich einmal im Jahr ein Sortiment von Glückwunsch- und Trauerkarten zu. Wenn Sie auch noch ausreichend Stifte, Umschläge und Briefmarken zur Hand haben, machen besondere Ereignisse keine besondere Arbeit mehr und Sie sparen sehr viel Zeit.
- **Die tägliche Post** Sortieren Sie die Post in der Nähe des Altpapierbehälters, um unerwünschte Kataloge, Prospekte und Angebote sofort loszuwerden.
- **Werbesendungen** Lassen Sie Werbesendungen direkt in den Mülleimer wandern. Wenn die Werbung in einem Brief enthalten ist, den Sie nicht einfach wegwerfen können, weil z. B. auch eine Rechnung darin ist, schicken Sie die Werbung im beigelegten Freiumschlag mit dem Vermerk »Nein, danke!« an die betreffende Firma zurück. Das kommt der Post zugute und bewirkt vielleicht, dass sich die Absender beim nächsten Mal besser überlegen, ob sie Ihnen etwas schicken.
- **Handbücher und Garantien** Mit Ordnern und Prospekthüllen ausgerüstet, können Sie Handbücher und Garantien griffbereit verwahren. Forsten Sie den Ordner einmal im Jahr durch, um alles zu beseitigen, was Sie nicht mehr brauchen, weil der dazugehörige Artikel Ihren Haushalt verlassen hat.
- **Zeitungen und Zeitschriften** Manche versuchen, Zeitungen zu einem Fächer ausgebreitet oder fein säuberlich gestapelt auf dem Couchtisch aufzubewahren. Lassen Sie es lieber! Neben das Sofa gestellte Körbe oder Zeitungsständer funktionieren nach dem Prinzip des »kontrollierten Chaos«, indem Sie das Lesefutter zusammenhalten.
- **Quittungen** Wenn Sie Quittungen aufheben müssen oder wollen, sollten Sie ihnen ein Hängeregister des Aktivordners zuweisen (*siehe S. 231*). Quittungen, die Sie nicht aufheben müssen, werfen Sie am besten gleich nach Erhalt weg.

Kinderkunst ▲ siehe auch S. 210–211, 212-213

Legen Sie ein Haushaltsarchiv an

Ein Haushaltsarchiv anzulegen ist kinderleicht. Aber warum sollte man es tun? Ein Haushaltsarchiv ist ein Ort, an dem wir Unterlagen aufbewahren, die wir wieder benötigen. Ein durchdacht geplantes Haushaltsarchiv ermöglicht es den Benutzern, Dokumente sicher zu verwahren und leicht wiederzufinden.

Effizientes Management von Dokumenten und Unterlagen ist keine Hexerei. Bauen Sie einfach aus diesen drei Schlüsselelementen Ihr Haushaltsarchiv auf:

1 Aktivordner
Das ist ein Hängeordner, der alles aufnimmt, was Sie tagtäglich ablegen und einordnen, z. B. Rechnungen, die noch zu bezahlen sind und Briefe, die beantwortet werden müssen (*siehe auch S. 231 und 232–233*).

2 Grundakten
Dies sind die wichtigen Dokumente, die im Alltag immer wieder eine wichtige Rolle spielen, z. B. Unterlagen der Krankenversicherung, die Bankauszüge und die Kreditkartenabrechnungen oder Ihr Mietvertrag. Sie benötigen diese Grundakten bei alltäglichen Haushaltsbüroarbeiten wie z. B. dem Bezahlen von Rechnungen, oder wenn Sie den Verlauf medizinischer Behandlungen nachsehen wollen.

3 Klassische Akten
In Ihrem Archiv gibt es auch Dokumente, die über lange Zeiträume hinweg aufbewahrt werden müssen. Dazu zählen Steuerbescheide, Belege zu stornierten Schecks, Unterlagen zu eigenen Immobilien, Garantien, Unterlagen, die Kreditkarten betreffen. Verwahren Sie diese wichtigen Papiere in Schachteln oder Ordnern. Aber: Originaldokumente wie Versicherungspolicen, Sparbücher oder Fahrzeugbriefe gehören an einen sicheren Ort, etwa in einen Wandsafe in Ihrer Wohnung oder in ein Bankschließfach.

> »Effizientes Management von Unterlagen ist keine Hexerei.«

Gut angelegt: das Haushaltsarchiv
Um sich Ihr eigenes Haushaltsarchiv zu schaffen, brauchen Sie nur die Schritte 1, 2 und 3 umzusetzen.

Schritt 1 Holen Sie Ihre Papiere und Unterlagen zusammen. Suchen Sie vor allem nach Dokumenten, die mit den folgenden Dingen und Bereichen zu tun haben:

- **Auto:** Fahrzeugbrief, Kfz-Versicherungspolice, Reparaturrechnungen, Reifengarantien, Leasingunterlagen.
- **Bank:** Kontoauszüge, Belege für stornierte Schecks, Scheckverzeichnis, Nummer und Schlüssel des Bankschließfachs, Unterlagen zu Aktien und Depots.
- **Rechnungen und Darlehen:** Kreditkartenabrechnungen, Rechnungen von Stadtwerken und Telefongesellschaften, Darlehensunterlagen, Kreditverträge, Rechnungen von Möbelhäusern und Handwerkern.
- **Gesundheit:** Patientenunterlagen, Infoblätter von Arzt und Zahnarzt, Rezepte, Arztrechnungen, Krankenversicherungspolicen und Infomaterial der Versicherungen.

▸ **Apart archiviert** Schluss mit den grauen Ordnern! Effiziente Organisationssysteme für Dokumente und Unterlagen können auch sehr dekorativ sein. Halten Sie nach schönen Farben Ausschau.

ÜBERSICHT ÜBER AUFBEWAHRUNGSFRISTEN

Dokument	Aufbewahrungsfristen
Kontoauszüge	10 Jahre
Geburtsurkunden	unbegrenzt
Stornierte Schecks	10 Jahre
Verträge	bis zur Aktualisierung
Kreditkartennummern	bis zur Aktualisierung
Scheidungsunterlagen	unbegrenzt
Unterlagen zu Hauskauf und Renovierung	So lange Sie die Immobilie besitzen oder aber Einnahmen aus dem Verkauf für den Kauf neuer Immobilien verwenden
Hausratversicherung	bis zur Aktualisierung
Lebensversicherungspolice	unbegrenzt
Kfz- und Haftpflichtversicherung	bis zur Aktualisierung
Investitionsunterlagen	10 Jahre nach Ablauf des Jahres der Vorlage beim Finanzamt
Zertifikate, Aktien, Wertpapiere	bis zur Einlösung oder zum Verkauf
Darlehensverträge	6 Jahre
Wehrdienstunterlagen	unbegrenzt
Sozialversicherungsunterlagen	unbegrenzt
Unterlagen von Immobilien	So lange Sie die Immobilien besitzen
Quittungen für große Anschaffungen	bis der Artikel verkauft oder entsorgt wird
Garantieunterlagen	bis der Artikel verkauft oder entsorgt wird
Steuerbescheide	10 Jahre nach Ablauf des Jahres des Erhalts
Fahrzeugpapiere	bis das Fahrzeug verkauft oder verschrottet wird
Testament	bis zur Aktualisierung

■ **Wohnen:** Hypothekenunterlagen oder Quittungen für bezahlte Miete, Eigentumsurkunden, Grundrisse, Versicherungspolicen und Grundsteuerbescheide.
■ **Versicherungen:** Versicherungspolicen, Aktualisierungen und Durchschläge ausgefüllter Anträge.
■ **Lebenswichtiges:** Heiratsurkunden, Geburtsurkunden und Adoptionsunterlagen, Eigentumsurkunden und Testamente, Vollmachten für Rechtsanwälte, Patientenverfügungen, Einberufungs- und Entlassungsunterlagen, Pässe.
■ **Ruhestand:** Rentenunterlagen.
■ **Wertsachen:** Gutachten, Inventare und Fotos von Kunstgegenständen, Antiquitäten, Schmuck, seltene Bücher, Silber, Porzellan und Kristall. An einem sicheren Ort aufbewahren!

Schritt 2 Geben Sie jedem Dokument ein Zuhause. Gute Archivierungssysteme sind wie Schneeflocken: Jede Familie hat ein ganz und gar einzigartiges. Vorgefertigte Systeme (bei denen schon angegeben ist, was wohin gehört) wirken auf den ersten Blick benutzerfreundlich, funktionieren aber nur, wenn Sie wirklich genau das zu archivieren haben, was vorgesehen ist. Ihr Archivierungssystem muss vor allem Ihnen selbst logisch vorkommen. Beschriften Sie Mappen und Ordner mit Begriffen aus dem alltäglichen Sprachgebrauch, die wirklich zu verstehen geben, was darin ist. Wenn mehr als ein Familienmitglied für Haushaltsbüroarbeiten zuständig ist, sollten alle mit den Beschriftungen einverstanden sein. Hier die gebräuchlichsten:
■ **Auto:** Einigen Sie sich auf »Auto«, »Kfz« oder den Namen

- **Auto:** Einigen Sie sich auf »Auto«, »Kfz« oder den Namen des Fabrikats.
- **Bank:** Schreiben Sie auf die Mappe oder den Ordner »Bank«, »Sparen« oder den Namen des Instituts.
- **Rechnungen und Darlehen:** Verwenden Sie hierfür den Rechnungstyp (»Telefon«) oder den Namen des Gläubigers.
- **Gesundheit:** Mögliche Beschriftungen wären »Arztrechnungen«, »Versicherungsunterlagen«, »Rezeptkopien« oder Namen (»Michael – Medizinisches«).
- **Wohnen:** Auf Akten oder Etiketten kann »Haus«, »Hypothek«, »Reparaturen« oder die Adresse stehen.
- **Versicherungen:** Legen Sie Akten für die einzelnen Versicherungen oder aber für die einzelnen Policen an.
- **Familie:** Verwenden Sie für jedes Familienmitglied eine eigene Akte und separate Akten für besondere Ereignisse oder Angelegenheiten (z. B. »Unfall 2004«, »Omas Nachlass«).
- **Renten:** Unterscheiden Sie zwischen gesetzlicher und privater Rentenversicherung.
- **Wertsachen:** Beschriften Sie die Akten so, dass sie gleich sehen, was wo ist (»Bücher«, »Schmuck« usw.).

Wenn Sie Akten anlegen und Unterlagen einsortieren, sollten Sie offizielle Dokumente beiseitelegen, die sicher aufzubewahren sind, wie etwa Geburts- und Heiratsurkunden, Fahrzeugbriefe, Eigentumsurkunden, Unterlagen zu Investitionen. Sie alle müssen vor Beschädigung und Diebstahl – in einem Safe oder in einem Bankschließfach – geschützt werden.

Legen Sie zu diesen wichtigen Dokumenten auch die Negative Ihrer liebsten Fotos bzw. die Datenträger, auf denen sie gespeichert sind, denn auch Erinnerungen sind wertvoll.

»Gute Archivierungssysteme sind wie Schneeflocken: Jedes System ist einzigartig.«

▶ **Durchblättern und Ablegen** »Senkrecht ist besser als waagerecht« gilt auch für den Umgang mit Dokumenten. Wenn Sie einen Hängeordner verwenden, finden Sie alles auf einen Blick.

Schritt 3 Informieren Sie sich über die Aufbewahrungsfristen, denn irgendwann können Sie einiges wieder wegwerfen oder vernichten, was sich in Ihrem Haushaltsbüro angesammelt hat.

Das Wissen darüber, was man aufbewahren muss und wie lange, ist der Schlüssel zu einem effizienten Archivierungssystem. Machen Sie sich eine Liste der für Sie infrage kommenden Aufbewahrungsfristen. Sie wird Ihnen helfen, Ihr Familienarchiv aktuell und schlank zu halten. Lassen Sie sich in jedem Fall von Ihrem Steuerberater oder von Ihrem Rechtsanwalt beraten. Die Liste auf S. 236 ist nur als Orientierungshilfe gedacht. Legen Sie sich diese Liste von Zeit zu Zeit auf den Schreibtisch und gehen Sie Ihre Unterlagen durch. Es macht keinen Sinn, Unterlagen für ein Auto, ein Fernsehgerät oder einen Kühlschrank aufzubewahren, von denen man sich längst getrennt hat.

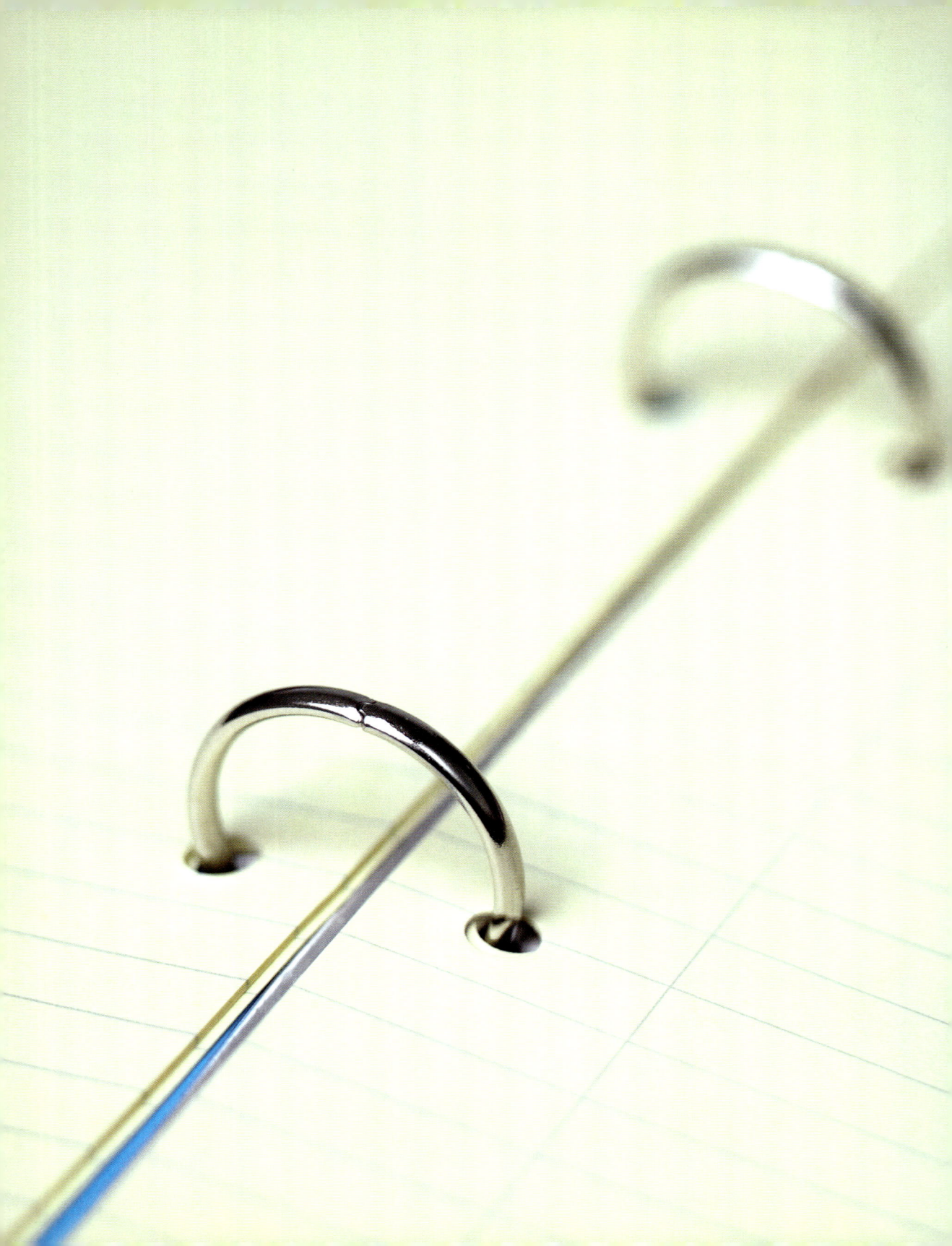

Haushaltsvordrucke
Listen und Planer

Hier finden Sie die wichtigsten Vordrucke für Ihren Haushaltsplaner: Listen für täglich und allwöchentlich anfallende Aufgaben, Hauptlisten, eine Einkaufsliste, eine Gefrier-Inventarliste, Menüpläne für Woche und Monat sowie eine Liste für Notfallnummern.

Erobern Sie den Tag mithilfe eines Tagesplans, der die Rubriken »Hingehen«, »Anrufen« und »Was gibt's zu essen?« enthält. Im Verlauf der Woche behalten Sie mit der Wochenliste den Überblick. Längerfristige Pläne und Verpflichtungen werden auf der Hauptliste vermerkt.

An der Kühlschranktür befestigt, informiert die Einkaufsliste darüber, was im Haushalt fehlt. Dank der Gefrier-Inventarliste sehen Sie, was an eingefrorenen Vorräten da ist, ohne die Gefriertruhe öffnen zu müssen. Menüpläne helfen gegen den Stress in der Küche.

Weitere Informationen über die in diesem Buch behandelten Themen erhalten Sie auf den nützlichen Seiten, deren Internetadressen auf S. 248-249 aufgeführt sind.

Informationen für Notfälle

Notfallnummern:
1 Ruhe bewahren **2** Notfall beschreiben **3** Anruf nicht abbrechen

Notruf	
Polizei	
Feuerwehr	
Krankenwagen	
Nummer dieses Anschlusses	
Unsere Anschrift	
Wegbeschreibung	
Hausarzt	
Mamas Tel.-Nr. in der Arbeit	
Mamas Handy	
Papas Tel.-Nr. in der Arbeit	
Papas Handy	
Namen der Nachbarn	
Tel.-Nr. der Nachbarn	
Namen von Freunden	
Tel.-Nr. von Freunden	

Hauptliste

Datum	Aufgabe	Bereich	Zieldatum

- Führen Sie Aufgaben auf und weisen Sie jeder einen Bereich zu (z. B. Arbeit, Zuhause, Ehrenamt, Ehegatte, Verwandte).
- Sehen Sie jede Woche die Hauptliste durch und übertragen Sie einige Aufgaben auf die Tageslisten. Zieldatum und Bereich helfen, Prioritäten zu setzen.

Tagesliste

Datum

Erledigen

Hingehen

Kaufen

Anrufen

Was gibt's zu essen?

Wochenliste

Woche vom:

Montag

Dienstag

Mittwoch

Donnerstag

Freitag

Samstag

Sonntag

Einkaufsliste

Artikel	✔	Artikel	✔	Artikel	✔
	☐		☐		☐
	☐		☐		☐
	☐		☐		☐
	☐		☐		☐
	☐		☐		☐
	☐		☐		☐
	☐		☐		☐
	☐		☐		☐
	☐		☐		☐
	☐		☐		☐
	☐		☐		☐
	☐		☐		☐
	☐		☐		☐
	☐		☐		☐
	☐		☐		☐
	☐		☐		☐
	☐		☐		☐
	☐		☐		☐
	☐		☐		☐
	☐		☐		☐
	☐		☐		☐
	☐		☐		☐
	☐		☐		☐
	☐		☐		☐
	☐		☐		☐

HAUSHALTSVORDRUCKE   245

Gefrier-Inventarliste

Artikel   Artikel

Machen Sie auf der Liste für jeden in Gefriertruhe oder -schrank eingelagerten Artikel einen Strich und streichen Sie diesen aus, wenn der Artikel herausgenommen und verbraucht wurde.

 **gelagert**   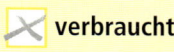 **verbraucht**

Wöchentlicher Menüplan

Woche vom:	Frühstück	Mittag	Abendessen
Montag			
Dienstag			
Mittwoch			
Donnerstag			
Freitag			
Samstag			
Sonntag			

Monatlicher Menüplan

Monat:	Woche 1	Woche 2	Woche 3	Woche 4	Notizen
Montag					
Dienstag					
Mittwoch					
Donnerstag					
Freitag					
Samstag					
Sonntag					

Nützliche Internetadressen

www.putzen.de
Diese Sammlung von nützlichen und praktischen Putztipps spart viel Zeit und erleichtert auch Einsteigern und Männern den Umgang mit Putzutensilien und Reinigungsmitteln.

www.frag-mutti.de
Webseite zum gleichnamigen Buch mit über 4500 Tipps und Tricks rund um Haushalt, Heimwerken, Freizeit und Technik, Beruf und Finanzen.

www.OrganizedHome.com (englisch)
Informative Webseite zu diesem Buch, die neben den zahlreichen Themen auch Druckvorlagen für unterschiedlichste Check- und Aufgabenlisten bietet.

www.putzatelier.de
Auf dieser Seite wird Wissenswertes rund um Reinigung und Pflege im Haushalt für jeden Putztyp vorgestellt. Aber auch die Wäschepflege und kleinere Wartungsarbeiten in Haus und Wohnung sind ein Thema.

www.1000-haushaltstipps.de
Die besten praktischen und althergebrachten Ratschläge für die kleinen und großen Probleme in Haus und Garten.

www.haushaltstipps.net
Alles Wissenswerte rund um den Haushalt und die Familie. Ernährung, Wellness und Kindererziehung sind die Schwerpunktthemen.

www.hausfrauenseite.de
Küchen-, Schönheits- und Haushaltstipps werden hier gegeben sowie Gesprächsforen zu den unterschiedlichsten Themenbereichen angeboten.

www.cleverefrauen.de
Mit Hinweisen, Tipps, Anregungen und Ideen für die moderne Frau präsentiert diese Seite Rubriken wie Gesund & Fit, Kindererziehung, Job, Geld & Sparen, Haushalt und vieles mehr.

www.familienhandbuch.de/cmain/f_Aktuelles/a_Haushalt.html
Das online-Familienhandbuch bietet Informationen rund um Haushalt und Finanzen. Darüber hinaus geht es auch um Verbraucherschutz, Sicherheit, Hygiene und Versicherungen. Diese Seite wird vom Staatsinstitut für Frühpädagogik in München betreut.

http://de.freecycle.org
Freecycle organisiert in regionalen Gruppen quer über den Globus verteilt den

Austausch kostenlos abzugebender Gegenstände. Was für den einen wertlos geworden ist, kann ein anderer vielleicht noch gut gebrauchen. Mit Freecycle kann man zu verschenkende Sachen anbieten oder suchen.

www.was-wir-essen.de
Diese Seite informiert über die Erzeugung und Verarbeitung, die Versorgung und Lagerung sowie den Kauf und die Kennzeichnung von Lebensmitteln. Sie gibt Tipps für die gesunde Ernährung und vermittelt Wissenswertes zum Verbraucherschutz.

www.hr-online.de/website/rubriken/ratgeber/index.jsp?rubrik=3624&key=standard_document_17620366
Von Tiefkühlkost bis Tupperware: die richtige Vorratshaltung. Wenn die Supermärkte mit Sonderangeboten locken, hilft nur eines – zuschlagen. Auch wenn sich anschließend die große Frage stellt: Wohin mit den Hamsterkäufen? Was lässt sich wo am besten aufbewahren? Auf diese und noch viele weitere Fragen gibt diese Seite Antworten.

www.gutefrage.net
Die Ratgeber-Community beantwortet Fragen zu den Themen Haushalt, Gesundheit, Kochen, Finanzen und anderen Themen. Ganz unkompliziert von Nutzer zu Nutzer.

www.maennerseiten.de
Von Männern für Männer: Hier lernen Sie das Bügeln, Wäsche waschen, Kochen, Krawatten binden, Knöpfe annähen und viele weitere Überlebenstechniken.

www.wdr.de/tv/service/familie/serien/haushaltstipps.phtml
Hier sind die besten Ratschläge der WDR-Sendung Servicezeit:Familie gesammelt.

Register

A

Abendliche Aufgabenliste 76-77
Abendrundgang 27, 211
Abgestandene Energie 20
Ablagekorb 41
Abtauen, Tipps 116–117
Adressbuch 75, 85
Aktenvernichter 226
Aktivitätszentren 34, 40, 43
   Typen von 41
Aktivordner (Haushaltsbüro)
   231, 232, 234
Allergene bekämpfen
   (Schlafzimmer) 173
anderen, Chaos der 34–35
Angst vor dem Loslassen 32
Anti-Kalk-Systeme 177
Arbeitsflächen i. d. Küche 113
Archive *siehe* Klassische Akten
Asche, Entsorgung 175
Audio-/Video-Material 219
Aufbewahrungsfristen für Unterlagen
   236–237
Aufgabenliste, aktuelle 81
Aufgabenlisten 76–77, 80–81
   Vordrucke 281–283
Aufgestapeltes 20, 22
Aufräumaktion, wöchentliche 70
Aufräumaktionen 214
Aufräumen 12, 24
   s. a. unter einzelnen Einträgen
Aufräumen in kleinen Schritten 24
Aufräumzeit 70, 211
Ausbessern 41, 140–141
Aussortieren von Dingen 20, 21

B

Babykleidung 29
Backofen 110
Badbündel 197
Badezimmer
   aufräumen 188–189
   Lagerung 190–191
   Nie mehr Chaos 189
   putzen 62, 192–193
Badezimmer 53, 63, 192
Badreiniger 52, 57, 62
Besen 59
Besondere Oberflächen,
   Reinigung 160
Betriebsanleitungen 233
Bett, Bereich unter dem 202
Betten 172–173
Bettzeug 196, 207
   Allergenbekämpfung 173
   aufräumen 194
Bettzeugbündel 197
Bibliothek, eigene 216–217
   Anti-Chaos-Aktion 216
Böden, harte 166
Bodenpflege 163–167
   Schuhe-Ausziehen-Regel 163, 166
Bodenreiniger 58–59
Essig und Essigessenz 54–55
Bücher, lagern/organisieren 45,
   216–217
Bügelbrett 154
Bügeln 148–149
   Top-Tipps 154–155
   wie man es vermeidet 155
Bügeltuch 155

C

CDs 219

Chaos 10, 19, 184–185
   beseitigen 20–23
   Entsorgungstipps 233
   im Haus 24
   Rückkehr verhindern 28–29
   Ursachen für 19
   verkaufen 28, 32
Chaos 10, 39
Chaos beseitigen 20, 22
Chaos-Berater 34, 35
Chaos-Magneten 184
Chaos-Persönlichkeiten 14, 30–31
   s. a. individuelle
   Lösungen
Chaos-Reservate 34
Chaos-Schublade 22, 34
Chaos-Symptome 19
Checklisten (Tages-, Monats-,
   Wochen-, Jahreszeiten-) 74, 76–77,
   79
   Flexibilität 79
   Vordrucke 241–243
Checklisten durchsehen 79
Computerspiele 29

D

Desinfizierende Mittel 62, 63, 113
Digitale Medien 219
Dinge 12, 19
   Ansammlungen 184
   auflisten, was man behält 222
   Umgang mit 32, 33
Dinge am falschen Ort 27
Dinge, am wenigsten benutzte
   44
Dinge, nicht mehr benutzte 33
Dokumente, Aufbewahrungsfristen
   236

Drahtbügel 136, 138
Duschen 55, 192
DVDs 29, 219

E
Ein Schritt nach dem anderen 21, 24
Eine-Schublade-am-Tag-Methode 24
Einkaufsliste, Lebensmittel 93–94
  schreiben, durchsehen, organisieren 93–94
  Vordruck 244
  s. a. Nahrungsmittel, Kauf
Einpack- und Postzentrum 41
Eins rein, eins raus 28, 29
Einwegstaubtücher 53
Elektrogeräte 178–179
Elektronik, Nie mehr Chaos 219
Elektrostatische Staubtücher 61
Entscheidungen treffen 21
Entscheidungen, aufgeschobene 20, 232
Entsorgung, Kandidaten für 222
Entsorgungskarton (Haushaltsbüro) 229
Erinnerungsstücke 31, 33
Erste Schritte 14
Erste-Hilfe-Set 181
Erste-Hilfe-Zentrum 191
Essen zum Mitnehmen 40, 75
Etiketten 44, 45
  Kleidung 135
  gefrorene Lebensmittel 95, 117
  grafische für Kinder 211
  für Hefter und Register 237
Etikettiergerät 229

F
Falten 145, 147
  Laken, Bezüge 197, 198–199
  Handtücher, Seifenlappen 197, 198–199
Familie
  Aufräumzeit 27
  Chaos, Umgang mit 34–35
  Teamwork 34, 50, 65
  und Haushaltsorganisation 40
  und Putzplan 65
  s. a. Startrampen
Familien-Katastrophenplan 180–181
Familieninformationszentrum 73, 75, 87
  s. a. Haushaltsplaner
Familienkalender 73, 75, 83, 87
Feder-Staubwedel 61
Federbetten 207
  Beziehen 204–205
Fegen 59, 166
Fenster putzen 161
Fensterreiniger 57, 160
Fettfleckenentferner 53
Fettiger Schmutz 62
Fettlöser 52, 62, 65
Filter, regelm. Wechsel 174
Finanzen und Chaos 32
Flecken 150, 152–153
  häufige Probleme 150
  Kleidung 138
  Matratze 172
  Notfallset 153
  Teppiche 165
Flecken auf Teppichen 165
Fleckentferner für Teppiche 165
Flexibilität 35, 43
Flexibler Feger 51

Fliesen 160, 166
Fliesenböden 166
Fliesenreiniger 52, 57
Flohmärkte 28
Flur, aufräumen 186–187
Fotoalben 31
Fotografien, überzählige 31
Frühjahrsputz 68, 173
Frühstücksbedarf, zusammen lagern 108
Fugen, reinigen 62

G
Garantien von Geräten 233
Garderobe 126
  einkaufen 126
  Mode-Tipps 127
  planen 126–127
  s. a. Kleidung
Gefrier-Inventarliste 118, 245
Gefrierbeutel 95, 117
Gefriertruhe/-schrank 95, 117–118
  aufräumen 116–119
  Auswahl/Kauf 118
  Inventar 118, 245
  putzen 117
  Nie mehr Chaos 117
  Richtlinien f. Lagerung 95, 119
Gefühle 31, 32
Geräte für kleine Küche 105
  siehe auch Elektrogeräte
Gerümpel entsorgen 20, 21, 22, 81
Gesundheitszentrum 191
Gewohnheiten 12, 28, 74, 82–83
  Wie man gute erwirbt 82
Gewohnheits-Partner 83
Glas 52, 55, 62

Glasreiniger 52, 65
　selbstgemachter 55
Granit 160
Grübeln 74
Grundakten (Haushaltsbüro) 234
Grußkarten 233
Gummihandschuhe 57

H
Haken 46
Hamster 30
　Bad/Hygienefakten 190
　Garderobe-Tipps 132
　Papierkrieg-Tipps 229
Handfeger 53, 57, 63
Handsauger 59
Handtücher 40, 194, 196
　falten 197, 198–199
Hängeordner 45, 211, 221, 231
Hauptlisten 74, 80–81
　Vordruck 241
Hauptmahlzeiten, Planung 92
Hausaufgabenzentrum 41
Haushaltsarchiv 234–237
Haushaltslagerplan 222–223
Haushaltsplaner 75, 84–85
　Trennblätter 86–87
Haushaltsschwämme 57
Hautschuppen 173
Heimatlose Objekte 28
Heimwerkerbereich 41
Heizsysteme 174–175, 179
Hobbys 34, 220–221
　Nie mehr Chaos 221
Holzböden 166
Holzmöbel 168–169, 171
Holzöfen 174–175

I
Identitäts-Chaos 33
Immer ein bisschen 68
Individuelle Lösungen 14
Informationszentrum (Haushaltsbüro) 226–227
Informationszentrum *siehe* Familieninformationszentrum
Internet
　Auktionen 28, 32
Isopropylalkohol 55

K
Kalender *siehe* Familienkalender
Kalkentferner 53, 63
Kamine 174
Kamine, offene 174–175
Kartons fürs Aufräumen 21
Kataloge 34, 217
Katastrophenplan 180–181
Kaufverzichts-Diät 28–29
Kehraus-Aufräummethode 24
Kilopreis (Lebensmittel) 97
Kinder und Aufgaben 70, 71
Kinder, Kleidungsbedarf 126
Kinder, Putzen beibringen 70–71
Kinderbücher 45
Kinderfreundliche Lösungen 210
Kinderkleidungsarchiv 137
Kinderkunst 211, 213, 233
Kinderspielecken/Aktivitätszentren 41
Kinderzimmer 210–211
　aufräumen 208–209
Klassische Akten (Archiv) 234
Kleiderhaken 46, 133, 136, 210
Kleidermotten 137
Kleiderschrank
　aufräumen 130–131, 132
　Nie mehr Chaos
　organisieren 132–135

Kleidung 13, 125
　aufräumen/Nie mehr Chaos 130–131, 132, 135
　Inventar 126
　lagern 132–133, 135
　Pflege 138, 188–189
　Planung 126–127
　Qualität kaufen 128–129
　sparen 129
　s. a. stopfen
Kleinanzeigen 28
Klinker, Pflege 160
Koch-Aktivitätszentrum 106–107, 109
Kochen für die Gefriertruhe 95
Kochherd 110, 112
Kommoden 135
Körperpflege 41, 188, 191
Körperpflege, Zentren für 191
Kosmetik 188, 190
Kreisläufe im Haushalt 12–13
Küche 102–115
　Aktivitätszentren/Organisation 43, 106–109
　aufräumen 102–103
　Geräte/Ausstattung 109
　Lagerung 104–105
　Nie mehr Chaos 102
　putzen 52–53, 62, 110–113
Küchenmülleimer 106
Küchentücher 61
Kühlschrank
　aufräumen 114–115
　Auswahl/Kauf 118
　Nie mehr Chaos 115
　wöchentliche Reinigung 115
　s. a. Tiefkühltruhe/-schrank
Kühlsysteme 174–175, 179
Kunst *siehe* Kinderkunst
Kunsthandwerk *siehe* Hobbys

L

Läden *siehe* Lebensmittelkauf
Lagerraum 45, 46, 222–223
  ausräumen 223
  Inventar der Lagerflächen 222–223
  mieten 223
Laken 196–197
  beim Bettenmachen 204–205
  falten 197, 198–199
Lammfell-Staubschlucker 60
Lebensmittelkauf 96–97, 120
  Flexibilität 93
  Richtlinien für Lagerung 98–99, 119, 122–123
  Vorratshaltung 120–121
  s. a. Menüplanung
Ledermöbel 168
Lesestoff sortieren 217
Lesezentrum 41
Linoleumböden 166
Luftfilter *siehe* Filter

M

Magischer Minimalplan 69
Mahlzeiten, mehrere 95
Mahlzeiten, Zubereitung der 77
Make-up 190
Mangel, Angst vor 32
Marmor 160
Matratzen 172–173
Matratzenauflagen 172
Matten 163, 166
Meistbenutzte Gegenstände 44
Menüplanung 92–95
  Flexibilität 94
  Grundlagen, Tipps 93–94
  Plan auf Kühlschranktür 93
  Routine 94
  Wochen-/Monatspläne 246–247
Menüs für die Familie, Planung 92–95

Mikrowelle 112
Möbelpflege 168–169, 171
Monatlicher Menüplan, Vordruck 247
Mopps 58–59
Mopps, saugfähige 58
Morgendliche Checkliste 76
Morgendliche Gewohnheiten 82, 211
Müllbeutel 21

N O

Nähen 34
  s. a. Ausbessern
Nassräume, putzen der 58, 62–63, 166
Natron 54, 55, 110
Nochmals waschen 147
Nostalgiker 31
  Kleideraufbewahrungstipps 132
  Küche aufräumen 104
  Schlafzimmer-Chaos 201
Notfall, Infos für den 85
  Vordruck 240
Oberflächen 13, 160–161
Oberflächenreiniger 65
Oosouji 29
Ordentlich ist nicht gleich organisiert 39
Ordner/Abheften 45
  Aufbau eines Organisationssystems (Dokumente/Akten) 234–237
  Papierkrieg 228–229, 231, 232
Ordnung halten 44
Organisieren 12, 39, 44–45
  Regeln des 40
  Systeme 46
Organisierte Funktion 39
Orte für Aktivitätszentren 40

P Q

Panik-Chaos 194

Papier/Papierkrieg 13, 45, 75, 85, 211
  Aktionsordner 231, 234
  Aktivitätszentrum 41, 226–227
  Aufbewahrung 226
  rasche Erledigung 228–229
  Umgang mit Chaos 232–233
  Unterlagentypen 234, 236–237
Partybedarf 29
Penizillin-Aufräummethode 24
Perfektionisten 31
  Tipps für Kleideraufbewahrung 135
  Tipps für Papierkrieg 229
Persönlicher Planer *siehe* Haushaltsplaner
Pflegehinweise f. Kleidung 148
Pläne erstellen 41, 80
  Papierkrieg 229
  Putzen 49, 65, 68–69
Planung des Haushalts 13, 73
  Aktivitätszentren 41
  vier Helfer 74–75
Platz für alles 28, 40
Plunder, ererbter 32–33
Polieren, Möbel 169
Polstermöbel 168–169
Post 231, 233
Preisbuch (Lebensmittel) 97
Psychologie des Chaos
  u. der Unordnung 24, 32–33
Putzen 13, 41
  Bekleidung beim 57, 62, 63, 64
  Profi-Tipps 64–65
  Zeitplan 68
  s. a. unter einzelnen Einträgen
Putzkorb 57, 65
Putzmittel 52–53
  die Großen Vier 65
  selbst gemachte 54–55, 110, 112

Putzmittel, natürliche 54–55, 110, 112
Putzschürze 57, 63
Putzwerkzeug
   Auswahl 58–59
   nass putzen 62–63
   Staub wischen 60–61
Quittungen 228–229, 233
Quiz
   Chaos- 185
   Putz- 51

R
Rebellen 31
   Schlafzimmer-Chaos 201
   Tipps f. Kleideraufbewahrung 135
Rechnungen 228–229
Regale u. Wandborde 46
Reste, Lagerung 115
Richtiger Weg 70
Rohre, eingefrorene 176–177
Rostentferner 53, 63
Rostfreier Edelstahl
   putzen 112
   Reiniger/Poliermittel 53
Routinearbeiten 76–77

S
Salmiakgeist 55
Sammlungen und Chaos 32
Sanitärbereich 112
Sauber genug 49, 70
   Standards 50–51
Sauberkeits-Minimum 69
Sauberkeitsextreme 51
Sauberkeitsstandards 50, 65
Scheuermittel 53, 65
Schlafzimmer 34, 202–203
   Allergenbekämpfung 173
   aufräumen 200–201

   Nie mehr Chaos
   putzen 201
Schmutz 10
Schmutzverdränger 51
Schneidebretter 113
Schnell putzen 64
Schubladen 46, 135
Schuhaufbewahrung 133
Schulische Dokumente 211
Schwangerschaftskleidung 29
Secondhandkleidung 129
Secondhandläden 28, 129
Selbsterkenntnis 14
Senkrechte Lagerung 45
Sich gemeinsam verändern 15
Sicherheitstipps
   Elektrizität 178–179
   offene Kamine 174
   Putzmittel 53
Sicherheitsvorräte 202
Sicherungskasten 178
Sie 34
   Tun Sie es auf Ihre Weise 14–15
Sockenschublade 46
Sommer-/Wintersachen lagern 44
   Kleidung 136–137
Souvenirs 31
Souvenirs in der Küche 104
Spatel 57, 62
Speisekammer 120–121
   Produktcodes 123
   Richtlinien f. Lagerung 121, 122–123
Spenden 28
Spezialreiniger 53
Spiegel 53, 55, 62
Spielzeug 208, 210–211
Sportausrüstung 29
Sprühflasche 57

Sprühreiniger 52
   Rezept 55
Spülen 52–53, 55, 62, 112, 192
Spülhandschuhe 57
Spülschwämme *siehe* Haushaltsschwämme
Startrampen 28, 187
Staubmilben 173
Staubsaugen 59, 166
   harte Böden 166
   Polstermöbel 169
   Teppiche 165
Staubsauger 59
Staubtücher 60
Staubtücher aus weißer
   Baumwolle 57, 60
Staubwischen 60–61
   Holzmöbel 168, 171
Steuerformulare ausfüllen 228–229
Stoffschutz 169
Anti-Chaos-Methode 20–23
   Aufräumstrategien 24
   s. a. unter einzelnen Einträgen
Anti-Chaos-Methode für das gesamte Haus 24
Stopfen 140–141
Supermarktwerbung 93
Symbole für Erinnerungen 33, 132
Systeme 13

T
Tageslisten 81
   Vordruck 242
Tägliche Aufgaben 76
   Checklisten für Morgen und Abend 76
Tägliche Putz-Checkliste (Bsp.) 68
Tapeten, säubern der 159
Teamwork *siehe* Familie
Techniken 12–13

Telefonbuch 85
Telefonzentrum 41
Teppiche 165–167
   Tiefenreinigung 166
Terrakottafliesen 160, 166
Textilienpflege 148–149
   Waschen/Trocknen 149
Thermostate 175, 179
Tischdecken 101
Toiletten 53, 55, 62– 63, 193
Trennblätter, Familienplaner 84–85
Trenner, Schubladen- 46, 135
Trockenräume, putzen von 60–61, 139
Trockenschaum 172

U V

Überspannungsschutz 178
Undichte Stellen176
Universal-Reiniger 52
   selbstgemacht 55
Unordnung 10
Unterhaltungsmedien 41
   aufräumen 218–219
Unterschrank
   als Lagerraum 106
   putzen 112–113
Unterstützung
   Netzwerke 15, 83
   s. a. Websites
Urlaub
   Checkliste 179
   Fleckenset 153
Ventile 176
Veränderungen 34
   Verhalten 14–15, 28
   allmähliche und Kinder 70
   Gewohnheiten 83
Verbündete 15
Verdränger 30
   Tipps f. Kleideraufbewahrung 135

Verkaufen/Verschenken 21, 28, 32
Videos 29, 45, 219
Vinylböden 166
Von-der-Haustür-aus-Aufräum-
   Methode 24
Vorratsschrank für Anfänger 123
Vorteile erkennen 35

W Y

Wachs 166, 169
Wände 158–159
Warme Sachen, Zentrum für 41
Wartungsroutine 174–175, 179, 211
   Minimum 69
Wäsche 144–145, 151, 191
   Aktivitätszentrum 41, 142–143
   Lagerung der Waschmittel 142
   Planung 142
   s. a. Textilienpflege
Wäsche trocknen 145, 151
Wäschekörbe 142, 147
Wäscheraum 62
Wäscheschrank 44, 196–197
   aufräumen 194–195
   Nie mehr Chaos 195
Waschmaschine 142, 145, 151
Waschmittel 145, 151
Wasserflecken entfernen 113
Wasserrohre 176–177
Websites, informative 248–249
Wecker für die Anti-Chaos-
   Aktionen 21, 22
Weichspüler 54–55, 145
   alternativer 151
   Bettwäsche 197
Werbepost 23
Werbepost stoppen 217
Werkzeug/Geräte
   Ausbessern/Nähen 140, 141
   Küche 109

Papierkrieg 226
Putzen 58–59, 60–63, 65
Wiederholung und Gewohnheit 82
Wo anfangen? 14
Wöchentliche Aufgabenliste,
   Vordruck 243
Wöchentliche Putz-Checkliste
   (Beispiel) 68
Wöchentlicher Menüplan,
   Vordruck 246
Wohnzimmer
   aufräumen 214–215
   Nie mehr Chaos 214–215
Zahnbürste, putzen mit 57
Zeit für sich selbst 76, 82
Zeitschriften 34, 45, 46, 216–217, 233
   Abonnements 217
Zeitspartipps für jeden Tag 81
Zeitungen 28, 233
Zentren im Kühlschrank 115
Zentren siehe Aktivitätszentren
Zitronensaft 54–55

Dank

Danksagung der Autorin

Eine ganze Gemeinschaft trug mit zur Entstehung dieses Buchs bei: All die Menschen, die sich bei OrganizedHome.COM miteinander austauschen, einander moralische Unterstützung beim Putzen geben und sich gegenseitig Mut machen, alles besser zu organisieren. Die Mitglieder dieser Gemeinschaft sind ein Licht im Dunkeln des Chaos und ich danke ihnen allen für ihre Freundschaft, ihr Vorbild und die Inspiration.

Ganz besonderer Dank ergeht an die OH Mod Squad. Diese engagierten Freunde verwalten die große Internetgemeinde. Außerdem feuerten sie mich immer wieder an, nicht aufzugeben und machten mir stets Mut.

An dieser Stelle möchte ich auch meine Großmutter Helen Betty Townley nicht unerwähnt lassen. Sie verkörpert die altbewährte Tradition der Haushaltsführung. Sie stand mir bei meinen ersten Stick- und Strickversuchen zur Seite und war mir auf meinem Weg zu einem sauberen und gut organisierten Zuhause ein lebenslanges Vorbild.

Eine dankbare Verbeugung entbiete ich Denise Davis von Merry Maids. Großzügig teilte sie mit mir ihr Wissen und hielt unser Heim sauber, als ich mit dem Schreiben so beschäftigt war, dass mir zum Putzen keine Zeit mehr blieb.

Last not least danke ich meinem Ehemann Dr. Steve Ewer. Ohne seine unerschütterliche Unterstützung hätte es keine Autorin gegeben und ohne seine Geduld gegenüber meinen Autorenlaunen auch kein Buch.

Dank des Verlags

Dorling Kindersley dankt dem Fotografen Howard Shooter und seinem Assistenten Michael Hart; den Modellen Alex Farrell, Jennifer Matter, Frances Wingate, Max Jones und Luke Shooter; Karen Shooter für ihre Geduld; dem Stylisten Bo Chapman; Shannon Beatty und Hilary Mandleberg für ihre Unterstützung des Lektorats; Lynn Bresler für das Register; Clara Latham für die Unterstützung bei den Aufnahmen; Nick Lane für die technische Beratung; und Sonia Charbonnier für ihre Unterstützung beim DTP.

Alle Fotos von Howard Shooter mit Ausnahme der folgenden: Andy Crawford und Steve Gorton: 128, 144r; Steve Gorton: 232l; Russell Sadur: 54, 96, 113, 116, 121, 150, 154, 169, 173, 175, 177; Pia Tryde 1, 200, 220, 232r, 233; Matthew Ward: 114. Alle Abbildungen © DK Images. Für weitere Informationen siehe unter www.dk.images.com

Über die Autorin

Seit 1990 schreibt Cynthia Townley Ewer im Internet über Haushaltsorganisation und -management. Als Herausgeberin von OrganizedHome.com unterstützt sie moderne Haushaltsmanager mit Ratschlägen und Informationen. Sowohl in Druck- als auch in Internetmedien wurde sie vielfach zitiert. Sie gab mehrere Interviews über die Vereinfachung der Hausarbeit, die in den Zeitschriften Modern Maturity und Working Woman sowie in der New York Times erschienen. Bereits zweimal trat sie in der Fernsehsendung ABC's The View auf, die 2003 den Emmy-Award für hervorragende Talkshows erhielt. Seit seiner Gründung 1998 wurde OrganizedHome.com mehrfach mit Preisen ausgezeichnet, darunter mit dem begehrten USA Today HotSite und dem USA Weekend »Best of the Web«.

Cynthia Townley Ewer begann ihr Berufsleben als freiberufliche juristische Autorin und alleinerziehende Mutter zweier Kinder, was sie dazu zwang, ihr Leben und ihren Haushalt straff zu organisieren. Diese Erfahrung kam einer Grundausbildung in den Techniken der Haushaltsführung gleich, die sie heute unterrichtet. Sie lebt mit ihrem Ehemann, dem Kardiologen Dr. Stephen Ewer, in Richland, Washington, USA.

Weil sie weiterhin für Websites und an Buchprojekten arbeitet und dazu noch Ehrenämter innehat, Vorträge hält und reist, werden ihre Organisationsmethoden immer ausgefeilter.

Das Leben, die Liebe und das Säubern des Kühlschranks – nur drei Aspekte von Cynthias facettenreichem Alltag.